本书由贵州省○○○○○○○○○○○
理科学与工程"项○○○○○○○○○○○学科建设
项目等资助出版。

分布式领导视角下的教师领导力与自我效能感、幸福感的影响研究

付倾晨 著

知识产权出版社
全国百佳图书出版单位
——北京——

图书在版编目（CIP）数据

分布式领导视角下的教师领导力与自我效能感、幸福感的影响研究 / 付倾晨著. —北京：知识产权出版社, 2024.9. — ISBN 978-7-5130-9511-2

Ⅰ. G443

中国国家版本馆CIP数据核字第2024U7V733号

内容提要

本书基于对国内外现有文献的深入研究，进行了全面而系统的讨论，并构建了针对我国中学教育环境的新模型。该模型聚焦于分布式领导模式下产生的教师领导力和教师幸福感，旨在运用工作需求资源理论框架，深入剖析教师领导力、教师自我效能感及教师幸福感三者之间的内在联系与相互作用机制。

本书不仅为学术界提供了扎实的理论支撑与丰富的实证资料，为相关研究开辟了新的视角与路径，也为政策制定者及教育实践者提供了切实可行的建议与参考，有助于推动我国中学教育质量的持续提升与教师职业幸福感的增强。

责任编辑：李小娟　　　　　　　　　　　责任印制：孙婷婷

分布式领导视角下的教师领导力与自我效能感、幸福感的影响研究
FENBUSHI LINGDAO SHIJIAO XIA DE JIAOSHI LINGDAOLI YU ZIWO XIAONENGGAN,
XINGFUGAN DE YINGXIANG YANJIU

付倾晨　著

出版发行：知识产权出版社有限责任公司	网　　址：http:// www.ipph.cn
电　　话：010-82004826	http:// www.laichushu.com
社　　址：北京市海淀区气象路50号院	邮　　编：100081
责编电话：010-82000860转8531	责编邮箱：laichushu@cnipr.com
发行电话：010-82000860转8101	发行传真：010-82000893
印　　刷：北京中献拓方科技发展有限公司	经　　销：新华书店、各大网上书店及相关专业书店
开　　本：720mm×1000mm　1/16	印　　张：15.75
版　　次：2024年9月第1版	印　　次：2024年9月第1次印刷
字　　数：249千字	定　　价：79.00元

ISBN 978-7-5130-9511-2

出版权专有　侵权必究

如有印装质量问题，本社负责调换。

前　　言

　　本书从工作需求资源理论的角度,探讨了分布式领导模式下产生的教师领导力、教师自我效能感和教师幸福感之间的关系。本书旨在深入了解教师对教师领导力的感知,并探讨在中国教育情境下教师领导力如何影响教师自我效能感,进而影响教师幸福感。

　　首先,本书结合国内外现有文献对研究结果进行了讨论,并提出适用于我国教育背景的教师领导力和教师幸福感的新模型。该模型通过借鉴工作需求资源理论有效地展示了教师领导力影响教师幸福感的三条途径。其次,本书根据目前国内外的研究成果,指出了对相关研究的理论、方法、实践和教育政策的影响及本书研究的局限性。最后,本书指出对相关内容进一步研究的方向。

　　本书包括以下6个部分。第1章绪论,包括分布式领导的兴起与教师领导力、理论背景等。第2章分布式领导视角下的教师领导力与自我效能感、幸福感的理论基础,包括工作资源需求理论模型和概念框架。第3章教师领导力与教师幸福感关系的实证研究——以贵阳市中学教师为例,介绍了本书采用基于解释性序列设计的混合方法的理由和依据,并详细解释了研究设计。第4章教师领导力对教师幸福感的影响机制分析,呈现了包括定性和定量研究的混合方法得到结果。第5章国内外教师领导力提升教师幸福感的实践与创新借鉴,将本书的结果与中外文献进行对比评论,阐述本书的创新性,并提出新的模型。第6章结论与展望则是对整个研究的回顾和总结。

　　本书采用了基于解释性序列设计的混合方法。该方法具体分为两个阶段。

　　第一阶段是定量研究。目标是解决研究问题1(教师领导力在多大程度上影响教师幸福感?)和研究问题2(教师自我效能感在多大程度上中介教师领导力与教师幸福感之间的关系?)共向371个样本发放了调查问卷。定量数据的分析策略包括方差分析、确证因子分析和结构方程模型。本书使用三个量表，即教师领导力量表、教师幸福感量表和俄亥俄州教师效能感量表，这三个量表被用来研究教师领导力、教师幸福感和教师效率的关系（研究问题1和研究问题2）。

第二阶段是定性研究。本书为定性研究收集信息，共邀请20名教师参加了半结构式访谈。定性研究的结果旨在了解教师对教师领导力的看法（即研究问题3：教师是如何看待教师领导力的？），并帮助解释定量研究的结果。定性研究采用了主题分析法，得出与教师对教师领导力的看法有关的三个主题，即教师层面的领导力（体现在教师对教师能力的贡献）、学生层面的领导力（体现在教师对学生学习和心理幸福感的关注），以及与家长的沟通和学校层面的领导力（体现在对学校管理的参与）。

本书综合定量研究和定性研究结果回答了研究问题：①教师领导力与教师幸福感相关，包含正相关和负相关；②教师自我效能感促进了教师领导力与教师幸福感之间的关系。具体地说，一方面，教师领导主要通过促进教师的专业发展、认可教师和为教师树立榜样来提升教师幸福感。另一方面，教师领导可能通过分配过重的工作量和营造高度竞争的工作环境来减少教师幸福感。教师在教学策略和学生参与方面的自我效能感部分中介教师领导力的促进专业成长维度与教师幸福感之间的关系；教师在学生参与方面的自我效能感完全中介教师领导力的鼓励同事合作维度与教师幸福感之间的关系。

目　录

第1章　绪　论 ……………………………………………………………… 1
　1.1　分布式领导的兴起与教师领导力 ……………………………… 1
　1.2　理论背景 ………………………………………………………… 4
　1.3　分布式领导 ……………………………………………………… 7
　1.4　分布式领导模式下的教师领导力 ……………………………… 11
　1.5　教师幸福感 ……………………………………………………… 35
　1.6　教师自我效能感 ………………………………………………… 65
　1.7　研究空白与难题 ………………………………………………… 75
　1.8　研究目标与问题 ………………………………………………… 77
　1.9　研究意义 ………………………………………………………… 78
第2章　分布式领导视角下的教师领导力与自我效能感、
　　　　幸福感的理论基础 …………………………………………… 81
　2.1　工作需求资源模型 ……………………………………………… 81
　2.2　概念框架 ………………………………………………………… 90
第3章　教师领导力与教师幸福感关系的实证研究
　　　　——以贵阳市中学教师为例 …………………………………… 94
　3.1　研究范围 ………………………………………………………… 94
　3.2　研究方法 ………………………………………………………… 94
　3.3　定量研究设计与实施 …………………………………………… 102
　3.4　定性研究设计与实施 …………………………………………… 111
　3.5　定性数据和定量数据的综合集成分析 ………………………… 121
　3.6　方法论反思与伦理考量 ………………………………………… 122

3.7　小结 ……………………………………………………………124
第4章　教师领导力对教师幸福感的影响机制分析 …………………126
　　4.1　定量研究 ………………………………………………………126
　　4.2　定性研究 ………………………………………………………152
　　4.3　研究结果综述 …………………………………………………172
第5章　国内外教师领导力提升教师幸福感的实践与创新借鉴 ……179
　　5.1　教师领导力和教师幸福感的关系 ……………………………179
　　5.2　教师自我效能感对教师领导力和教师幸福感之间关系的中介作用 …185
　　5.3　教师对教师领导力的看法 ……………………………………187
　　5.4　本章总结 ………………………………………………………194
第6章　结论与展望 ……………………………………………………197
　　6.1　研究结果的影响 ………………………………………………197
　　6.2　研究的局限性 …………………………………………………199
　　6.3　未来研究的方向 ………………………………………………200
　　6.4　研究结论 ………………………………………………………201
参考文献 …………………………………………………………………203
附　　录 …………………………………………………………………236

第1章 绪　　论

1.1　分布式领导的兴起与教师领导力

数十年来,我国教育部门在广泛借鉴西方教育体系的基础上,对基础教育体系进行了改进与完善,这一过程深刻地体现了教育现代化与教育本土化的有机结合。❶ 随着教育改革的不断深化,基础教育政策框架也得以确立并不断精进,以更好地适应和引领教育现代化的发展。随着教育现代化的推进,"分布式领导"逐渐成为学校管理与教育改革中的重要概念。在领导学领域中,情境因素始终扮演着重要的角色,尤其在分布式领导理论的实践中更是如此。分布式领导理论强调领导行为并非孤立存在,而是深深植根于特定的情境脉络,通过领导者与追随者复杂而动态的互动得以展现。

首先,随着我国经济体制改革的深入推进,基础教育政策框架得以确立并不断优化,其核心聚焦于四大战略性目标❷,这些目标共同构成了基础教育发展的蓝图。首要且基础性的目标在于实现基础教育的全面普及与深化,这不仅涵盖了学前教育的启蒙奠基,也包括义务教育的普及和巩固,以及高中教育的扩展与提升,旨在构建一个无缝衔接、覆盖广泛的基础教育生态系统。其次,教育改革被置于国家发展议程的显著位置,其重要性超越了其他众多政策领域,被视为推动社会进步、促进人才培育的关键引擎。再次,基础教育政策尤为注重公平与均衡发展的原则,力求通过政策引导与资源配置的优化缩小教育差距,确保教育机会的均等化,让每个孩子都能在公平的环境中茁壮成长。此外,深化教育改革、推进素质教育成为我国当前基础教育发展的又一个

---

❶ 马丽,古颖. 新优质学校教师领导力现状与发展策略——基于成都市292所新优质学校的实证调查[J]. 教师教育论坛,2022,35(6):28-31.

❷ LIU Y, FANG Y. Basic education reform in China: globalization with Chinese char-acteristics[J]. Asia pacific journal of education,2009,29(4):407-412.

重要方向。在上述背景下，随着基础教育普及与公平均衡目标的逐步实现，提升教育质量已成为我国教育改革的核心议题与首要任务。分布式领导理论的兴起，为教师领导力的发展提供了优良的基础。在这一理论下，教师领导者有机会在实践中不断锻炼和提升自己与同事的能力，将自身的专业优势转化为推动学校发展的动力。教师作为教育质量的直接承担者与关键影响者，其队伍的建设与发展显得尤为重要。优质教师是构建优质学校的核心资源，加强教师队伍建设，不仅是推动学校变革、促进教育创新的重要途径，也是实现教育高质量发展、培养未来社会所需人才的关键举措。因此，这些积极的教育改革举措与教师队伍建设紧密相联，共同推动中国基础教育向更高水平迈进。

我国的教育改革政策体系深刻体现了对教师领导力与教师幸福感提升的重视，这一趋势通过一系列里程碑式的政策文件得以明确与强化。自2010年起，我国的教育改革进程显著加速，以国务院发布的《国家中长期教育改革和发展规划纲要（2010—2020年）》为标志，该纲要高瞻远瞩地提出了教师高素质与专业化的战略要求，为后续的教育政策制定奠定了基调。紧接着，2011年教育部颁布的《中学教师专业标准（试行）》进一步细化了教师专业发展的路径与标准，为中学教师的专业成长提供了明确的方向指引。随后，2015年国务院发布的《统筹推进世界一流大学和一流学科建设总体方案》不仅聚焦于高等教育领域，而且强调了教师综合能力培养的重要性，体现了教育政策对教师群体整体素质提升的全面关注。2018年，教育改革步入新阶段，国务院《关于全面深化新时代教师队伍建设改革的意见》的出台，标志着教师幸福感提升已正式被纳入国家战略，明确了到2035年教师幸福感全面实现的目标，旨在将教师职业塑造为社会尊崇与向往的典范。这一系列政策举措无疑将教师的专业成长与幸福感作为教育改革的核心，彰显了国家对提升教育质量的坚定决心。

为实现这一目标，教育部持续推出系列配套政策，如加强骨干教师的选拔与培养机制等。这一举措旨在通过骨干教师群体卓越的专业素养与科研创新能力，引领并激发整个教师队伍的成长，形成积极的示范效应与知识溢出。这一策略不仅体现了对教育精英力量的重视，而且反映了教育主管部门对教师综合素质与专业能力作为评价教育质量的关键因素的深刻认识。

教师领导力与教师专业能力的发展之间存在密不可分的内在联系。教师领导者作为专业领域的佼佼者,不仅能够促进同事间专业知识的交流与技能的提升,还能够有效促进教育工作者之间的协同合作,构建更为紧密的教育共同体。然而,虽然教师领导力的潜在价值巨大,但其重要性尚未得到广泛的社会认同与重视。这种局限性部分源于教师自我角色的固化认知,即将自身角色局限于课堂教学,而忽视了作为学校变革与发展引领者的角色定位。因此,提升社会对教师领导力的认知与重视,成为激发教师积极的领导作用、推动教育变革的关键所在。

此外,教师领导力与教师幸福感及职业稳固性之间存在深刻的内在联系。虽然中国教育改革的初衷是推动教育质量的全面提升,但这一过程也不可避免地给教师群体带来前所未有的压力与挑战,如工作负荷的显著增加、情绪资源的过度消耗等。这些均对教师幸福感构成潜在威胁,进而可能削弱其教学效果,并动摇其职业承诺的稳定性。尤其值得注意的是,当教师面临诸如薪酬水平偏低、职业期望过高及长时间工作等现实问题时,其工作满意度普遍降低,这已成为导致教师流失的重要因素之一。构建一支稳定且高质量的教师队伍,对促进教育事业的持续健康发展具有不可估量的价值。这一努力不仅关乎教师个体的发展,更是推动中国教育变革向纵深发展的关键所在。

进一步而言,深入理解教师领导力如何影响教师幸福感是把握中国教育变革脉络的重要一环。那些具有较高教学水平和较强幸福感的教师,往往能够更有效地促进学生的全面发展;而这一成就的背后离不开教师领导力的有效发挥与教师自我效能感的不断提升。换言之,教师领导力与教师自我效能感的协同发展是教师幸福感的重要源泉,也是提高教学质量、促进学生成长的关键驱动力。因此,在中国教育实践中,强化对教师领导力的培养与研究对推动教育质量的全面提升具有深远的战略意义。

综上所述,近年来面对教育体系经历的深刻转型与教师队伍专业能力亟待强化的双重挑战,教师领导力的培育越发凸显其关键性作用。在分布式领导理论的推动下,教师不再仅是课堂教学的执行者,而是成为学校变革与发展的重要参与者。这一角色的转变,不仅提升了教师的专业素养和领导能力,还促进了教师之间的协同合作,构建了更为紧密的教育共同体。具体而言,教师领导力的提升不仅是教育质量实现跨越式发展的核心驱动力,更是教育改革进程中不可或缺的一环。虽然其重要性已逐渐显现并受到一定程度的关注,但中国教育学界关于教师领导力全面、深入的探讨依然显得不足,这限制了对其潜在价值的充分挖掘。

鉴于上述背景,深入探索中国特定文化和分布式领导视角下的教师领导力的多维度影响,不仅具有深远的理论意义,而且对实践具有重要的指导意义。此类探索不仅能激发教师个体潜能,促进其专业能力的飞跃式发展,还能深刻影响并增加教师的职业福祉,构建更加健康、可持续的教育职业生态。教师领导力的强化、自我效能感的提升与幸福感的增强之间形成了紧密而复杂的相互作用关系,它们相互支撑、相互促进,共同构成了支撑教育质量稳步提高的坚固基石。因此,在中国的教育背景下,剖析分布式领导视角下的教师领导力、自我效能感与幸福感之间的内在联系机制,无疑是一个极具价值且亟待攻克的学术课题。本书不仅有助于丰富和完善教育领导理论,还能为教育实践提供一定的科学依据与策略指导。

1.2　理论背景

1.2.1　分布式领导视角下的教师领导力与教师自我效能感

领导力理论的演进轨迹最初聚焦于传统意义上的正式领导架构,尤其是校长及系主任等角色,这一视角在塞马洛奥卢与萨瓦斯(Cemaloğlu and Savaş)的研究中得到了阐述。[1]随着理论的深化与实践的拓展,学界逐渐认识到,单一依赖高层领导的领导力模式存在着局限性,便将目光投向了更为广泛的教育社群——教师群体。教师作为学校事务和教学研究的参与者,应有

---

[1] CEMALOĞLU N, SAVAŞ G. Examining the relationship between supportive behaviors of school principals and teacher leadership[J]. International online journal of educational sciences,2018,10(1).

权参与领导的过程。也就是说,学校领导模式正经历着转型,从传统的个人领导转向分布式领导。学校传统领导职能不再集中在某一具体领导身上,而是分配给各个不同的角色。这一转变标志着"教师领导力"概念的兴起,它不仅是传统领导力边界的拓展,更是教育体系内分布式领导力理念的具体实践。

"教师领导力"这一概念可追溯至20世纪80年代的美国教育改革浪潮,在分布式领导的背景下,一出现就迅速在西方国家生根发芽并茁壮成长。该领域的研究普遍强调,教师作为教学一线的实践者与研究者,其领导力的发挥能够深刻地影响教学质量的提升、课程内容的优化及学校整体的专业成长。通过赋予教师在决策与合作中的话语权,学校能够激发教师的专业潜能,进而推动学校的持续进步与革新。因此,教师领导力被视为学校变革中不可或缺的内生动力。

与此同时,教师自我效能感作为教育改革领域的另一个关键要素,也受到了广泛关注。这一概念根植于教师对自身工作能力的信念体系,并直接影响教师面对变革时的态度与行为。具有较高自我效能感的教师更倾向于积极拥抱并推动变革,即使面对重重挑战也能坚持不懈。值得注意的是,教师领导力与教师自我效能感之间存在紧密的相互作用关系,前者通过促进教师的专业发展与合作交流,显著提高后者的水平,进而增强了教师对自己教学能力的信心。

本书还揭示了教师自我效能感在提升教师幸福感、缓解职业倦怠方面的积极作用。教师领导力的介入,通过强化教师的自我效能感,形成了一道抵御职业倦怠的屏障,有效地提高了教师的职业满意度与幸福感。这些发现,不仅深化了对教师领导力与教师自我效能感之间关系的理解,还反映出教师自我效能感在教师领导力与教师幸福感之间可能具有中介作用。

1.2.2 教师自我效能感对教师领导力和教师幸福感的中介作用

在教育心理学与领导力研究的交汇领域,教师自我效能感、教师领导力及教师幸福感之间的复杂关系已逐渐显现其重要性。一系列具有说服力的研究揭示,教师领导力通过催化同事之间的协同合作与专业发展进程,深刻地影响了教师自我效能感。这一过程不仅促进了教学技能的精进与教学信念的稳固,还间接提升了教师自我效能感,使之成为抵御职业倦怠的坚实盾牌,进而对教师的整体幸福感产生积极作用。

教师幸福感作为教育领域的一个核心议题,其重要性不言而喻。它不仅关乎教师个人对职业挑战的适应能力,还影响教师的身心健康,甚至可能影响教师队伍的稳定,加剧教师流失。

虽然教师领导力与教师自我效能感之间的内在联系已获得广泛认可,但这一领域内的探索仍显不足,尤其是关于它们如何共同作用于教师幸福感的直接证据尚为稀缺。回顾过往研究,教师之间的协作学习与相互支持被证明是提升自我效能感的有效途径,而教师领导力则在此过程中发挥了催化剂的作用,加速了专业成长与合作的步伐。

综上所述,教师领导力、教师自我效能感与教师幸福感之间存在相互依存的关系。然而,当前研究在直接阐明教师领导力如何直接或通过自我效能感间接影响教师幸福感的路径上仍存空白。因此,深入剖析自我效能感作为潜在中介,在教师领导力与幸福感之间发挥桥梁作用,对全面理解并优化这一复杂关系网络,促进教师职业福祉与教学质量的双重提升具有重要的意义。未来研究应致力于填补这一知识缺口,为教育管理与教师发展策略的制定提供坚实的理论依据与实践指导。

1.2.3 工作需求资源理论的应用

本书聚焦于深入剖析教师领导力、教师自我效能感及教师幸福感之间的内在联系,探究领导力、个人资源及员工幸福感在工作场所中的相互作用机制。

鉴于三者之间错综复杂的关系,工作需求资源理论作为解析员工职业福祉与绩效的成熟框架,为揭示这些概念之间的动态联系提供了强而有力的理论支撑。自21世纪初以来,工作需求资源模型凭借其广泛的适用性和解释力,已成为组织行为学领域研究的热点,尤其是在教育领域,该模型早已被频繁应用于解析教师职业体验、工作特征与绩效成果的关联性。

近年来,随着领导力在塑造工作环境、提升绩效及促进员工福祉方面的作用日益凸显,学者们开始将领导力作为一个核心变量融入工作需求资源模型,旨在更全面地理解其如何通过调节工作需求与资源,进而影响员工的心理状态与幸福感。这一趋势不仅丰富了工作需求资源模型的理论内涵,也为探讨教师领导力与教师幸福感之间的关系开辟了新路径。

基于上述理论背景,本书以工作需求资源理论为框架,将教师领导力视为一个独立且关键的影响因素,通过作用于教师的个人资源(尤其是自我效能感),进而探讨其对教师幸福感的影响路径。具体而言,本书旨在通过工作需求资源模型的透镜,审视教师领导力是如何增强教师自我效能感的,这一增强过程又是如何转化为更高的幸福感体验的。此外,本书还致力于构建并验证了一个包含教师领导力的本土化的工作需求资源研究模型,以期为提升教师职业幸福感、优化教育环境提供理论参考与实践指导。

1.3 分布式领导

1.3.1 分布式领导的起源

分布式领导源于领导力研究领域的转变,即强调协作和责任分担,而非关注单一领导者的行为。20世纪90年代,随着研究人员探索如何在组织角色和职责之间更有效地分享领导力,这一理念开始受到关注。分布式领导力的早期理论基础来自彼得·格隆(Peter Gronn)的研究,他认为领导力可以通过个人之间的互动有机地形成,形成一种协同或集体的领导模式。❶这一概念将领导

---

❶ GRONN P. Distributed properties: A new architecture for leadership[J]. Educational management & administration, 2000, 28(3): 317-338.

力视为一种动态实践,它源于个人的协同努力,而不仅是来自那些担任正式领导职务的人。

詹姆斯·斯皮兰(James Spillane)进一步发展了这一概念,提出了一个理解分布式领导的框架,将其视为互动和情境的过程。[1]斯皮兰等人强调,分布式领导涉及领导者、追随者和领导发生的环境之间的责任分担和角色分配。[2]他们提出领导力可以被视为个人行为和与环境互动的共同结果,而不仅是基于个人权威。斯皮兰的框架对于在教育环境中应用分布式领导力至关重要,实践证明它能够促进教师、管理人员和其他利益相关者之间的合作,最终形成更具包容性和有效性的学校文化。

分布式领导模式已被应用于多个领域,这是因为分布式领导可以适用于复杂的背景。在这种背景下,领导者被视为共同协作的促进者。阿尔玛·哈里斯(Alma Harris)的研究支持这一观点,并展示了分布式领导如何促进教师的专业成长,并为提高学生成绩创造条件。[3]该领导模式强调组织通过利用个人贡献实现目标的集体能力,从而改善学校文化,增强教师效能感。哈里斯认为,成功的学校改进往往涉及分散的领导形式,在这种形式下,教师有权在其专业领域内发挥领导作用。在教育机构中,分布式领导尤其有价值,因为它能够促进教师的专业成长和主人翁意识,最终提高学校效率和教师幸福感。[4]

1.3.2 分布式领导的定义

关于分布式领导的文献揭示了各种定义和解释,每种定义和解释都强调了共享领导责任、互动及环境对领导实践的影响的不同方面。斯皮兰等人提出了一个核心观点,他们将分布式领导定义为一种实践,涉及在多个个体之间分

---

[1] SPILLANE J. P. Distributed Leadership[M]. San Francisco: Jossey-Bass, 2006.

[2] SPILLANE J P., HALVERSON R, DIAMOND J B. Investigating school leadership practice: A distributed perspective[J]. Educational researcher, 2001, 30(3): 23-28.

[3] HARRIS, A. Distributed leadership and school improvement: Leading or misleading?[J]. Educational management administration & leadership, 2004, 32(1): 11-24.

[4] LEITHWOOD K A., BLAIR M, TIIU S. Distributed leadership according to the evidence[M]. New York: Routledge, 2009.

配领导任务，同时考虑领导者、追随者及其环境之间的互动。[1]根据斯皮兰的观点，这种模式中的领导力源于协作实践，而不是严格地与等级角色相关联。该观点强调了环境的重要性，认为分布式领导力取决于组织的特定需求和内部可用技能。

彼得·格隆提出了略有不同的观点，将分布式领导描述为"协同行动"，即领导角色通过小组成员之间的联合活动和互动自然演变，而不是由一个总体领导者进行战略分配或管理。[2]这种方法意味着领导是一个不断发展的过程，受个人之间动态关系的影响，而不是结构化的角色分配。此外，哈里斯强调了分布式领导的赋权和包容性，特别是在教育环境中。[3]她强调了分布式领导如何使教师和其他工作人员参与领导活动，从而促进对学校改进的集体责任。这种观点表明，分布式领导可以创造一种更具协作性和参与性的组织文化。

然而，对于分布式领导应被视为结构化模型是自然发生的过程，存在争议。例如，贝内特等人认为，分布式领导不应被视为正式框架，而应被视为描述性术语，用于描述团体互动中产生的各种领导力实践。[4]这种观点与更正式的方法形成对比，后者将分布式领导视为通过让各种利益相关者参与来提高组织效率的战略方法。这些不同的观点凸显了当前文献中正在进行的讨论：一些学者认为分布式领导是一种有意识、对环境敏感的策略，而另一些学者则认为它是协作环境中互动的产物。观点的差异表明分布式领导具有适应性，能够根据组织的特定需求、目标和结构采用不同的形式。

本书将分布式领导定义为一种基于互动环境的领导方式，它积极促进教师领导力的培养。这种观点与斯皮兰等人的理论一致，即分布式领导视为一种由领导者、追随者和情境之间的动态互动形成的协作实践。分布式领导并非

---

[1] SPILLANEJP, HALVERSON R., DIAMONDJB. Towards a theory of leadership practice: A distributed perspective[J]. Journal of curriculum studies, 2004, 36(1):3-34.

[2] GRONNP. Distributed leadership as a unit of analysis[J]. The leadership quarterly, 2002, 13(4):423-451.

[3] HARRIS, A. Distributed school leadership: Evidence, issues and future directions[J]. Penrith: Australian Council for Educational Leaders, 2009.

[4] BENNETT N., WISEC, WOODSP, HARVEY, JA. Distributed Leadership: A review of literature[M]. Nottingham: National College for School Leadership, 2004.

只关注正式的权威职位,而是将领导责任视为多个个体共同承担的责任,使教师能够在各自的专业领域承担领导角色,从而促进其专业成长。该定义为理解教师领导力提供了理论基础。将分布式领导描述为通过集体行动发展的"协同"过程,并强调领导力可以有机地产生于协作环境。分布式领导通过让教师参与决策和领导活动,创造鼓励教师赋权和技能发展的更具包容性的环境,从而促进学校的发展。在这种包容性的领导模式下,能够增强教师的能力,促进专业技能的发展,与教师领导力的核心观点保持一致。

1.3.3 分布式领导力在中国背景下的应用

分布式领导在中国的发展势头不容小觑,尤其是在促进学校内部协作和创新实践的教育改革背景下。为了提高学校效率、增强教师能动性并营造更具参与性的领导环境,这种模式越来越受到重视。与传统将决策权集中在校长或行政人员手中的等级模式不同,我国的分布式领导强调集体责任,教师、行政人员和其他学校利益相关者共同承担领导角色。

我国分布式领导力的实施旨在鼓励教师在课程开发、教学实践和教师指导中承担领导角色。这种方法与教育部门对专业发展和协作的重视相一致。这种模式鼓励教师承担领导角色,特别是在专业学习方面,他们可以合作、反思并共同领导旨在改进教学的举措。例如,郑新等人指出,通过在分布式领导模式下的专业学习,教师能够在专业发展方面相互支持,从而增强他们的专业能力。[1]在专业学习过程中,教师们相互合作,反思教学实践,并参与同伴辅导,从而提高教学质量,培养互助的学校文化。此外,刘书洁等人提到,分布式领导通过培养教师对学校政策和实践的代理感和主人翁意识,对教师积极性产生积极影响。[2]分布式领导实践通过为教师提供更多的机会来影响学校政策

---

[1] ZHENGX, JIANGC, LIUC. Uncovering the complex relationships among distributed leadership, departmental teacher leadership, and professional learning community in Chinese schools[J]. Future in educational research, 2023, 1(2): 182–197.

[2] LIU S, KEELEYJW, SUIY, SANG L. Impact of distributed leadership on teacher job satisfaction in China: The mediating roles of teacher autonomy and teacher collaboration[J]. Studies in educational evaluation, 2021(71): 101099.

和教学方法,从而提高教师的积极性和参与度。这种合作领导模式对于发展教师领导力至关重要,使教育工作者能够超越传统的教学职责,发挥积极作用。

尽管分布式领导模式展现出诸多优势,但在中国达到完全实施的程度仍面临着挑战,其中的原因包括文化因素和传统的权威观。根据路心童的研究,学校往往难以平衡分布式实践与根植于中国文化中的等级结构,因为在中国的文化传统中,我们更重视对权威和资历的尊重。[1]本书认为,为了克服这些挑战,学校应重视培养一种协作文化。在这种协作文化氛围中,教师被赋予更多领导力的空间与自信,促使领导力的概念逐渐从传统的自上而下的指令模式,向一种集体责任与共享领导的范式转变。在这种文化中,教师感到有能力领导,从而逐渐将领导力的概念转变为一种共同的责任,而不是自上而下的指令。这一转变不仅要求教师成为领导力的积极参与者,还鼓励他们在实践中探索和应用领导力。在此背景下,教师领导力的培育与实施得到了显著的推动与发展。

1.4 分布式领导模式下的教师领导力

本章旨在全面深入地剖析"教师领导力"这一复杂而多维的概念,通过历史演进轨迹、理论框架构建、精确定义解析、核心价值凸显、量化评估策略及研究前沿空白六个部分,系统地阐述了教师领导力的丰富内涵与广泛影响。

1.4.1 分布式领导模式下的教师领导力的历史发展

"教师领导力"这一概念并非新兴议题,而是具有深厚的历史根基。依据斯迈利与丹尼(Smylie and Denny)1990年的回顾,"教师领导力"这一概念的思想萌芽可追溯至20世纪30年代沃勒(Waller)等先驱的理论。这一发现不仅验证了"教师领导力"概念的历史悠久,也揭示了教育理论与实践对领导力多元

---

[1] LU X. Distributed leadership in Chinese higher education: Conceptual understanding and barriers to its implementation[J]. Educational management administration & leadership, 2022: 1-17.

化理解的早期探索。[1][2]

  教师领导力的演进历程与全球教育改革浪潮紧密相联,尤其体现在对分布式领导理念的融合与借鉴上。约克-巴尔和杜克(York-Barr and Duke)在研究中指出,教师领导力的兴起伴随着四种领导模式的交织影响,分别是参与式领导、作为组织素质的领导、分布式领导和平行领导。[3]这些模式共同指向了一个核心,即教师领导力的崛起与团队协作、责任共担的价值观紧密相联。哈里斯(Harris)在研究中进一步强化了分布式领导在促进团队协作与学习中的核心作用,不仅为教师提供了共同工作与学习的契机,还促进了知识、经验与资源的有效共享。[4]类似地,教师领导力的实践也积极倡导这种协作与互学的文化氛围,两者在促进教师之间合作与提升教育效能方面展现出高度的契合性。沙拉与纳瓦布(Sharar and Nawab)的见解尤为独到,他们提出分布式领导与教师领导力在概念上具有一定的互换性,两者均致力于构建一种更加灵活、包容且高效的领导模式。[5]在分布式领导框架下,领导角色不再局限于特定个体,而是鼓励组织内所有成员都可以根据各自专长与情境需求灵活承担领导职责。这一理念在教师领导力领域同样适用,它超越了传统意义上的单一领导者模式,转而强调组织一个由众多教师共同组成的、为实现共同教育目标而努力的领导集体。

  因此,教师领导力可被视为分布式领导理论在教育领域内的具体应用与深化,原因如下。首先,分布式领导包含了学校中致力于教学改革的多方群体的共同活动。其次,分布式领导意味着领导权的分配,即领导职能不再集中到某

---

[1] SMYLIE M A, DENNY J W. Teacher leadership: Tensions and ambiguities in organizational perspective [J]. Educational administration quarterly, 1990, 26(3): 235-259.

[2] WALLER W. The sociology of teaching [M]. New York: John Wiley & Sons Inc, 1932.

[3] BARR J Y, DUKE K. What do we know about teacher leadership? Findings from two decades of scholarship [J]. Review of educational research, 2004, 74(3): 255-316.

[4] HARRIS A. Teacher leadership and distributed leadership: an exploration of the literature [J]. Leading and managing, 2004, 10(2): 1-9.

[5] SHARAR T, NAWAB A. Teachers' perceived teacher leadership practices: A case of private secondary schools in Lahore, Pakistan [J]. Social sciences & humanities open, 2020, 2(1): 100049.

一个人身上，而是被延伸到许多个人的工作当中，领导任务通多众多领导者的互动来完成。最后，分布式领导包括了各种类型、各种角色的领导者如何共同分担责任。教师领导力不仅继承了分布式领导关于领导力分布性、协作性与灵活性的核心理念，还结合教育实践的独特需求，发展了一套适用于教师群体、旨在提高教育质量与促进教师专业成长的领导模式。

教师领导力的演进轨迹不仅与分布式领导的理念紧密相联，更深刻地植根于广泛而深远的教育改革浪潮中。传统领导力观念的形成实则是教育改革持续深化的产物。斯迈利与丹尼的开创性研究揭示了20世纪80年代教育改革进程的双重阶段性特征，这为更好地理解教师领导力的发展脉络提供了重要背景。[1]

在这一时期，教育改革首先聚焦于通过制度规范与资源优化配置来提高教育质量与效率，这构成了其第一阶段的核心任务。与此同时，教师领导力的崛起也呈现明显的阶段性特征，正如席尔瓦(Silva)等人所阐述的三次浪潮理论揭示的那样。[2]在第一次浪潮中，教师角色经历了显著转变，他们被正式赋予领导职责，如部门主管或协调员，从而在学校决策体系中占有重要一席。虽然这一时期的教师领导力以绩效与效率为导向，但其核心在于赋予教师更多的领导权与决策参与权，旨在通过教师的直接参与来优化教育过程。值得注意的是，教师领导力的这一发展阶段与教育改革的第一阶段目标高度契合，均旨在通过管理与组织的优化来提升教育系统的整体效能。然而，教育改革的复杂性及教育领域固有的多元挑战使单纯依靠制度与资源优化的方式难以完全达成预期目标。因此，虽然教师领导力在第一阶段有所发展，但并未充分解决教育改革所面临的深层次问题。

斯迈利与丹尼的研究揭示了教育改革迈入第二阶段的标志性转变，即聚焦于学校的结构性重组与教师角色、职责的深刻再定义。[3]这一转变不仅孕育了

---

[1] SMYLIE M A, DENNY J W. Teacher leadership: Tensions and ambiguities in organizational perspective[J]. Educational administration quarterly, 1990, 26(3): 235-259.

[2] SILVA D, GIMBERT B, NOLAN J. Sliding the doors: Locking and unlocking possibilities for teacher leadership[J]. Teachers college record, 2000, 102(4): 779-804.

[3] SHARAR T, NAWAB A. Teachers' perceived teacher leadership practices: A case of private secondary schools in Lahore, Pakistan[J]. Social sciences & humanities open, 2020, 2(1): 100049.

教师领导力的新形态,更在无形中推动了教师领导力发展的又一次飞跃。从这一视角出发,第二阶段的教育改革无疑为教师领导力的演进铺设了更为坚实的基石。席尔瓦等人的研究,进一步印证了教师作为领导角色在第二轮教学改革中日益凸显的重要性。[1]在这一阶段,教师已不仅是知识的传授者,更是教育改革的推动者与引领者。约克-巴尔和杜克指出,为了充分发挥教师的专业优势与潜能,学校开始赋予他们更多元化的领导职责与岗位。[2]尤为值得关注的是,随着第二轮教学改革的深入,教师领导力的边界得到前所未有的拓展。尼(Ni)等人的研究表明,除了传统的校长领导之外,教师领导者的积极参与已成为学校成功不可或缺的关键因素。[3]这一变化不仅再次体现了传统个人领导向分布式领导的转变,还体现了教育领导力的多元化与民主化趋势。此外,突出了教师领导力在学校治理与改革中的核心地位。值得注意的是,第二轮教学改革中的教师领导者职能往往超越了传统的教学范畴,延伸至更为广泛的教育管理与决策领域。这种变化不仅要求教师具备更为全面的素质与能力,也促使他们在教学实践中不断探索与创新,以适应教育改革的新要求。

随着社会对教育质量与教师角色认知的深化,教师领导力在课堂环境中的核心价值得到广泛认同,这一认知的出现直接催生了教师领导力的第三次浪潮。此浪潮标志着教师领导力不再局限于传统课堂的狭窄界限,而是以一种更加包容与延展的姿态深度融入教师的日常教学实践。阮(Nguyen)等人的前瞻性观点进一步强化了这一趋势。他们指出,教师领导力的影响力在课堂内外均展现出其独特的价值与效能。[4]约克-巴尔和杜克的洞察揭示了教师领导力发展的内在逻辑:唯有深刻理解并珍视教师在塑造学校文化中的核心作用,

---

[1] SILVA D, GIMBERT B, NOLAN J. Sliding the doors: Locking and unlocking possibilities for teacher leadership[J]. Teachers college record, 2000, 102(4):779-804.

[2] BARR J Y, DUKE K. What do we know about teacher leadership? Findings from two decades of scholarship[J]. Review of educational research, 2004, 74(3):255-316.

[3] NI L B, RABE Z, HASSAN N A. Teachers leadership dimension in history learning[J]. International journal of educational and pedagogical sciences, 2017, 12(1):11-15.

[4] NGUYEN D, HARRIS A, NG D. A review of the empirical research on teacher leadership (2003—2017): Evidence, patterns and implications[J]. Journal of Educational Administration, 2019, 58(1):60-80.

方能在第三次浪潮中真正实现第二次浪潮所追求的愿景,即最大限度地挖掘与利用教师的教学专长与领导力潜能。❶这一目标的实现,不仅是对教师个体价值的肯定,更是对教育生态系统整体优化的重要推动。在此背景下,学校对提高教学能力的迫切需求成为推动教师领导力发展的强大动力。正如温纳与坎贝尔(Wenner and Campbell)的研究表明,学校层面对教学能力拓展的不懈追求,正以一种潜移默化的方式,促进了教师领导力的全面成长。❷这种发展不仅体现在教师领导技能的提升上,更体现在教师领导意识的觉醒与领导行为的自觉上,这样就共同构建了一个更加和谐、高效且富有创新活力的教育环境。

在探讨教师领导力的演进历程时,除了席尔瓦等人所概述的三次显著浪潮之外,庞德(Pounder)的观点还为我们揭示了一个潜在的新维度,即第四次变革型领导浪潮的可能性。❸这一设想不仅拓宽了教师领导力的研究领域,还深刻触及了领导力本质的变革性层面。庞德的观察尤为引人深思,他指出,在实践中,教师领导者的行为模式与变革型领导者的核心理念及行为特征展现了高度的契合性。具体而言,教师领导者在引领教育变革、激发师生潜能、构建积极学习氛围等方面所展现的领导力特质,正是变革型领导所倡导的核心要素。这一发现不仅丰富了教师领导力的理论内涵,也为教育实践提供了宝贵的启示。然而,值得注意的是,尽管庞德提出的第四次变革型领导浪潮为理解教师领导力的未来发展方向提供了新的视角与方向,然而其理论的成立与深化仍需依托于严谨的学术研究与实证支持。未来研究可以尝试聚焦于深入剖析教师领导行为与变革型领导理论之间的内在联系。

总体而言,教师领导力的演进轨迹深刻交织于分布式领导理念与教育改革的历史脉络之中,构成了分布式领导理论体系下的一个关键分支。教师领导力的关注点是所有组织成员都能发挥领导作用,领导力是一种分散或共享的

---

❶ BARR J Y, DUKE K. What do we know about teacher leadership? Findings from two decades of scholarship[J]. Review of educational research, 2004, 74(3):255-316.

❷ WENNER J A, CAMPBELL T. The theoretical and empirical basis of teacher leadership: A review of the literature[J]. Review of educational research, 2017, 87(1):134-171.

❸ POUNDER J S. Transformational classroom leadership: The fourth wave of teacher leadership?[J]. Educational management administration & leadership, 2006, 34(4):533-545.

代理形式。教育改革的深化历程见证了教师领导力历经四次显著变革的浪潮,每一次浪潮均伴随着教师角色与职能的深刻转型,旨在更有效地驱动学校系统的整体进步。初期阶段,教师领导力的体现主要局限于管理层面的特定岗位,其影响力尚显局限性。然而,随着教育改革的持续推进,教师逐渐从教改边缘走向中心,成为推动学校变革不可或缺的核心力量。第一次浪潮标志着学校分层领导结构的建立,即分布式领导的转变,为教师领导力的初步萌芽奠定了基础,明确了管理角色的界定与职责。在第二次浪潮中,教师领导力的价值得到了更为广泛的认可与接纳,其角色不再局限于管理层面,而是开始渗透到教育教学的各个环节。第三次浪潮则带来了更为深刻的思想与实践变革,教师领导力被视为一种领导力转型的生动体现,强调通过教师的主动引领与创新实践,推动教育生态系统的持续优化与升级。至于第四次浪潮,其理论假设将变革型领导视为教师领导力发展的新阶段或变体,虽富有前瞻性与启发性,但目前仍处于理论探讨阶段,亟须有更为充分的实证研究加以支撑与验证。综上所述,作为分布式领导理论体系下的重要分支,教师领导力的演变不仅是教育改革的重要成果,也是推动教育创新与发展的重要驱动力。

1.4.2 分布式领导视角下的教师领导力的定义

本节聚焦于当前研究领域中关于教师领导力定义的多元视角。虽然"教师领导力"这一概念尚未形成统一的定义,但其作为推动学校整体发展、促进师生共同成长的关键要素,持续激发着学术界的浓厚兴趣与深入探索。[1]无论人们选择采用何种教师领导力的具体定义,其对集体合作活动、授权和共享代理的强调显然反映在分布式领导理论中,即每个人都能以这样或那样的方式展现领导力。这并不意味着每个人都是领导者,也不意味着每个人都应该成为领导者,但它为更多元的领导形式提供了可能性。

学者们对教师领导力的界定呈现多样化趋势,反映了不同理论框架与实践背景下的独特见解。一方面,部分学者倾向于从职能维度解析教师领导力,强

---

[1] SCHOTT C, VAN ROEKEL H, TUMMERS L. Teacher leadership: A systematic review, methodological quality assessment and conceptual framework[J]. Educational Research Review, 2020, 31:1-24.

调教师在领导过程中所承担的具体角色与任务,如教学创新、团队协调、政策执行等;另一方面,另一部分学者则将研究焦点置于教师领导力的影响力层面,他们认为教师领导力不仅体现在具体的行为表现上,更体现在其能够激发师生潜能、营造积极的学习环境、推动学校文化变革等方面的深远影响上。此外,还有学者将教师领导力视为一个动态发展的过程,而非静态的固定概念。他们关注教师领导力在不同情境下的生成、演变与影响机制,强调教师领导力是通过持续的学习、反思与实践逐步构建起来的。

约克-巴尔和杜克率先将教师领导力界定为兼具课堂教学与课外领导双重职责的概念,这一界定强调了教师角色的多面性与延展性。[1]随后,刘季(Liu J)进一步指出,教师领导者不能仅局限于课堂内的知识传授,更需在多元情境下履行领导职责。[2]阮等人的综述研究则深化了这一认识,他们明确指出教师领导力的影响力超越了物理空间的界限,既在课堂内生根发芽,又在课堂外开花结果。[3]值得注意的是,尽管教师领导力的外延不断拓展,其核心却依旧根植于教学本身。正如沃伦(Warren)的研究所强调的,教学的终极追求是学生的成功,这是教师领导力不可动摇的基石。[4]温纳与坎贝尔则从更为细化的角度,将教师领导力的定义拆解为五个关键维度:第一,聚焦于课堂外的教师领导力展现;第二个、第三个维度从不同角度强调了教师在课堂外应履行的专业支持与决策参与职责;第四个维度重申了教师领导者以促进学生学习为根本目标;第五个维度揭示了教师领导者在推动学校组织结构变革中的积极作用。这些关键维度共同指向了一个核心事实,即教师领导应首先建立在其深厚的教学基础之上,领导职责作为教学角色的自然延伸,超越了传统教师职责

---

[1] BARR J Y, DUKE K. What do we know about teacher leadership? Findings from two decades of scholarship[J]. Review of educational research, 2004, 74(3):255-316.

[2] LIU J. Exploring teacher attrition in urban China through interplay of wages and well-being[J]. Education and urban society, 2021, 53(7):807-830.

[3] NGUYEN D, HARRIS A, NG D. A review of the empirical research on teacher leadership (2003—2017):Evidence, patterns and implications[J]. Journal of Educational Administration, 2019, 58(1):60-80.

[4] WARREN L L. The importance of teacher leadership skills in the classroom[J]. Education journal, 2021, 10(1):8-15.

的范畴。尤为重要的是,教师领导力的存在并不依赖于特定的职称或职位,而是根植于教师实际工作中的领导行为与实践。这种领导身份的认定,更多地是基于教师如何在特定情境下发挥影响力,而非单纯的形式化标签。因此,即使没有明确的领导头衔,一位教师也可能通过其卓越的教学实践、对同事的专业支持及对学校发展的积极贡献,展现其强大的领导力。教师领导力,作为一种独特的领导形式,其本质在于实践中的领导力展现,而非由等级制度或角色描述预先设定。

在深入探讨教师领导力的定义时,除了聚焦于其具体的职责范畴外,其影响力同样不容忽视。伯格和佐利克(Berg and Zoellick)的研究贡献尤为突出,他们从"合法性、支持、目标和方法"四个维度构建了教师领导力的分析框架。❶ 具体而言,"合法性"维度揭示了教师领导力得以实施的前提,即教师具备或被赋予影响他人的正当性;"支持"维度则强调了外部资源与环境对教师领导力发挥的促进作用;"目标"维度指出教师领导力的影响效果因目标差异而异,体现了其目标导向的特性;而"方法"维度则区分了教师影响他人的直接路径与间接策略,丰富了教师领导力的实践手段。正如约克-巴尔和杜克所解释的那样,教师领导力指的是富有经验的教师影响校内其他人以提高学生的学习效果的一个过程。与此同时,科森扎(Cosenza)则从决策参与的角度出发,认为教师领导力是教师积极参与学校决策过程,以自身专业知识与见解影响决策方向的活动。这一观点凸显了教师作为学校变革推动者的角色,以及他们通过发声来影响决策、塑造教育环境的渴望与能力。❷ 综合上述观点,可以清晰地看出,教师领导力的影响不仅局限于课堂教学,而且更广泛地渗透于学生学习、学校系统改革等多个层面。这种影响力是教师领导力不可或缺的一部分,它超越了传统的教学职能,成为教师领导力定义中的关键要素。此外,陈君君的研究进一步验证了约克-巴尔和杜克关于教师领导者作为影响形式的定义,并细化了其影响维度,包括促进专业学习、关注学习过程、鼓励同事合作、参与

---

❶ BERG J H, ZOELLICK B. Teacher leadership: toward a new conceptual framework[J]. Journal of professional capital and community, 2019, 4(1): 2-14.

❷ COSENZA M N. Defining teacher leadership: Affirming the teacher leader model standards[J]. Issues in teacher education, 2015, 24(2): 79-99.

决策及与外部联系五个方面。❶这些维度揭示了教师领导力在促进教师专业成长、优化学生学习环境、强化团队合作、参与学校治理及拓展外部资源等方面的积极作用。因此,笔者认为,教师领导力的影响不仅限于其定义的重要组成部分,更是其体现价值的关键所在。它要求教师在履行教学职责的同时,积极发挥领导作用,通过自身的影响力推动学校教育的全面发展。

在探讨教师领导力的多维属性时,学者们还认为其本质是一种动态过程。阮等人强调了教师领导力的过程性特征,明确指出它本质上是一种影响过程,而非单纯基于角色定位或正式权力架构的静态存在。肖特等人的研究又深化了这一理解,他们将教师领导力的范畴扩展至更为广阔的影响领域,即这一过程不仅局限于教师个体内部的发展,还深刻触及学校组织、学生成长乃至学校外部环境的变革。❷也就是说,教师领导力的概念超越了传统角色与权力的界限,被重新构想为能够主动塑造并持续影响教师自身、学校生态系统、学生发展轨迹乃至更广泛教育社区的动态过程。

综上所述,教师领导力是一个错综复杂、蕴含着多重维度的综合体系,其界定在学术领域内呈现显著的多样性与差异性。现有文献虽经广泛探讨,却未能形成完全一致的定义和共识,各研究依据其特定视角与关注点,对教师领导力的内涵进行了多样化的阐释。鉴于此,选取或构建教师领导力的定义时,必须紧密结合研究的具体情境与需求,以确保研究的针对性与有效性。正如温纳与坎贝尔所指出的那样,盲目套用既有研究中的定义而不考虑研究背景的差异,极易导致理论与实践的脱节,削减研究成果的实用价值与指导意义。❸因此,本书在探讨教师领导力时,采取了一种情境化的理解方式,将其视为一种动态的影响过程,聚焦于其如何作用于教师幸福感这一核心议题。

本书将教师领导力界定为一种多维度、广泛性的影响力,旨在探讨这种力

---

❶ CHEN J. Understanding teacher leaders' behaviours: Development and validation of the teacher leadership inventory[J]. Educational management administration & leadership, 2020, 50(4): 630-648.

❷ SCHOTT C, VAN ROEKEL H, TUMMERS L. Teacher leadership: A systematic review, methodological quality assessment and conceptual framework[J]. Educational research review, 2020, 31: 1-24.

❸ WENNER J A, CAMPBELL T. The theoretical and empirical basis of teacher leadership: A review of the literature[J]. Review of educational research, 2017, 87(1): 134-171.

量如何深刻地塑造并改善教师的教学环境与学生成长生态。这一定义不仅关注了教师领导者对教师个体层面的积极影响，如促进教师的专业成长与学习热情，也延伸到对学生学习过程的深度关怀，以及对学校内部合作氛围的营造、决策过程的参与，乃至与外部教育资源的有效连接等多个层面。

1.4.3 教师领导力的组成部分

下文系统地梳理了近20年教师领导力研究领域的发展脉络，旨在剖析其构成要素的多样性。与教师领导力定义的纷繁复杂相呼应，学术界对教师领导力维度的划分同样展现多元视角。具体而言，约克-巴尔和杜克通过回顾1980—2004年的研究成果，提炼出教师领导力的七大核心要素：协调与管理能力、课程开发与实施、同事专业发展促进、学校变革参与、家校社区联动、专业贡献及职前教师指导，为理解教师领导力提供了丰富的框架。[1]

除了约克-巴尔和杜克在该领域制定的相对具有代表性的内容之外，随着教师领导力研究的不断深入，2011年5月5日，美国教师领导研究协会颁布了《教师领导者示范标准》，旨在通过制定专业准则来促进该领域的对话与反思。该标准包括"（1）培养协作文化，（2）获取和使用研究成果，（3）促进专业学习，（4）促进教学改进，（5）促进评估和数据的使用，（6）改善与家庭和社区的联系，以及（7）为学生和教师职业代言"[2]。阮等人为构建教师领导力提供了另一个框架，该项研究既肯定了约克-巴尔和杜克的结论，又强调了两个新领域，即"行动研究和促进社会公正"[3]。这些标准涵盖了培养合作文化、整合与应用研究成果、推动专业学习、促进教学优化、强化评估和数据利用、增强家校社区联系，以及为学生与教师职业发声等多个方面，进一步丰富了教师领导力的构成要素。

---

[1] BARR J Y, DUKE K. What do we know about teacher leadership? Findings from two decades of scholarship[J]. Review of educational research, 2004, 74(3): 255-316.

[2] BARR J Y, DUKE K. What do we know about teacher leadership? Findings from two decades of scholarship[J]. Review of educational research, 2004, 74(3): 255-316.

[3] NGUYEN D, HARRIS A, NG D. A review of the empirical research on teacher leadership (2003—2017): Evidence, patterns and implications[J]. Journal of educational administration, 2019, 58(1): 60-80.

教师领导力探索联合会也提出了教师领导者示范标准。该联合会旨在制定专业标准,以促进教师领导力领域的对话和反思。

然而,审视这些维度,不难发现其中存在的问题与挑战:一方面,部分研究因时间跨度较长,其结论可能难以全面反映当前教育实践的最新动态;另一方面,某些相关概念的缺失,如忽略了教师愿景、特定学科专业知识的忽视,以及维度之间的稳定性与适用性等,均提示我们在构建教师领导力理论框架时需考虑不同情境下的特定需求与变化。

虽然约克-巴尔和杜克的研究在奠定教师领导力理论基石方面功不可没,但其时效性相对有限,其结论在快速变化的教育环境中可能面临是否具有适用性的挑战。正如温纳与坎贝尔所剖析的那样,政策变迁与外部环境因素的动态性不断重塑着教育格局,使旧有研究结论的普适性受到质疑。[1]虽然教师领导力探索联合会提出的示范标准因其精练性与清晰度获得了如沈建平等人的赞誉[2],被视为对教师领导力构成要素的有效整合,但这一框架也非尽善尽美。首先,它未能充分涵盖教师领导力的一个核心方面,即定义并塑造教育改进与变革的共同愿景。此维度的缺失不仅削弱了教师作为变革推动者的角色定位,也忽视了教育领导体系中愿景设定与共同承诺构建的重要性,这在伯格等人对教师领导培训课程的讨论中得到了强调,被视为培养未来教师领导者的基本要素之一。[3]此外,教师领导者示范标准在聚焦课堂外领导行为的同时,却相对忽略了教师在课堂内有效教学所需的专业知识与实践能力,这一局限被伯格等人批评,认为其未能全面反映教师领导力的多维度本质。阮等人虽在约克-巴尔和杜克研究的基础上进行了扩展,纳入了更多反映当代教育需求的维度,然而其新增成分的稳固性与普遍接受度仍面临争议。例如,沈建平等人指出,"职前教师教育"等部分内容的稳定性不足,但尚未在学术界形成广

---

[1] WENNER J A, CAMPBELL T. The theoretical and empirical basis of teacher leadership: A review of the literature[J]. Review of educational research, 2017, 87(1): 134-171.

[2] SHEN J, WU H, REEVES P, et al. The association between teacher leadership and student achievement: A meta-analysis[J]. Educational research review, 2020, 31: 1-19.

[3] BERG J H, CARVER C L, MANGIN M M. Teacher leader model standards: Implications for preparation, policy, and practice[J]. Journal of research on leadership education, 2014, 9(2): 195-217.

泛共识。❶

要进一步深化对教师领导力维度的认知与应用探讨，就必须认识到这些维度深刻植根于特定的背景与情境中。伯格等人的研究通过对比分析奥克兰大学硕士教育项目与波士顿教师领导力证书课程等案例，揭示了即使面对相同的核心议题，不同教育环境下的理解与执行也体现了显著差异，这强调了背景因素作为解析教师领导力维度时不可或缺的考量因素。❷因此，在构建教师领导力的理论框架时，细致考量情境特异性是确保研究成果具备广泛适用性与实践指导价值的关键所在。

教师领导力的构成要素迄今仍未形成共识。既往研究虽不乏宝贵经验积累，但鉴于其实验情境大多不是根植于中国本土，直接应用于中国教育的有效性与适用性自然受到一定限制。

在此背景下，陈君君提出的教师领导力框架模型显得尤为重要，该模型系统地划分为五个核心领域：促进专业学习环境的营造、学习过程的深度关注、同事之间合作精神的激发、决策过程的积极参与及外部资源的有效联系。❸尤为值得关注的是，这一模型在即将发布的《全球教育检测报告2024》中被采纳为主要研究与实践的理论基石，进一步彰显了其跨领域的影响力与认可度。

本书之所以倾向于采纳陈君君的框架，主要基于以下几点考量。首先，该模型根植于中国教育实践，其维度的设定更加贴近中国文化的独特性与教育环境的实际需求，因此更能准确反映并指导本土教师领导力的培育与发展。其次，该模型在继承前人研究成果的基础上实现了突破，将教师的教学专业知识作为关键维度纳入考量，填补了以往研究中可能存在的空白，使模型更加全面且贴近中国教育情境下的教师职业发展的核心要素。鉴于此，本书认为，该模型不仅在理论构建上更贴近我国国情，而且在实际操作中也能更好地匹配

---

❶ SHEN J, WU H, REEVES P, et al. The association between teacher leadership and student achievement: A meta-analysis[J]. Educational research review, 2020, 31: 1-19.

❷ BERG J H, CARVER C L, MANGIN M M. Teacher leader model standards: Implications for preparation, policy, and practice[J]. Journal of research on leadership education, 2014, 9(2): 195-217.

❸ CHEN J. Understanding teacher leaders' behaviours: Development and validation of the teacher leadership inventory[J]. Educational management administration & leadership, 2020, 50(4): 630-648.

教师领导力的实践职能,从而为研究提供坚实的理论基础与方向指引。

综上所述,教师领导力的构成成分之所以存在多元解读,是因为文化多样性、时代变迁等多重因素交织作用的结果。鉴于陈君君的模型在中国教育情境下的适用性与前瞻性,笔者将其作为教师领导力构成要素的主要参照,以期在后续研究中取得更具针对性的发现与贡献。至此,本章已明确界定了教师领导力的基本构成,为后续深入探讨中国教育情境下的教师领导力实践奠定了坚实的基础。

1.4.4 正式和非正式教师领导力

1.4.4.1 非正式领导和正式领导双轨并行

在学术界,教师领导力的概念呈现多元化态势,这种多样性不仅体现在对其本质的不同诠释上,还显著地反映在对领导形式的划分上,即正式领导与非正式领导。一方面,正式领导模式强调领导角色的官方性与制度化,通常会赋予特定教师以明确的领导头衔与职责,如学校管理层中的教学主任或教研组长等,这一观点在席尔瓦等人的研究中得到了体现。另一方面,非正式领导则侧重于教师基于其专业知识、教学经验等自然形成的领导影响力,即使没有正式的领导职位,也能在团队中发挥引领作用。这一理念在阿维多夫-乌恩加尔、沙米尔-因巴尔(Avidov-Ungar and Shamir-Inbal)、艾伦(Allen)及塔希尔(Tahir)等人在研究中得到了深入阐述。❶❷

在非正式领导的研究脉络中,教师领导者普遍被视为由那些经验丰富、技能卓越的专家型教师承担的角色。艾伦指出,丰富的教学经验是教师作为团队促进者的关键要素❸,这一观点与塔希尔等人的研究相呼应,他们共同强调

---

❶ UNGAR O A, INBAL T S. ICT coordinators' TPACK-based leadership knowledge in their roles as agents of change[J]. Journal of information technology education:Research,2017,16:169-188.

❷ ALLEN D. The resourceful facilitator:teacher leaders constructing identities as facilitators of teacher peer groups[J]. Teachers and teaching,2016,22(1):70-83.

❸ ALLEN D. The resourceful facilitator:teacher leaders constructing identities as facilitators of teacher peer groups[J]. Teachers and teaching,2016,22(1):70-83.

了经验丰富、技能娴熟的教师对构建积极教学氛围的重要性。[1]阿维多夫-乌恩加尔、沙米尔-因巴尔则将教师领导者定义为能够灵活应对复杂教学情境、展现高超教学艺术的专家,这种定义凸显了非正式领导在专业能力上被高度认可与信赖。[2]

在中国教育情境下,非正式教师领导通过其在专业领域的卓越表现,不仅促进了教师之间的知识共享与技能提升,还以非制度化的方式推动了教育创新与变革。然而,值得注意的是,虽然非正式领导在实践中发挥着不可忽视的作用,但其具体职责范围与影响力边界在中国教育体系中尚缺乏明确的界定,这既为理论研究提供了广阔的空间,也对教育实践提出了新的挑战。

相较于非正式领导力的隐性与灵活性,正式教师领导力的研究则聚焦于明确的领导职位与职责划分。席尔瓦等人及英格索尔(Ingersoll)等人的研究均指出,正式教师领导通常拥有学校内部的正式职位,如部门主管或协调员等,他们不仅参与学校决策过程,还承担着政策评估、教师绩效评价及家校沟通等多重职责。[3][4]刘季的研究进一步印证了这一点,他认为正式教师领导因其明确的职位与职责界定,能够更有效地履行领导职能。[5]这种明确性不仅提高了管理效率,也确保了教育政策与教学实践之间的有效衔接。

关于正式领导力的研究学者们认为,教师领导应具有明确的领导头衔。席尔瓦等人认为,教师领导是那些被赋予正式职位的教师,他们负责学校决策,如部门负责人或协调员等。英格索尔等人认为,担任领导职务的教师负责评

---

[1] TAHIR L M, MUSAH M B, HUDAWI S H V A, et al. Becoming a teacher Leader: Exploring malaysian in-service teachers' perceptions, readiness and challenges[J]. Education & science/egitim ve bilim, 2020, 45(202): 283-310.

[2] UNGAR O A, INBAL T S. ICT coordinators' TPACK-based leadership knowledge in their roles as agents of change[J]. Journal of information technology education: Research, 2017, 16: 169-188.

[3] SILVA D, GIMBERT B, NOLAN J. Sliding the doors: Locking and unlocking possibilities for teacher leadership[J]. Teachers college record, 2000, 102(4): 779-804.

[4] INGERSOLL R M, SIRINIDES P, DOUGHERTY P. Leadership matters: Teachers' roles in school decision making and school performance[J]. American educator, 2018, 42(1): 13.

[5] LIU J. Exploring teacher attrition in urban China through interplay of wages and well-being[J]. Education and urban society, 2021, 53(7): 807-830.

估政策、教师评价及与家长沟通。从这个意义上说，正式教师领导的职责更加明确，这可能是因为正式教师领导具有明确的领导职位和清晰的岗位职责。[1]

1.4.4.2 非正式教师领导的核心体现：骨干教师的作用与特征

在中国教育体系中，虽然"教师领导"一词并未作为教育行政部门的正式术语而被广泛使用，但骨干教师群体以其独特的角色定位深刻体现了非正式领导力的精髓。多位学者指出，在中国教育情境下的骨干教师与教师领导者的概念在实质上高度契合，这一群体成为非正式领导力的主要载体。

骨干教师作为教育领域的精英分子，通常具备高级别的专业资质与深厚的学术造诣。他们的职责广泛而深远，不仅限于个人教学水平的提高，更在于引领教师队伍的专业发展与合作，推动课程改革以优化学生学习成效，以及积极参与学校战略规划与整体发展。自20世纪90年代以来，骨干教师在中国教育改革的浪潮中始终扮演着重要角色，是推动教育进步的关键力量。

值得注意的是，骨干教师这一身份往往伴随着多样化的称谓，如"教学带头人""名师"等，这些称号不仅是对其专业成就的认可，也是其非正式领导地位的体现。获得这一称号须通过严格的提名与考核程序，这一过程本身便是对教师领导力潜力与实践能力的双重检验。骨干教师通过这一途径实现了职业生涯中权威性的合法化，即使未担任正式管理职务，也能在学校内部发挥重要的领导作用。

骨干教师集教师与领导者双重身份于一身，这两种角色非但不会相互冲突，反而会互相辅助。他们通过指导同事来促进专业发展，实际上履行了广义上的领导职责，证明了领导力并非仅限于特定管理职位的专属属性。教师领导力的展现更多地体现在专业认同与权威的建立上，而非单纯的形式化头衔。

综上所述，骨干教师以其卓越的专业技能与广泛的领导影响力，与没有行政职务的教师的职能高度吻合。虽然他们不必然拥有正式的领导头衔，却在实际教学中承担着引领与指导同事、推动教学创新与专业发展的重任。这一群体不仅体现了中西教育理念中关于教师领导力的共通之处，即强调个人专

---

[1] LIU Y. Contextual influence on formal and informal teacher leadership[J]. International journal of educational research open, 2021, 2:1-15.

业能力与团队引领能力的双重提升,也彰显了中国教育改革背景下对优秀教师角色的独特理解与期待。因此,本书将没有行政职务的教师领导定义为:那些虽无正式领导头衔,却凭借丰富的实践经验与卓越的专业技能在教育教学及同事指导中发挥领导作用的骨干教师。

1.4.4.3 正式教师领导体系的核心:中层领导的角色与实践

在探讨我国正式教师领导力的框架内,中层领导作为承担明确领导职务的教师群体,成为该体系的核心组成部分。这一界定与德诺贝尔(De Nobile)及恒和马什(Heng and Marsh)的观点相契合,即正式教师领导往往对应于学校的中层管理层级。当前,针对我国中层领导角色的研究已逐步深入,不仅聚焦于其角色定位,还广泛涉及其实践策略。

中层领导在学校管理体系中扮演着连接高层战略与基层执行的关键角色,他们通常肩负具体的行政与管理职责,包括但不限于学科方向的引领、部门事务的协调及学校层面的决策参与。李兆璋等人进一步阐明,中层领导是普通教师与校长之间沟通的桥梁,通过履行正式领导职责促进教育资源的优化配置与团队协作的深化。[1]

在实践层面,哈默斯利-弗莱彻(Hammersley-Fletcher)强调,中层领导力不仅需要确保教学质量,还需要积极推动学科建设与教师专业成长,形成良性的教育生态;[2]格雷戈里-马歇尔(Gregory Marshall)则指出,中层领导应具备引领团队合作、参与学校决策制定的能力。[3]这些研究共同揭示了中层领导力在促进学校整体发展中的重要作用。

从当前研究结果来看,中层领导力与教师领导力之间存在既互有联系又互

---

[1] LI S C, POON A Y K, LAI T K H, et al. Does middle leadership matter? Evidence from a study of system-wide reform on English language curriculum[J]. International Journal of Leadership in Education, 2021, 24(2):226-243.

[2] FLETCHER L H. Becoming a subject leader: What's in a name? Subject leadership in English primary schools[J]. School Leadership & Management, 2002, 22(4):407-420.

[3] MARSHALL S G. Educational middle change leadership in new zealand: The meat in the sandwich[J]. International journal of educational management, 2012, 26(6):502-528.

有区别的复杂关系。一方面,两者在功能与实践上有重叠,均超越了单一的教学范畴,对学校的全面发展产生深远影响。另一方面,如恒和马什所言,教师领导力在概念上更为宽泛,而中层领导力的概念则因其正式领导身份的限定而显得更为具体和狭窄。❶在中国教育情境下,正式教师领导往往被等同于中层领导,这一认知为理解中国教师领导力的实际运作提供了重要视角,本书将其称为教师领导。

综上所述,虽然"教师领导"一词在我国教育体系中未作为正式术语广泛使用,但骨干教师与中层领导作为其实质性的体现,共同构成教师领导力的核心要素。在明确了这一前提后,后续研究将聚焦于探讨教师领导力为何成为教育领域的一个重要议题,以及其在教育改革与发展中的独特价值。

1.4.5 教师领导力的多维重要性

下面基于现有研究成果,深入剖析教师领导力在教育体系中的核心价值。虽然学术界对教师领导力的具体界定尚未达成完全一致,但其对教育生态系统各层面的积极影响已得到广泛认可。具体而言,教师领导力不仅促进了教师队伍的整体进步,还显著提高了学生的学习成效,并有力推动了学校的持续改进与发展。鉴于此,以下将从教师层面、学生成长及学校发展三个维度,系统阐述教师领导力的深远意义。

1.4.5.1 教师层面

在教育实践的广阔舞台上,教师不仅是知识的传授者,更是领导力的重要承载者与传播者。教师领导力作为教师群体内部的一种积极力量,对其他教师的专业发展具有不可估量的作用。首先,它是教师专业成长不可或缺的催化剂。通过教师领导力的实践,教师不仅能够深化自身专业知识,还能在团队协作与经验交流中拓宽视野,实现专业能力的飞跃。其次,教师领导力显著增强了教师自我效能感,使教师在面对教育挑战时更加自信与从容。此外,这一过程还促进了教师幸福感的提升,为教师职业生涯的持续发展奠定了坚实的心理基础。

---

❶ HENG M A, MARSH C J. Understanding middle leaders: A closer look at middle leadership in primary schools in Singapore[J]. Educational studies, 2009, 35(5): 525-536.

教师领导力不仅是教育变革的催化剂,更是教师专业发展道路上不可或缺的关键驱动力。贝瑞(Berry)的研究深刻揭示了教师领导力的多维价值,特别指出其是促进同事之间共同进步的重要途径。[1]这一观点与沃伦的研究发现不谋而合,后者强调在团队协作的情境中教师领导力能够搭建起一座桥梁,使教师能够跨越经验鸿沟,向资深同事学习,实现知识的传递与技能的精进。[2]教师领导力进一步的深远意义在于其构建了一个支持性环境,特别有利于新手教师的成长与蜕变。在这个环境中,经验丰富的教师以其深厚的专业素养和丰富的实践经验,为新手教师提供了宝贵的指导与帮助,促进了后者在专业能力上的迅速提升。这一过程加速了新手教师的职业成熟,使他们更有能力面对教育工作中的挑战。

此外,教师领导力不仅促进了教师之间的深度合作与责任共担,还影响了教师的心理状态。具体而言,教师领导力通过构建合作机制,鼓励了教师之间的知识共享与经验交流,从而提升了教师的专业能力、工作信念及自尊水平。在这一过程中,教师自我效能感作为实现教育目标的重要心理资源,得到了显著增强。教师领导力正是通过激发教师的内在潜能,促进了其在教育实践中不断探索与创新,进而实现了自我效能感的提升。

最后,教师领导力还与教师幸福感紧密相联。教师领导力有助于营造一种支持性、包容性的学校文化,这种文化为教师提供了一个积极、健康的工作环境,有助于缓解职业压力,提高工作满意度。在这种文化氛围中,教师的情绪状态得到了正面调节,工作投入度增加,进而促进了幸福感的提升。良好的学校文化不仅促进了教师之间的社交互动,还为他们提供了成长与发展的空间,进一步增强了教师的职业认同感与归属感。

综上所述,教师领导力作为教师个人成长与学校发展的双重催化剂,其重要性不言而喻。它不仅能够促进教师的专业发展、提高教学质量,还能够通过塑造积极的学校文化,提升教师幸福感。然而,虽然教师领导力与教师幸福感之间的关联已得到初步验证,但直接的实证证据仍显不足。因此,未来研究应

---

[1] BERRY B. Teacher leadership: Prospects and promises[J]. Phi delta kappan, 2019, 100(7): 49-55.

[2] WARREN L L. The importance of teacher leadership skills in the classroom [J]. Education journal, 2021, 10(1): 8-15.

进一步深入探索教师领导力对教师幸福感内在机制与具体影响的路径。

1.4.5.2　学生层面

在探讨教师领导力的多维度价值时,其对学生群体的积极影响同样不容忽视。沃伦的研究强调了教师领导力与学生发展之间的内在联系,指出如果教师领导力未能有效促进学生学习,其存在价值将难以引起教育者的共鸣。[1]这一观点凸显了在教师领导力议题中,深入探讨其对学生学习成果的影响是非常有必要的。

现有研究认可,教师领导力在激发学生学习动力方面发挥着关键作用。厄奎斯特和马尔姆斯特伦(Öqvist and Malmström)通过对瑞典高中生的实证研究,揭示了教师领导力对维持和提升学生学习动力的至关重要性。[2]相反,若教师领导力缺失或不当,则可能削弱学生的学习意愿,进一步印证了教师领导力在塑造学生积极学习心态中的核心地位。穆伊斯和哈里斯(Muijs and Harris)也指出,教师领导力是推动学校与课堂变革、促进学生发展的关键力量[3],教师的行为模式与领导风格能够为学生树立榜样,激发其内在学习动力,并促进教育需求与教学实践的和谐统一。

教师领导力不仅关乎学习动机,还直接关系学生的学习成绩与学习环境。沃伦的研究提出"教师作为非正式领导者"的角色定位,深入剖析了教师在课堂中承担着榜样、促进者与调节者的三重角色,这些角色共同作用于营造积极向上的学习氛围,从而提高学生学习的积极性与效率。沈建平等人的研究进一步证实了教师领导力与学生成绩之间的正相关关系。[4]教师领导力在引导

---

[1] WARREN L L. The importance of teacher leadership skills in the classroom [J]. Education journal, 2021,10(1):8-15.

[2] ÖQVIST A, MALMSTRÖM M. What motivates students? A study on the effects of teacher leadership and students' self-efficacy[J]. International journal of leadership in education, 2018, 21(2):155-175.

[3] MUIJS D, HARRIS A. Teacher leadership-Improvement through empowerment? An overview of the literature[J]. Educational management & administration, 2003, 31(4):437-448.

[4] SHEN J, WU H, REEVES P, et al. The association between teacher leadership and student achievement: A meta-analysis[J]. Educational research review, 2020, 31:1-19.

家长参与、促进课程与教学改进方面有重要作用,这些努力最终转化为学生成绩的显著提高。从现有研究来看,教师领导力的本质是最终使学生受益。学生的成绩受到教师领导力的间接影响。教师通过自己作为课堂领导者的形象赢得学生的认可,这意味着学生愿意跟随教师主动学习。因此,学生会积极配合教师的学习任务,从而获得更好的学习效果。由此可见,教师领导力会影响教师的专业水平和教学质量,最终影响学生的学习效果。

虽然教师领导力对学生影响的理论探讨已较为丰富,但相关实证研究仍显不足。这一现状引发了学界的担忧,即若缺乏强有力的证据来支持教师领导力与学生学习成果之间的关联,可能削弱其在教育实践中的受重视程度。因此,未来研究应加大力度,通过设计严谨、科学的实证研究,深入地探索教师领导力对学生成长的具体作用机制与路径。

1.4.5.3 学校层面

在学校管理与发展的宏观视角中,教师领导力扮演了举足轻重的角色,其影响力渗透至教育质量的提高与学校改革的推进的两大维度。

教师领导力作为教育质量提高的催化剂,其核心作用在于促进了教师之间的紧密合作与专业发展,进而实现了学校整体效能的跃升。这一观点在彭新强和苗庄的实证研究中得到了充分验证。他们指出,教师领导力不仅体现在资深教师对新手教师的专业扶持上,还深刻影响着课程体系的构建与教师合作文化的培育。❶哈里斯和琼斯(Harris and Jones)进一步指出,教师领导力的影响超越了单一课堂,它深刻塑造了全校范围内的教学实践,体现了其作为间接但强大的教育质量提高机制。❷因此,教师领导力首先作用于教师个体,并通过促进教师的专业成长与团队协作,间接地推动了学校整体教育质量的全面提高。

在探讨学校改革的过程中,教师领导力同样体现其不可或缺的重要性。阮和亨特(Nguyen and Hunter)强调,教师领导者是教育创新的核心驱动力,能够激

---

❶ PANG N S K, MIAO Z. The roles of teacher leadership in Shanghai education success [J]. Bulgarian Comparative Education Society,2017,15:93-100.

❷ HARRIS A, JONES M. Teacher leadership and educational change [J]. School leadership & management,2019,39(2):123-126.

发学校的创造力与活力。[1]雅各布和唐（Yaacob and Don）则指出，教师领导者通过构建有序的学校结构与促进目标导向的活动实施，为学校改革提供了坚实的支撑。[2]此外，教师领导者参与管理不仅增强了教师的主人翁意识，还使他们成为教育改革实践的先锋。鉴于教师对教学环境的深刻理解与把握，相较于外部力量，他们更能精准地识别教育系统的需求与挑战，从而提出并实施更为有效的改革措施。因此，教师领导力不仅是学校改革的催化剂，更是其成功的关键所在。

综上所述，教师领导力在教育领域中的价值体现是多维度的，它跨越了教师、学生与学校三个层面，形成了一个相互关联、相互促进的生态系统。在这一系统中，教师领导力首先作用于教师自身，通过提升其专业能力、激发其工作热情与创造力，进而对学生产生积极的学习影响，并最终推动学校整体教育质量的提高与改革的深化。因此，深入探讨教师领导力对教师个体的影响，特别是对其自我效能感与幸福感的促进作用，对全面理解教师领导力的价值具有重要意义，这也是本书后续章节深入讨论的核心议题。

1.4.6 教师领导力的衡量标准

近年来，关于教师领导力的研究越来越多，用于评估教师领导力的工具也引起了学者们的关注。本节旨在系统梳理并讨论国内外学者为量化教师领导力所开发的多样化工具，并特别强调其在不同文化及教育背景下的适用性与创新性。

1.4.6.1 国际视野下教师领导力评估工具的演进

莱斯伍德与扬齐（Leithwood and Jantzi）率先构建了教师领导力的评估框架，开创性地区分了正式领导力与非正式领导力维度，为后续研究奠定了基础。[3]随后，哈努辛（Hanuscin）等人的研究则通过设计综合性的量表，深入探索

---

[1] NGUYEN T D, HUNTER S. Towards an understanding of dynamics among teachers, teacher leaders, and administrators in a teacher-led school reform[J]. Journal of educational change, 2018, 19(4):539-565.

[2] YAACOB W S W, DON Y. Teacher leadership model: Roles and values[J]. Journal of pedagogical research, 2018, 2(2):112-121.

[3] LEITHWOOD K, JANTZI D. The relative effects of principal and teacher sources of leadership on student engagement with school[J]. Educational administration quarterly, 1999, 35(5):679-706.

了教师领导力的多维度表现,包括正式领导与非正式领导活动的全面评估。❶安吉乐和德哈特(Angelle and DeHart)进一步细化了评估内容,不仅涵盖了领导行为更广泛的范畴,还强调了校长角色在促进教师领导力发展中的重要性。❷

1.4.6.2 中国教育情境下教师领导力评估工具的创新

鉴于本书植根于中国教育环境,特别关注国内学者在此领域的贡献,王默和夏静通过严谨的质性研究与量化验证相结合的方法,成功开发了一套适用于中国幼儿教育的教师领导力量表。❸该量表不仅填补了国内相关领域的空白,还通过半结构化访谈与确认性因素分析,确保了其内容的本土适应性与结构的科学性。虽然其研究对象与本书不完全一致,但其理论框架与实践经验也为本书提供了宝贵的参考。

陈君君所构建的教师领导力量表,以其全面性、系统性、高信度与高效度,成为本书测量教师领导力的首选工具。该量表围绕"促进专业学习、关注学习过程、鼓励同事合作、参与决策与外部联系"五大核心维度展开,精准捕捉了教师领导者在课堂内外的多重角色与行为表现。通过严格的信度与效度检验,所有因子的信度保持在0.73~0.86。该量表在中国中学教育环境中展现出良好的适用性,其研究参与者与本书目标群体的高度相似性,进一步增强了其在本书中的应用价值。

综上所述,教师领导力的评估体系正在逐步走向多元化与本土化,不同文化背景下的评估工具各有千秋,共同丰富了我们对教师领导力的理解与认识。本书采用陈君君开发的教师领导力量表作为主要测量工具,以期准确反映中国特定教育环境下教师领导力的实际状况与影响效应。

---

❶ HANUSCIN D L, SINHA S, REBELLO C M. Supporting the development of science teacher leaders-where do we begin?[J]. Science educator, 2011, 2(11): 12-18.

❷ ANGELLE P S, DEHART C A. Teacher perceptions of teacher leadership: Examining differences by experience, degree, and position[J]. NASSP bulletin, 2011, 95(2): 141-160.

❸ WANG M, XIA J. A scale for measuring teacher leadership in early childhood education in China: Development and validation[J]. Educational management administration & leadership, 2020, 50(4): 1741-1432.

1.4.7 教师领导力的探索空间

虽然全球对教师领导力价值的探讨已蔚然成风,且已积累了相当数量的研究成果,但在中国这一特定文化与教育体系内,教师领导力领域仍有值得探讨的研究问题。正如肖特(Schott)等人所批评的那样,目前关于教师领导力的现有文献大多质量参差不齐。❶教师领导力领域仍然需要更多高质量的研究。这一现状不仅凸显了继续深化研究的紧迫性,也指明了未来研究应致力于填补的方向。鉴于此,下文从研究主题、方法论应用及地域特色等维度系统剖析当前教师领导力研究的局限性与潜在的研究空白。

1.4.7.1 研究主题的深化与扩展

在探讨教师领导力研究主题的空白时,本书首先关注的是研究深度的不足。当前,多数研究倾向于对教师领导力的概念、重要性及一般策略进行规范性阐述,而缺乏深入、系统的实证分析来揭示其内在机制与具体效果。本书认为,仅列举教师领导者如何施加影响的策略,并不能清楚地说明教师领导力是如何发挥作用的。因此,正如阮等人所主张的,我们需要更多高质量的实证研究来探讨教师领导如何发挥影响过程的作用及产生的结果。❷其次,虽然现有文献发现教师领导力可以对教师的心理状态产生积极影响,但仅限于教师自我效能感和集体效能感。例如,刘季发现教师领导力与教师集体效能感密切相关。❸马迈扎达(Mammadzada)发现教师领导力对教师自我效能感有着促进作用。❹教师的心理状态是教师幸福感的关键维度之一,虽然有研究提及积极

---

❶ SCHOTT C, VAN ROEKEL H, TUMMERS L. Teacher leadership: A systematic review, methodological quality assessment and conceptual framework[J]. Educational research review, 2020, 31:1-24.

❷ NGUYEN D, HARRIS A, NG D. A review of the empirical research on teacher leadership (2003—2017): Evidence, patterns and implications[J]. Journal of educational administration, 2019, 58(1):60-80.

❸ LIU P. Understanding the relationship between teacher leadership and collective teacher efficacy in Chinese urban primary schools[J]. International journal of leadership in education, 2021:1-14.

❹ MAMMADZADA M. The role of leadership in teachers' self-efficacy: Proceedings of the society integration education proceedings of the international scientific conference, F, 2021[EB/OL]. (2021-12-06)[2024-07-15]. https://doi.org/10.17770/sie2021vol2.6485.

的教师领导力可能促进教师幸福感,但缺乏直接、系统的证据支持。因此,深入探究教师领导力与教师幸福感之间的复杂关系,不仅有助于丰富教师领导力理论,也为提升教师职业福祉提供了实践指导。

1.4.7.2 研究方法论的局限与多元化路径的探索

在审视教师领导力研究的方法论领域时,一个显著而持续的缺陷在于研究方法的单一性偏向,尤其是过度依赖定性研究方法的现象不容忽视。通过对近年来代表性文献的系统回顾,如温纳与坎贝尔对2004—2013年的54项研究的综合分析❶,以及阮等人对2003—2017年的150项研究的详尽梳理❷,发现定性研究方法在教师领导力研究领域占据了压倒性的地位。具体而言,前者研究中定性研究方法的应用比例高达74%;后者则更为显著,定性研究方法的应用比例高达71%,混合研究方法仅占13%,定量研究方法占16%。

这一趋势表明,虽然定性研究方法在揭示教师领导力复杂性和深度理解方面具有独特优势,但其长期以来的主导地位也限制了研究方法的多样性和综合性。正如克雷斯韦尔和克拉克(Creswell and Clark)所强调的,无论是定性研究方法还是定量研究方法,均存在其固有的局限性和适用范围❸,单一方法的应用往往难以全面捕捉研究对象的复杂性和多维度特征。

鉴于此,本书致力于通过引入混合方法论,以期在一定程度上克服单一方法带来的局限,为教师领导力研究提供更为全面、深入的视角。混合方法通过结合定性研究与定量研究的优势,不仅能够丰富数据收集与分析的手段,还能在不同层次和维度上对教师领导力的本质、机制及影响进行更为细致和系统的探讨。这一方法论的转变不仅是对当前研究现状的反思与超越,更是对未来研究方向的积极探索与引领。

---

❶ WENNER J A, CAMPBELL T. The theoretical and empirical basis of teacher leadership: A review of the literature[J]. Review of educational research, 2017, 87(1):134-171.

❷ NGUYEN D, HARRIS A, NG D. A review of the empirical research on teacher leadership (2003—2017): Evidence, patterns and implications[J]. Journal of educational administration, 2019, 58(1):60-80.

❸ CRESWELL J W, CLARK V L P. Designing and conducting mixed methods research[M]. 3 ed. Thousand Oras: Sage Publications, Inc, 2017.

1.4.7.3 研究地域的局限与跨文化探索的必要性

在探讨教师领导力的学术领域中,存在地理分布差异,即现有研究显著聚焦于美国及其他西方国家的实践与理论构建。这种地域性集中现象不仅限制了研究视野的广度,也隐含了文化适应性的考量。特别是,我国这一具有深厚教育传统与独特文化背景的国度,关于教师领导力的研究尚处于相对边缘化的状态。这一现状部分归因于教师领导力概念及其实践模式最初是在美国形成并发展的,导致全球约四分之三的相关研究均植根于美国。然而,教育体系的多样性与文化环境的差异性决定了源自西方的研究成果未必能直接套用于中国教育情境,因为教师领导力的表现形式、影响因素及效果可能因国家而异。

鉴于上述分析,当前研究版图中的几个关键空白亟待填补。首先,关于教师领导力与教师幸福感之间关系的实证探索显得尤为不足,这一领域的研究不仅有助于深入理解教师领导力对个体福祉的积极影响,也是提高教育质量、促进教师职业发展的重要途径。其次,研究方法上的单一性,尤其是定性研究方法的过度使用限制了研究结论的普适性和深度。混合研究方法通过结合定性研究与定量研究的优势,能够更全面地揭示教师领导力的多维度影响。最后,在中国教育情境下教师领导力的实证研究稀缺,这不仅是学术研究的空白,也是教育实践的迫切需求。

综上所述,本书旨在通过采用混合研究方法,聚焦于中国这一特定文化背景下教师领导力对教师幸福感的作用机制,以期填补现有研究的空白,为跨文化的教师领导力研究提供新的视角与见解。这不仅是对既有研究的深化与拓展,更是对全球化背景下教师领导力理论与实践本土化结合的有益探索。

1.5 教师幸福感

1.5.1 幸福感理论的历史脉络

下面主要剖析了幸福感理论的历史演进过程,具体聚焦于享乐主义(hedonism)、优达主义(eudaemonism)及积极心理学(perma)框架下的多维度探讨。这一探讨旨在构建对幸福感产生与发展机制的全面理解。

幸福感的理论探讨可追溯至古典哲学,其中把享乐主义与优达主义作为两大基石,为后续的幸福感研究奠定了基础。享乐主义强调,幸福是源自对快乐的追求与痛苦的避免,将幸福视为一种主观感受的累积。相对地,优达主义则提出,幸福是通过个人成长、目标实现及自我完善等实际行动所获得的深层次满足,超越了简单的快乐体验。这两种哲学流派对幸福本质的不同诠释,直接启发了后续研究中主观幸福感与心理幸福感(也称客观幸福感)的分化。

主观幸福感作为享乐主义思想的延续,主要是由迪纳(Diener)提出的一种享乐主义导向的研究范式。[1]迪纳认为,幸福感是避免痛苦和追求快乐的结果,由享乐主义或主观感受构成。心理幸福感是一种以优达主义为导向的研究范式,主要由雷夫(Ryff)提出。雷夫提出了心理幸福感的六要素模型,包括"自主性、环境掌控、个人成长、与他人的积极关系、生活目标和自我接纳"[2]。雷夫批评道,主观幸福感过于关注人的情感方面。从心理幸福的角度来看,幸福不仅由快乐构成,而且更像是一个实现或实现个人真实意图的过程。此外,自我决定理论也与优达主义存在某种程度的重叠。德西和瑞安(Deci and Ryan)提出以实现理论作为幸福感核心概念的理论模型,即自我决定理论。[3]自我决定理论认为,"自主、能力和人际关系是个人的三大基本需求",也是个人幸福感的来源。

随着主观幸福感和客观幸福感观念的出现,虽然对幸福感的不同研究增进了对幸福感的理解,但学者们发现,主观幸福感和心理幸福感似乎有重叠的部分。在此基础上,积极心理学流派提出了更为综合的幸福感理论——PERMA模型,即积极情绪(positive emotion)、参与(engagement)、关系(relationships)、意

---

[1] DIENER E. Subjective well-being[J]. Psychological bulletin, 1984, 95(3): 542-575.

[2] RYFF C D. Happiness is everything, or is it? Explorations on the meaning of psychological well-being [J]. Journal of personality and social psychology, 1989, 57(6): 1069.

[3] DECI E L, RYAN R M. Self-determination theory [M]. Thousand Oaks, CA: Sage Publications Ltd, 2012: 416-436.

义(meaning)和成就(accomplishment)五个要素。这一模型不仅涵盖了主观幸福感中的情感成分,也融入了心理幸福感所强调的个人成长、目标实现等要素,实现了对幸福感理解的全面整合。自我决定理论作为与优达主义相呼应的理论,进一步强调了自主、能力和人际关系作为幸福感核心要素的重要性,为PERMA模型奠定了坚实的理论基础。

综上所述,幸福感研究领域的演进历程展现了多元化的理论流派与视角,涵盖了从主观幸福感到客观幸福感,再到积极心理学的深刻变迁。这一过程揭示了幸福感概念的多维度性质,为后续探讨教师幸福感的具体界定与评估奠定了坚实的理论基础。

1.5.2　教师幸福感的定义

在深入探讨教师幸福感之前,上文提及幸福感研究的三大主流范式:主观幸福感、心理幸福感与积极心理学视角,这些为构建教师幸福感概念框架奠定了坚实的理论基础。下文旨在整合这些视角,对教师幸福感进行多维度、深层次的界定。

第一种视角是"享乐主义"或"主观幸福感"。它是根植于个体对自我生活状态的内在评估,涵盖了积极与消极情感因素的平衡考量。在教育领域,教师的享乐主义幸福感具体体现为教学活动所带来的愉悦感受,特别是在与学生互动过程中被激发的积极情绪状态,这些正面体验构成了教师职业幸福感的重要基石。柯利(Collie)进一步将这一概念细化为工作中积极且富有成效的心理状态,强调了幸福感与职业效能之间的紧密联系。[1]此外,教师的身心幸福感还广泛关联于一系列心理、生理及工作环境的积极因素,这些因素相互作用,共同塑造教师的整体幸福体验。梅塞尔和格雷格森(Mercer and Gregersen)的研究指出,教师幸福感并非仅是压力的简单对立面,而是融合了个人成长、专业发展及环境适应等多方面因素的复杂综合体。[2]这一观点强调了幸福感

---

[1] COLLIE R J. Teacher wellbeing[M]. London: Building Better Schools with Evidence-based Policy. Routledge, 2021: 169-175.

[2] MERCER S, GREGERSEN T. Teacher wellbeing[M]. Oxford: Oxford University Press, 2020.

的多维度性,提醒我们需从更广阔的视角审视教师幸福感的本质。因此,从享乐主义或主观幸福感的视角出发,教师幸福感可被视为一种对教师职业的多层次主观评价,它不仅包含了对职业活动的积极和消极情感反应,还涉及对工作环境及职业成就的全面考量。

第二种视角是"优达主义"或"心理幸福感"。在这一框架下,幸福超越了简单的快乐体验,它更多地被视为一种追求满足与实现个人意图的过程。德西和瑞安进一步阐释,当个体的基本心理需求得到恰当满足时,幸福感便油然而生。这些基本需求具体涵盖能力需求、人际关系需求及自主需求,不仅是幸福感构建的基石,也是推动个体成长与发展的核心动力。自我决定理论强调,唯有这些基本需求的满足后,方能开启通往幸福体验的门户。

在教育情境中,教师的幸福感则体现为教学工作中获得的深层次满足感。当教师感知到自己的工作对学生成长、同事之间合作产生了积极且显著的影响时,他们便能在职业生涯中体验到由衷的满意与成就感。阿克顿和格拉斯哥(Acton and Glasgow)的研究指出,教师幸福感根植于与同事及学生的互动之中,这种互动不仅带来了满足感与知足感,更赋予了教师工作以外的意义与乐趣。[1]换言之,从优达主义的视角审视,教师幸福感是教师在职业生涯中,通过实现教育愿景、促进学生发展,并在与同事构建积极关系的过程中所体验到的一种综合性积极情绪。

第三种视角是积极心理学。在探讨幸福感的多元理解时,不难发现享乐主义与优达主义这两种观点,在某种层面上存在相互交织的现象。这一观察促使我们进一步探索幸福感的第三种重要视角——积极心理学,该领域由塞利格曼(Seligman)引领,提出了基于积极心理学的幸福感框架。[2]塞利格曼提出的PERMA模型强调,幸福感并非单一维度的满足,而是这些要素综合作用的结果。值得注意的是,塞利格曼并未直接给出具体的幸福感定义,而是巧妙地将其构建为一个多维度、动态平衡的概念体系,这些要素共同构成了人类繁荣与

---

[1] ACTON R, GLASGOW P. Teacher wellbeing in neoliberal contexts: A review of the literature[J]. Australian journal of teacher education(Online), 2015, 40(8): 99-114.

[2] SELIGMAN M E. Flourish: A visionary new understanding of happiness and well-being[M]. New York: Simon and Schuster, 2012.

福祉的基石。将PERMA模型应用于教师群体后发现,教师幸福感同样涵盖了从教学中获取的即时快乐,如与学生互动的愉悦,以及通过不懈努力实现个人职业价值所带来的深层次满足。具体而言,积极情绪体现在教师日常工作中的乐观态度与正面情感中;投入则表现为对教学工作全身心的热爱与专注;关系则涵盖了与同事、学生及家长之间建立的良好互动和支持网络;意义则指向教师对教育事业的深刻理解与使命感;而成就则是教师在专业成长、学生进步等方面所取得的显著成果与自我实现。

在深入探讨教师幸福感的定义时不难发现,这一议题呈现了一个复杂而多维的构象,其定义因学者所采用的理论视角差异而呈现多样性,尚未形成共识。这一现象在本质上反映了不同学术流派对幸福感本质理解的深刻分歧与丰富性。因此,探究教师幸福感的本质,实则是在不同理论框架内寻求最贴近实际情境的解释路径。

从这三种不同的幸福感视角来看,教师幸福感的定义可以说是一个复杂的多维结构,也没有统一的结论。学者们的理论视角不同,因此对教师幸福感的定义也不同。最终,解决什么是教师幸福感的问题可能取决于人们选择的理论视角。本书认为,有必要从特定领域的角度来定义教师幸福感。本书倾向于采用阿克顿和格拉斯哥提出的关于教师幸福感的定义,认为教师幸福感是与他们的工作环境及他们与同事和学生的互动有关。[1]选择这一定义是因为阿克顿和格拉斯哥的定义涵盖了工作场所中可能体现教师幸福感的更多情况。这一定义将使本书更好地将教师幸福感与教师工作特征联系起来。

综上所述,本节通过回顾现有文献,揭示了学者们对教师幸福感概念界定的多样性与差异性。在众多定义中,阿克顿和格拉斯哥的界定因与本书目的的高度契合性而被选定并作为后续分析的基础。[2]下面继续剖析教师幸福感的内在构成要素。

---

[1] ACTON R, GLASGOW P. Teacher wellbeing in neoliberal contexts: A review of the literature[J]. Australian journal of teacher education(Online), 2015, 40(8): 99-114.

[2] MCCALLUM F, PRICE D, GRAHAM A, et al. Teacher wellbeing: A review of the literature[J]. The university of Adelaide, Australia, 2017, 34: 1-53.

1.5.3 教师幸福感的组成部分

幸福感这一复杂而多维的心理现象,其内涵与外延均呈现丰富的层次性。因此,在探讨教师幸福感的构成时,我们需从多个维度进行深入剖析。下文旨在系统地梳理并讨论构成教师幸福感的关键要素,以期为后续研究与实践奠定坚实的理论基础。

鉴于主观幸福感与心理幸福感在学术界的广泛讨论与不同定义,其构成要素亦呈现多样化的特征。迪纳作为主观幸福感研究的先驱,率先提出了包括主观生活满意度、积极影响与消极影响在内的多维度框架,为后续研究奠定了重要基础。[1]这一框架揭示了幸福感的主观性特征,并且启发了后来的学者对幸福感构成要素的探索。雷夫则从心理幸福感的角度出发,提出了包括"自我接纳、积极人际关系、自主性、环境掌控力、生活目的及个人成长"在内的六维度模型。[2]随着积极心理学的兴起,塞利格曼又进一步拓展了幸福感的研究领域,提出了包括"积极情绪、参与、关系、意义及成就感"在内的PERMA模型。该模型不仅融合了主观幸福感与心理幸福感的精髓,还引入了新的视角,如意义感、成就感,为理解幸福感提供了更宽泛的选择。

在教育领域,关于教师幸福感的研究基于这三种流派,并形成了各具特色的理论框架。例如,贝尔梅霍(Bermejo)等人的研究关注教师职业倦怠与敬业度的对立统一关系,认为这两者是教师职业幸福感的重要组成部分。[3]而维亚康姆和弗雷泽(Viac and Fraser)则提出了包括"认知幸福感、主观幸福感、身心幸福感及社会幸福感"在内的多维度模型,进一步丰富了教师幸福感的内涵。[4]陈君君等人进一步细化了教师幸福感的维度,将其划分为"身体幸福感、情绪幸福感、心理幸福感、认知幸福感、社会幸福感及精神幸福感"六大方

---

[1] DIENER E. Subjective well-being[J]. Psychological bulletin, 1984, 95(3): 542-575.

[2] RYFF C D. Happiness is everything, or is it? Explorations on the meaning of psychological well-being [J]. Journal of personality and social psychology, 1989, 57(6): 1069.

[3] BERMEJO L, FRANCO V H, URSÚA M P. Teacher well-being: Personal and job resources and demands [J]. Procedia-social and behavioral sciences, 2013, 84: 1321-1325.

[4] VIAC C, FRASER P. Teachers' well-being[J]. OECD education working papers, 2020: 1-82.

面。[1]这一分类不仅涵盖了教师个人层面的多个方面,还涉及了其在社会与精神层面的需求和体验,为全面理解教师幸福感提供了更为细致的视角。

虽然学者们已从不同视角深入探索幸福感的内涵,并尝试对教师幸福感的构成要素进行剖析,但这一领域的研究仍面临着若干难题和未解的困境。首要问题是虽然提出了多样化的幸福感维度,但缺乏一个统一的概念化框架,这限制了理论的普适性与解释力。此外,现有研究成果在适应中国特定国情方面存在不足之处,强调了文化背景对幸福感理解的重要性。另一突出的挑战是研究视角的局限性,部分学者倾向于从单一维度出发,如迪纳侧重于情感体验的满足,而塞利格曼则聚焦于积极心理学的要素,这种单一视角难以全面捕捉幸福感的复杂性与多维性。[2]同时,维度的分类标准不一且模糊,导致研究结果之间的可比性降低,难以形成统一的理论体系。最后,一些关于概念化幸福感的研究并不是基于教师,导致其研究结果不一定能够适用于教师这个特殊职业。

现有研究在定义幸福感时往往缺乏明确性,如贝尔梅霍等人虽探讨了教师幸福感的多个维度,却未明确界定幸福感的核心概念,使研究结论的阐释与应用受到一定限制。这让读者不禁要问,为什么所研究的内容是幸福感的一部分。同样,塞利格曼的框架虽详尽列出了积极因素,却未充分考虑幸福感的全面性,忽视了消极因素在整体幸福感中的作用。[3]此外,跨文化与职业差异也不容忽视。幸福感作为一种心理体验,深受文化背景与职业特性的影响。麦卡勒姆(McCallum)的研究强调情境因素对幸福感构成的影响,提示我们在探讨教师幸福感时必须考虑中国特有的文化环境与教育体制。[4]

此外,有些研究的视角相对单一。例如,迪纳认为,幸福感是建立在感觉

---

[1] CHEN J, ZHANG L, LI X, et al. The multidimensional teacher well-being: A mixed-methods approach [J]. Teachers and teaching, 2023: 1-21.

[2] SELIGMAN M E. Flourish: A visionary new understanding of happiness and well-being [M]. New York: Simon and Schuster, 2012.

[3] SELIGMAN M E. Flourish: A visionary new understanding of happiness and well-being [M]. New York: Simon and Schuster, 2012.

[4] MCCALLUM F, PRICE D, GRAHAM A, et al. Teacher wellbeing: A review of the literature [J]. The university of Adelaide, Australia, 2017, 34: 1-53.

和感受之上的,是对生活的一种满足和情感,而其他要素并不在他的考虑范围之内。[1]幸福感的概念是一个多维度的建构,因此从单一角度来探讨幸福感难免会忽略某些要素。同样,塞利格曼对构成幸福感的积极因素也考虑得很多。然而,该研究的积极部分并不能涵盖幸福感的多面性,幸福感是一个多维度的建构,因此在幸福感的构成中也需要考虑消极方面。此外,一些研究对教师幸福感的构成也造成了混淆。例如,维亚康姆和弗雷泽提出的教师幸福感构成认为,主观幸福感包括优达主义,但主观幸福感实际上属于享乐主义。[2]最后,关于主观幸福感的研究有一个相对普遍的问题,即很少有研究专门关注什么是教师职业的幸福感。例如,迪纳、雷夫和塞利格曼提出了广泛人群的幸福感构成,而没有考虑到教师职业的特殊性。从现有的文献可以清楚地看出,为教师职业制定专门的幸福要素构成是有必要的。

因此,本书更倾向于采用陈君君等人提出的关于教师幸福感的多维度构成,原因如下。首先,该幸福感要素的划分是针对教师这一特殊职业的。换句话说,他们的结论比广泛人群的幸福感要素更有针对性,更能体现教师职业的特殊性。其次,该研究是在中国教育情境下进行验证的,与本书的背景相同,因此更适用于本书。最后,此项研究通过引入多维度的分析视角,为教师幸福感的探讨提供了更为丰富和全面的理论框架,这无疑将有助于更深入地揭示和理解教师幸福感这一复杂构想的内在结构与外在影响因素。

本书认为,幸福感的维度包括身体幸福感、情感幸福感、心理幸福感、认知幸福感、社会幸福感和精神幸福感。

1.5.4 教师幸福感的重要性

虽然学术界对教师幸福感的精确定义尚未形成广泛共识,但其对教育领域及个体福祉的深远意义已是不争的事实。现有研究广泛认同,教师幸福感不仅对教师自身有影响,而且直接关系到其教学行为的有效性及对学生成长的促进作用。因此,下文旨在深入探讨教师幸福感对其自身及学生群体的多维度影响。

---

[1] DIENER E. Subjective well-being[J]. Psychological bulletin, 1984, 95(3): 542-575.

[2] DIENER E. Subjective well-being[J]. Psychological bulletin, 1984, 95(3): 542-575.

1.5.4.1 教师幸福感对教师的影响

教师幸福感的价值,首先体现在其对教师个人生活与职业发展的影响上。具体而言,这种影响可细化为三大方面:一是对日常教学工作的促进;二是对教师身心健康的促进效应;三是对教师职业稳定性的增强功能。

1. 激发教学热情与应对挑战的能力

教师幸福感与其日常工作的投入度及应对挑战的能力密切相关。梅塞尔和格雷格森的研究揭示,拥有较高幸福感的教师在面对教学过程中的种种挑战时,展现出更强的韧性与适应能力,能够更加积极地寻找解决方案,从而确保了教学质量的持续提高。[1]这一发现强调了把教师幸福感作为内在动力源,对激发教师教学热情与创新能力具有重要作用。换言之,幸福感的提升有助于教师以更加饱满的热情和创造力投身于教育事业,促进其职业生涯全面蓬勃地发展。

2. 促进身心健康的良性循环

教师幸福感还对其身心健康产生积极影响。麦金太尔(MacIntyre)等人发现,教师幸福感与压力呈负相关。[2]同样,扎拉特(Zarate)等人发现,教师的压力感会导致身心幸福感状况不佳。[3]教师是一个高压力的职业,当教师幸福感不足以承受来自工作的压力时,教师就容易出现心理障碍。这意味着当教师感到幸福感不足时,会对他们的心理和生理产生一定的负面影响。换句话说,持续的压力会加剧教育工作者的身体或心理问题,而幸福感较高的教师在面对工作压力时能够更有效地管理情绪,减少职业倦怠感,从而维持良好的心理健康状态。因此,提升教师幸福感不仅是提升其职业满意度的关键,更是保障其身心健康、促进其可持续发展的必要途径。

3. 降低教师流失率,增强职业稳定性

教师幸福感的提升有助于降低教师流失率,增强教师队伍的稳定性。刘季

---

[1] MERCER S, GREGERSEN T. Teacher wellbeing[M]. Oxford: Oxford University Press, 2020.

[2] MACINTYRE P D, ROSS J, TALBOT K, et al. Stressors, personality and wellbeing among language teachers[J]. System, 2019, 82: 26-38.

[3] ZARATE K, MAGGIN D M, PASSMORE A. Meta-analysis of mindfulness training on teacher well-being[J]. Psychology in the schools, 2019, 56(10): 1700-1715.

认为,教师的主观幸福感预示教师的流失。[1]当教师幸福感上升时,教师的离职率会下降。这意味着感到不快乐和精神疲惫的教师更有可能倾向于辞职。同样,阮等人认为,当教师对自己的工作感到满意时,他们不太愿意离开自己的岗位。[2]当教师感受到来自工作、同事及学校的支持与认可时,其职业满意度和归属感将得到显著提高,进而降低离职意愿,确保了教师队伍的稳定性和教学质量的连续性。因此,关注并提升教师幸福感,对维护教育系统的稳定与可持续发展具有重要意义。

综上所述,教师幸福感的核心地位在教育领域中显著凸显,其重要性可从多维度进行深刻剖析,主要聚焦于三大核心领域:教师日常工作的促进、教师个人身心福祉的维护及教师队伍稳定性的保障。在清晰地界定了教师幸福感对教师自身发展的关键作用后,下面按逻辑转向探讨其对另一关键群体——学对生的影响。

1.5.4.2 教师幸福感对学生的影响

下文聚焦于剖析教师幸福感在学生层面所展现出的重要性,探讨其作为一个关键变量,如何对学生的心理状态、学习体验及最终学业成就产生积极影响。具体而言,教师幸福感与学生幸福感及教育质量之间存在着错综复杂的内在联系,这一关系已在多项实证研究中得到了充分验证。

1. 教师幸福感与学生幸福感的共生关系

研究表明,教师幸福感与学生幸福感之间存在显著的正相关关系。具体而言,当教师处于较高幸福感状态时,他们往往能以更加积极、乐观的态度投入教学工作,这种情绪状态会不自觉地传递给学生,促使学生也形成积极的心理氛围,从而在心理上茁壮成长;相反,若教师因各种原因而陷入倦怠或较低幸福感状态,这种负面情绪同样会对学生产生消极影响,导致学生容易感受到压

---

[1] LIU J. Exploring teacher attrition in urban China through interplay of wages and well-being[J]. Education and urban society,2021,53(7):807-830.

[2] NGUYEN T D,PHAM L,SPRINGER M G,et al. The factors of teacher attrition and retention:An updated and expanded meta-analysis of the literature[J]. Annenberg institute at Brown University,2019:19-149.

力与倦怠。因此,提升教师幸福感不仅是教师个人福祉的保障,更是促进学生幸福感提升的重要途径。

2. 教师幸福感对教育质量及学生学习成果的促进作用

教师幸福感对教育质量的影响同样不容忽视。一方面,教师幸福感直接影响其教学投入度与工作效率。当教师感到幸福与满足时,他们更有可能投入更多的精力与热情到教学中,从而提高教学质量,增强与学生的互动与联系。反之,教师压力过大或倦怠可能对他们与学生的联系和教学质量产生不利影响。另一方面,教师幸福感还与学生的学习成果密切相关。研究表明,幸福感高的教师往往能更有效地激发学生的学习兴趣与动力,促进学生的全面发展,进而提高学生的学业成绩。这种正向循环不仅提高了教育质量,也为学生未来的学习与成长奠定了坚实的基础。

鉴于教师幸福感对教师及学生双方的重要影响,该领域无疑成为一个值得深入探索与研究的重要课题。为了促进教师幸福感,进而提高教育质量与学生福祉,我们有必要对可能影响教师幸福感的各种因素进行全面、系统的调查与分析。通过揭示这些因素的内在机制与作用路径,我们可以为制定更加科学、有效的教师支持政策提供理论依据与实践指导,最终实现教师、学生及整个教育生态系统的共赢发展目标。

1.5.5 教师幸福感的衡量工具

下文旨在综述并探讨当前学术界为量化教师幸福感而设计的多样化工具与方法,具体包括昆(Kun)等人、雷波罗与康斯坦丁诺(Rebolo and Constantino)及惠誉(Fitch)等人的研究成果。[1][2][3]鉴于本书聚焦于教师的工作相关幸福感,

---

[1] KUN Á, BALOGH P, KRASZ K G. Development of the work-related well-being questionnaire based on Seligman's PERMA model[J]. Periodica polytechnica social and management sciences, 2017, 25(1):56-63.

[2] REBOLO F, CONSTANTINO M. Teacher well scale(EBED): Developement and validation[J]. Cadernos de pesquisa, 2020, 50(176):444-460.

[3] FITCH R I G, PEDRAZA Y T C, SÁNCHEZ M D C R, et al. Measuring the subjective well-being of teachers[J]. Journal of educational, health and community psychology, 2017, 6(3):25-59.

以下将对这些测量工具进行详细解析,并评估其学术贡献与实践价值。

昆等人的教师工作相关性幸福感问卷(WW)。该问卷根植于塞利格曼提出的PERMA模型,是作为衡量个体在工作环境中幸福感水平的创新尝试。教师工作相关性幸福感问卷由精心设计的35个题项构成,全面覆盖了PERMA模型的核心维度,即PERMA理论的要素:积极情绪、参与、关系、意义和成就感,以及工作的消极方面。此问卷通过六个分量表的结构化设计,确保了评估的全面性与细致性,且其在不同工作场景中的适用性已得到了验证,其内部一致性系数高于0.7,显示了良好的信度。

雷波罗与康斯坦丁诺的教师幸福感量表(Ebed)。作为一种针对教师群体幸福感特定影响因素的探索工具,教师幸福感量表从劳动活动、社会经济、关系及基础设施四个维度出发,构建了包括37个变量在内的评估框架。该量表旨在通过测量教师对上述关键领域的满意度,间接反映其幸福感水平,并为识别能促进教师幸福感的潜在因素提供数据支持。虽然教师幸福感量表在概念上富有创新性,但遗憾的是,雷波罗与康斯坦丁诺在研究中并未直接报告该量表的内部可靠性指标,这在一定程度上限制了其直接应用于实践研究的可信度。

惠誉等人的教师主观幸福感问卷(SWTQ)。作为评估教师主观幸福感领域的又一量表,SWTQ通过设置95个精心设计的题项,深入探索了影响教师主观幸福感的工作与生活双重维度。该问卷结构严谨,分为三个部分,旨在全面捕捉教师幸福感的多维面貌。其内部一致性系数高达0.903,彰显了高度的信度水平,为研究者提供了强有力的数据支撑。

在探讨教师幸福感量化评估的现有工具时,我们不得不承认这些工具在揭示教师心理状态与福祉方面所取得的显著成就。然而,细致审视之后,不难发现其中也存在若干局限与挑战。首先,问题在于部分工具的可靠性验证尚不充分,具体表现为缺乏内部一致性的明确证据,如雷波罗与康斯坦丁诺所开发的教师幸福感量表,其内部可靠性的具体指标未予以明确报告,这在一定程度上影响了评估结果的稳健性。其次,部分量表虽在职业幸福感领域具有广泛适用性,但其设计初衷并非专门针对教师群体,如昆等人的WW问卷,其普适性虽强,却可能因未充分考虑教师职业的特异性而略显不足。这种泛化性在一定程度上削弱了工具对教师幸福感精准测量的能力。最后,一个不容忽视的问题是,现有量表在设计时往往基于西方或更广阔的文化背景,未能充分融入并反映中国教师所面临的独特情境与挑战。文化的差异性与教育环境的多样性,要求我们在评估教师幸福感时必须采用更具有针对性的工具,以确保评估结果的适用性与有效性。

鉴于上述分析,本书倾向于采用陈君君等人最新开发的、专门针对中国教师幸福感测量的问卷。该问卷不仅充分考虑了中国教师的职业特点与工作环境,还在内部一致性方面表现更出色,其信度系数稳定在0.75~0.83,这一数据为问卷的可靠性提供了强有力的支持。因此,我们有理由相信,采用该问卷能够更准确地揭示中国教师幸福感的现状,为相关政策的制定与实践干预提供更为科学、有效的依据。

1.5.6 影响因素

在深入探讨了教师幸福感的重要性之后,下文聚焦于解析影响这一心理状态的多元因素,主要从个人特质与环境条件两个维度展开,旨在全面揭示其背后的作用机制。

1.5.6.1 个人因素:核心在于自我效能感

教师幸福感是一个复杂多维的心理现象,深受个体内部因素的塑造。学术界对此进行了广泛而深入的探索,揭示了一系列个人因素对教师幸福感的潜在影响,包括但不限于自我效能感及复原力等。其中,自我效能感作为一种核心的个人资源,因对教师心理韧性与职业适应能力有显著影响而备受关注。

本书在剖析影响教师幸福感的个体层面因素时,特别聚焦于教师自我效能感这一选择基于若干深刻且相互关联的理由。首要的是,情绪调节策略作为复原力架构内的一项关键个人资源,它的有效运用体现了教师在多变工作环境中的自我管理能力。因此,深入探讨情绪调节策略如何作用于教师幸福感,实质上也是间接地考察复原力体系中一个核心组成部分的影响力。

进一步地,在幸福感预测的精度与效能上,教师自我效能感展现出相较于复原力更为突出的优势。自我效能感作为教师复原力的核心支柱，其水平的高低直接关系着教师在面对挑战时的坚持与恢复能力。换言之，当我们探讨教师复原力与其幸福感之间的动态关系时，不可避免地会触及自我效能感这一更为基础且关键的心理要素。这一发现强化了自我效能感作为幸福感预测指标的独特价值，超越了单纯的复原力或情绪调节策略范畴。

基于此，本书认为，教师自我效能感是一个更为综合且有力的幸福感衡量标准，它能够更为直接且全面地反映教师在职业生活中的主观福祉状态。这一观点与贝尔梅霍-托罗（Bermejo-Toro）等人的研究不谋而合，他们同样强调了教师自我效能感在解释教师幸福感方面的独特重要性。[1]

教师自我效能感，作为一个核心概念，被界定为教师对其在教育教学工作中能力水平的主观信念与评估。这一心理特质在学术界已累积了广泛且深入的研究支持，被普遍视为教师个人资源库中不可或缺的一环。

具体而言，教师自我效能感之所以被视为重要，是因为它与多项职业发展与心理福祉的关键指标紧密相联。首先，自我效能感与教师的工作绩效呈现显著的正相关关系，这种信念的增强能够激励教师更全情地投入教学，从而促进教学质量的提高。其次，自我效能感还是教师工作动机的重要源泉，它能够激发教师的内在动力，促使他们积极面对工作中的挑战与机遇。此外，不容忽视的是，教师自我效能感还与其心理复原力密切相关。在面对职业压力与困境时，高自我效能感的教师往往能够展现出更强的适应能力与恢复能力，有效抵御消极情绪的影响，保持积极向上的心态。这种心理韧性不仅有助于教师个人的心理健康，也为他们持续提供高质量的教学服务奠定了坚实的基础。

在深入探讨教师自我效能感的多维度影响时，多项实证研究均提供了有力的证据支持。具体而言，艾纳斯卡尔·维克和西塞尔斯卡尔·维克（Skaalvik E. M. and Skaalvik S.）的研究揭示了教师自我效能感与其工作满意度之间的正向预测关系，即教师对自己教学能力的积极信念显著促进了其职业满意度的提

---

[1] TORO LB, URSÚA M P, HERNÁNDEZ V. Towards a model of teacher well-being: Personal and job resources involved in teacher burnout and engagement[J]. Educational psychology, 2016, 36(3): 481-501.

高。[1]这一发现已得到了后续研究的进一步验证与拓展,教师自我效能感不仅是职业满意度的前因,而且直接且正向地预测了教师的工作动机,强调了自我效能感在激发教师内在驱动力方面的重要作用。此外,亚达(Yada)等人的研究则将这一视角进一步延伸至心理韧性领域,指出教师自我效能感是影响其复原力的最强预测因子之一。[2]这意味着在面对职业挑战与压力时,高自我效能感的教师更可能展现出强大的心理韧性,能有效应对并快速恢复,从而维持其职业效能感与幸福感。综合上述分析,教师自我效能感与其工作表现之间存在紧密的关联性,这种关联性不仅体现在对工作投入度与工作动机的积极促进上,还深刻影响着教师的心理复原能力。而工作投入与积极性,作为幸福感的重要预测因子,进一步强化了自我效能感与幸福感之间的潜在联系。

因此,基于上述理论与实证研究的综合考量,本书有充分的理由假设,教师自我效能感能通过提高工作投入度、激发工作动机及增强心理复原力等多条路径,对教师幸福感产生直接或间接的积极影响。

现有研究以丰富的视角深入剖析了教师自我效能感与教师幸福感之间错综复杂的关系,揭示了两者之间多层次的相互作用。学者们广泛地探讨了自我效能感影响教师的工作满意度、职业倦怠等关键因素,进而波及教师的整体幸福感。

首先,关于教师自我效能感与工作满意度的关联,多项研究提供了确凿证据。马迈扎达明确指出,教师自我效能感是提高工作满意度的重要驱动力。[3]苏珊艾·丁格和马修艾·丁格(Edinger S. K. and Edinger M. G.)则进一步揭示了这一关系的调节机制,指出自我效能感在缓解工作压力、提高工作满意度中扮

---

[1] SKAALVIK E M, SKAALVIK S. Teacher self-efficacy and perceived autonomy: Relations with teacher engagement, job satisfaction, and emotional exhaustion[J]. Psychological reports, 2014, 114(1):68-77.

[2] YADA A, BJÖRN P M, SAVOLAINEN P, et al. Pre-service teachers' self-efficacy in implementing inclusive practices and resilience in Finland[J]. Teaching and teacher education, 2021, 105:103398.

[3] MAMMADZADA M. The role of leadership in teachers' self-efficacy: proceedings of the society integration education proceedings of the international scientific conference, F, 2021[EB/OL].(2021-12-06)[2024-07-15].https://doi.org/10.17770/sie2021vol2.6485.

演了关键角色。❶艾纳斯卡尔·维克和西塞尔斯卡尔·维的研究同样也支持了这一观点,他们发现自我效能感高的教师往往报告更高的工作满意度❷,这种正向关系为理解教师幸福感提供了重要线索。德雷尔(Dreer)的论述则强化了这一观点,强调自我效能感作为工作满意度的重要预测指标,其水平直接关联着教师的职业幸福感。❸

其次,教师自我效能感还与教师职业倦怠现象紧密相关。安斯利(Ansley)等人的研究揭示了自我效能感缺失与职业倦怠之间的紧密联系,指出了缺乏自我效能感的教师更容易陷入职业倦怠的困境,进而影响其幸福感水平的高低。❹劳尔曼和柯尼希(Lauermann and König)的研究指出,自我效能感不仅直接影响职业倦怠的产生,还可能通过其他中介因素间接作用于教师的职业倦怠感。❺鉴于职业倦怠是教师幸福感下降的重要信号,这一发现强调了提升教师自我效能感在预防职业倦怠、维护教师幸福感方面的重要性。

鉴于教师工作满意度与职业倦怠作为衡量教师幸福感的关键维度,已被马迪根与金(Madigan and Kim)等研究广泛证实❻❼。本书基于此前提,合理推导出教师自我效能感作为其职业心理结构的重要预测部分,对幸福感具有显著影

---

❶ EDINGER S K, EDINGER M J. Improving teacher job satisfaction: The roles of social capital, teacher efficacy, and support[J]. The Journal of psychology, 2018, 152(8):573-593.

❷ SKAALVIK E M, SKAALVIK S. Motivated for teaching? Associations with school goal structure, teacher self-efficacy, job satisfaction and emotional exhaustion[J]. Teaching and teacher education, 2017, 67:152-160.

❸ DREER B. Teachers' well-being and job satisfaction: the important role of positive emotions in the workplace[J]. Educational studies, 2021:1-17.

❹ ANSLEY B M, HOUCHINS D E, VARJAS K, et al. The impact of an online stress intervention on burnout and teacher efficacy[J]. Teaching and teacher education, 2021, 98:103251.

❺]LAUERMANN F, KÖNIG J. Teachers' professional competence and wellbeing: Understanding the links between general pedagogical knowledge, self-efficacy and burnout[J]. Learning and instruction, 2016, 45:9-19.

❻ MADIGAN D J, KIM L E. Towards an understanding of teacher attrition: A meta-analysis of burnout, job satisfaction, and teachers' intentions to quit[J]. Teaching and teacher education, 2021, 105:1-14.

❼ WU D. Relationship between job burnout and mental health of teachers under work stress[J]. Revista argentina de clinica psicologica, 2020, 29(1):310.

响。瓦利(Vali)的研究明确指出,教学活动中的教师自我效能感与其幸福感之间存在正向的关联机制,即教师自我效能感的提升往往伴随着幸福感的增强。[1]这一发现不仅强化了自我效能感作为教师幸福感促进因素的观点,还揭示了其在提升教师职业福祉中的核心作用。进一步地,巴尔(Barr)等人的研究继续深化了这一领域的理解,他们指出,教师自我效能感具备缓冲外部压力(如课堂暴力)对幸福感负面冲击的潜能,表明自我效能感作为一种内在保护机制,能够在挑战性工作环境中维护教师的心理健康与幸福感。[2]

综上所述,教师自我效能感作为一种关键的个人资源,不仅直接作用于幸福感的提升,还通过其具有的调节外部压力的功能,间接促进了教师的职业福祉。在探讨了个人层面的影响因素后,下面关注背景因素如何与教师幸福感相互作用,以期全面解析教师幸福感的多元成因,探索其提升路径。

1.5.6.2 背景因素的综合审视

在当前教育心理学与领导学领域,关于教师幸福感的背景因素研究已颇为丰富,这些研究从不同维度揭示了影响教师职业福祉的复杂因素。本书聚焦于教师领导力这一核心变量,旨在深入探讨其与教师幸福感之间的内在联系,并识别出那些既与教师领导力紧密相关又显著影响着教师幸福感的背景因素。

为实现这一目标,本书采用了系统化的文献回顾策略,即叙事回顾法,以利于深度剖析并综合现有的实证研究。在文献搜集阶段,本书构建了关键词组合,包括"教师领导力"(如教师专业发展、教师专业学习、教师合作、教师参与决策、教师人际关系等)与"教师幸福感"(如幸福感、工作满意度、工作压力、教师效能感等),并限定了2012—2022年的时间范围,在谷歌学术及教育资源信息中心数据库(ERIC)等相关数据库中进行了广泛检索,共获取了1371篇潜在相关的同行评审文章。研究人员实施了严格的筛选流程,以确保所选文献

---

[1] VALI M. Relationship between high school teachers' wellbeing and teachers' efficacy[J]. Acta scientiarum education,2012,34(2):233-241.

[2] BARR M H, NEWMAN S, HUNT T G, et al. Teacher self-efficacy in handling violent events: Its impact on teacher wellbeing[J]. International journal of management in education,2022,16(2):103-130.

的代表性和相关性。

首先,通过初步筛选英文期刊中与教师领导力及工作背景因素相关的文章,利用教育资源信息中心数据库进一步提炼其搜索结果,初步筛选出180篇文章。

其次,依据三项核心标准:与教师领导力维度的直接相关性、与教师工作背景因素的紧密关联及实证研究的设计,研究人员对这些文章的摘要进行了细致的阅读与评估,最终将语料库缩减至80篇高质量研究文章。在此基础上,研究人员进一步剔除了那些理论框架不清晰、方法论说明不充分或测量工具解释模糊的文章,以避免对研究结论的准确性与可理解性造成干扰。经过这一轮严格筛选,研究人员构建了一个包含14篇文章(其中包含3篇定性研究、9篇定量研究、2篇混合方法研究)的最终语料库。这些文章不仅直接关联于对教师领导力与教师幸福感的探讨,而且覆盖了从2013—2022年的最新研究成果,为深入分析奠定了坚实的基础。

在深入探究与教师领导力相关联且对促进教师幸福感具有显著影响的背景因素时,本书通过叙事性审查方法,提炼出以下核心构成要素,包括专业发展机会、合作机会、参与决策的机会、人际关系等。

1. 专业发展机会

专业发展机会作为提升教师幸福感的关键因素,其重要性在多项研究中得到了充分验证。具体而言,温特(Winter)等人的研究指出,教师在获得专业发展的同时,也显著增加了对工作的满意度。这一发现强调了专业发展与教师幸福感之间的正相关关系。[1]类似地,莫里斯(Morris)等人的研究进一步拓展了这一视角,他们认为领导者在推动教师合作与专业发展方面的努力,直接促进了教师幸福感的提升,凸显了教师的专业发展在福祉中的关键作用。[2]加斯特(Gast)等人的研究也呼应了上述观点,明确指出参与专业发展活动的教师能够显著地提升其幸福感,这不仅体现了专业发展对教师个人成长的价值,也揭

---

[1] WINTER J S, BRESSMAN S, EFRON E S. An innovative model of mentoring teachers in Jewish day schools[J]. International journal of mentoring and coaching in education, 2020, 9(1):37-51.

[2] MORRIS J E, LUMMIS G W, LOCK G, et al. The role of leadership in establishing a positive staff culture in a secondary school[J]. Educational management administration & leadership, 2020, 48(5):802-820.

示了其在促进教师职业满意度和幸福感方面的影响。❶布斯基拉和陈-列维（Buskila and Chen-Levi）则从另一个角度阐述了这一关系，他们发现，促进教师的专业成长与进步是增强教师幸福感的有效途径之一。❷这一发现强调了专业发展不仅是技能的提升，更是教师职业认同、自我效能感及整体福祉增加的过程。换言之，当领导者致力于营造支持教师专业成长的环境时，教师则更有可能在职业生涯中感受到成功与自信，进而提升其工作中的幸福感。

综上所述，专业发展机会通过促进教师的专业技能提升、增强职业满意度与自我效能感，以及构建积极的工作环境三种途径，对教师幸福感的提升具有显著且深远的积极影响。

2. 合作机会

合作机会的赋予对提升教师的工作满意度及整体幸福感具有不可忽视的作用，这一观点在多项研究中得到了有力支持。具体而言，加西亚-托雷斯（García Torres）的研究深入剖析了教师工作满意度与专业合作之间的内在联系，揭示了两者之间存在显著的正相关关系，即教师参与专业合作的程度越高，其工作满意度也相应得到提升。❸杜亚尔（Duyar）等人的研究指出教师之间的专业合作不仅能够提升工作满意度，还对教师自我效能感产生了积极的影响。❹自我效能感作为个体对自我能力的一种信念和判断，其增强有助于教师更加自信地应对工作中的挑战，进而提升职业幸福感。刘燕等人的研究再次验证了上述发现，他们强调教师合作在提升自我效能感和工作满意度方面的

---

❶ GAST I, NEELEN M, DELNOIJ L, et al. Supporting the well-being of new university teachers through teacher professional development[J]. Front psychol, 2022, 13: 866000.

❷ BUSKILA Y, EVI T C. The role of authentic school leaders in promoting teachers' well-being: Perceptions of Israeli teachers[J]. Athens journal of education, 2021, 8(2): 161-180.

❸ TORRES D G. Distributed leadership, professional collaboration, and teachers' job satisfaction in U.S. schools[J]. Teaching and teacher education, 2019, 79: 111-123.

❹ DUYAR I, GUMUS S, BELLIBAS M S. Multilevel analysis of teacher work attitudes: The influence of principal leadership and teacher collaboration [J]. International journal of educational management, 2013: 700-719.

显著作用,并指出这种提升是增进教师幸福感的重要途径。[1]这一发现深化了对合作机会与教师幸福感之间关系的理解。

综上所述,合作机会的提供对促进教师之间的专业交流、增强工作满意度和自我效能感及最终提升教师幸福感,均具有至关重要的作用。

3. 参与决策的机会

教师参与决策的机会作为影响教师幸福感的重要维度,其重要性在学术研究中得到了广泛探讨。尤索夫和登古-阿里芬(Yusoff and Tengku-Ariffin)深入剖析了教师权利与其福祉之间的内在联系,明确指出,赋予教师适当的决策参与权是其幸福感构建不可或缺的一部分。[2]这种权利的赋予不仅体现了对教师专业地位的尊重,也促进了教师在组织中的归属感和价值实现,进而提升了其整体的幸福感。瓦齐(Vazi)等人的研究则揭示了教师被排除在决策过程之外的负面后果,指出这种排斥感往往伴随着更大的工作压力和心理负担,从而削弱教师幸福感。[3]这一发现强调了决策参与对缓解教师职业压力、维护其心理健康的重要性。同时,萨拉菲杜和查齐奥阿尼蒂斯(Sarafidou and Chatziioannidis)的研究则从自我效能感的角度,为教师参与决策与幸福感之间的关系提供了新的视角。[4]他们指出,鼓励教师积极参与决策过程能够显著增强其自我效能感,即增强教师对自己能够胜任工作任务并达到预期结果的信心。这种自我效能感的提升,作为幸福感的重要组成部分,进一步强化了教师参与决策对其整体福祉所产生的积极影响。

---

[1] LIU Y, BELLIBAŞ M Ş, GÜMÜŞ S. The effect of instructional leadership and distributed leadership on teacher self-efficacy and job satisfaction: Mediating roles of supportive school culture and teacher collaboration [J]. Educational management administration & leadership, 2021, 49(3): 430-453.

[2] YUSOFF S M, ARIFFIN T F T. Looking after teacher wellbeing: Does teacher empowerment matter? [J]. Malaysian online journal of educational management, 2020, 8(4): 43-56.

[3] VAZI M L, RUITER R A, BORNE B V D, et al. The relationship between wellbeing indicators and teacher psychological stress in Eastern Cape public schools in South Africa [J]. SA journal of industrial psychology, 2013, 39(1): 1-10.

[4] SARAFIDOU J O, CHATZIIOANNIDIS G. Teacher participation in decision making and its impact on school and teachers [J]. International journal of educational management, 2013, 27(2): 170-183.

综上所述,教师参与决策的机会通过赋予其权利、缓解工作压力、提升自我效能感等多种途径,对教师的幸福感产生了影响。

4. 人际关系

教师的人际关系作为其职业环境中不可或缺的组成部分,对教师幸福感也产生影响。张佳等人的研究明确指出,人际关系作为一种核心的背景因素,与教师幸福感的构建紧密相联,强调了其在教师职业福祉中的关键作用。[1]安和金(Ahn and Kim)的研究则细化了这一关联,他们发现教师之间及教师与管理者、同事之间的人际互动质量,尤其是正面和谐的人际关系,直接关系到教师整体的幸福感体验。[2]斯里瓦利和维贾亚拉克什米(Srivalli and Vijayalakshmi)的研究则进一步验证了这一观点,他们认为教师与上级及同事之间的人际关系质量是预测教师工作满意度的重要指标之一,指出人际关系淡薄或紧张往往导致教师工作满意度的下降,进而削弱其幸福感。[3]这一发现凸显了构建和维护良好人际关系对提升教师幸福感的重要性。

综上所述,教师在职业环境中体验到的幸福感会受到多种因素的共同影响,其中以专业发展机会、合作机会、参与决策的机会及人际关系作为四大关键的环境因素,这些因素相互交织,共同塑造了教师的职业体验和幸福感水平。前文通过对这些个人因素与环境因素的回顾,为理解教师领导力与教师幸福感之间的关系奠定了坚实的理论基础。因此,本书在深入探讨教师领导力与教师幸福感的关系时,也充分考虑了上述因素的潜在影响,以期获得更为全面和深入的理解。

---

[1] ZHANG X, WANG Y, LIU X, et al. The relationship between interpersonal relationship and the subjective well-being of Chinese primary and secondary teachers: A mediated moderation model[J]. International journal of educational and pedagogical sciences, 2016, 10(5): 1472-1476.

[2] AHN H H, KIM H S. Effects of job stress on job satisfaction in school dieticians and nutrition teacher-focus on the moderating effect of interpersonal relationship type[J]. Journal of the Korean dietetic association, 2018, 24(3): 212-230.

[3] SRIVALLI P, VIJAYALAKSHMI B. Job satisfaction: A study on interpersonal relationship and faculty workload[J]. International journal on global business management & research, 2015, 3(2): 51-54.

1.5.7 教师领导力与教师幸福感的关联探析

鉴于当前文献中直接探讨教师领导力与教师幸福感之间联系的实证研究相对匮乏,下文旨在通过综合分析可能影响教师幸福感的多种个人因素等,间接构建教师领导力与教师幸福感之间的潜在联系。这一探讨过程不仅是对现有研究的补充,也是对教师领导力维度深度理解进行的尝试。

1.5.7.1 教师领导力与教师个人因素(自我效能感)的关联

下文旨在系统梳理并深入探讨教师领导力与教师自我效能感之间的复杂关联,通过综合分析现有文献,揭示两者之间的双向互动机制,主要回顾了有关教师领导力与教师自我效能感之间关系的文献。总体而言,现有文献表明,教师领导力会受到教师自我效能感的影响,也会对教师自我效能感产生积极影响。

教师领导力的形成与发展深受教师自我效能感这一内在心理因素的影响。张佳等人的实证研究揭示了这一现象:那些具备较高自我效能感水平的教师,更倾向于自我肯定其领导潜能,这体现了自我效能感作为教师领导力认知基础的重要作用。[1]进一步地,穆萨(Musa)等人的研究从培养过程的视角出发,明确指出教师自我效能感是教师领导力发展的重要促进因素。[2]高自我效能感的教师凭借其内在的积极信念与自信,就能够在教育实践中展现出更强的专业能力,为学生和同事提供更加丰富的教育体验。这一过程不仅丰富了教师的专业实践,也为其领导力的提升奠定了坚实的基础。

因此,笔者认为教师自我效能感与教师领导力之间存在一种动态且复杂的相互作用关系。教师自我效能感不仅作为教师领导力的内在驱动力,影响其自我认知与行为表现,同时也通过实际的教育实践过程为教师领导力的持续

---

[1] ZHANG M, TIAN J, NI H, et al. Exploring teacher leadership and the factors contributing to it: An empirical study on Chinese private higher education institutions[J]. Sage open, 2021, 11(1):1-12.

[2] MUSA K, YUSOF H, NOOR M A M, et al. The influence of pre-service teacher's self-efficacy on teacher leadership readiness[J]. International journal of academic research in progressive education & development, 2019, 8(4):66-76.

发展提供源源不断的能量与资源。这种关系不仅体现了教师个人心理特质与职业角色之间的紧密联系，也为理解教师领导力发展的多维度、多层次机制提供了新的视角。

教师领导力的实践还对教师个人的心理状态产生了显著的积极影响，尤其是对其自我效能感的提升。洪齐克（Hunzicker）的研究洞察到了这一现象，他强调，当教师被赋予领导角色并有机会在实践中发挥其影响力时，他们的自我效能感会显著增强。[1]这种提升源自实际领导经验的积累，以及随之而来的成就感和自我价值的确认。此外，穆伊斯和哈里斯及阿克曼（Akman）的研究还进一步补充了教师领导力促进自我效能感发展的多元路径。他们指出，在教师领导者指引下的教师，在与同事的紧密合作中不仅能够共享资源、交流经验，还能在共同解决问题的过程中获得成长，这种团队协作与专业互动极大地促进了教师自我效能感的提升。[2][3]同时，专业进步与成就感的获得也是增强教师自我效能感的关键因素，它们为教师提供了持续发展的动力与信心。马迈扎达的研究则进一步揭示了教师领导力与教师专业发展、工作满意度及自我效能感之间的内在联系。他提出，教师领导力不仅推动了教师的专业发展，还间接地促进了教师自我效能感的提升。这一发现强调了教师领导力在促进教师个人成长与心理福祉方面发挥着全面作用。

综上所述，教师领导力在提升教师自我效能感方面发挥着积极的正向作用。这一作用不仅体现在实际领导经验的积累上，还贯穿于教师与同事的合作、专业发展的推进及工作满意度的提升等多个方面。正如温纳与坎贝尔所强调的，教师领导力是教师自我效能感提升的重要驱动力之一[4]，它激励着教

---

[1] HUNZICKER J. Professional development and job-embedded collaboration: How teachers learn to exercise leadership[J]. Professional development in education, 2012, 38(2): 267-289.

[2] AKMAN Y. The relationships among teacher leadership, teacher self-efficacy and teacher performance[J]. Journal of theoretical educational science, 2021, 14(4): 720-744.

[3] MUIJS D, HARRIS A. Teacher led school improvement: Teacher leadership in the UK[J]. Teaching and teacher education, 2006, 22(8): 961-972.

[4] WENNER J A, CAMPBELL T. The theoretical and empirical basis of teacher leadership: A review of the literature[J]. Review of educational research, 2017, 87(1): 134-171.

师在教育实践中不断地探索、成长与超越。

在探讨教师领导力与教师自我效能感相互关系的文献中,虽然已有部分研究触及了校长变革型领导力和教师领导力对教师自我效能感的潜在影响,但这些研究往往止步于识别关联性的存在,而未能深入剖析教师领导力是如何具体运作以引导或间接塑造教师自我效能感的。这一空白反映了当前研究在机制解析层面的不足,即缺乏对教师领导力作用路径的细致描绘。

综合现有分析,教师领导力和教师自我效能感之间的相互作用呈现出一种双向促进的态势。具体而言,教师若具备高水平的自我效能感,其内在的自信与积极信念将为其在教育实践中展现领导力奠定坚实的心理基础,从而促进教师领导力的形成与发展;反之,教师领导力的实践过程通过赋予教师更多的责任与机会,不仅丰富了其专业体验,还增强了其自我效能感,形成了一种良性的循环机制。

当将视角扩展至教师的整体福祉时,就不难发现教师自我效能感作为一种关键的个人资源,其状态的好坏能够直接或间接地影响教师幸福感。这一观点强调了自我效能感在教师心理健康与职业满意度中的核心作用。基于上述逻辑链条,本书提出一个合理的假设:教师领导力可能通过对教师自我效能感的积极影响,进而间接地促进教师幸福感的提升。这一假设不仅丰富了对教师领导力多维度影响的理解,也为后续探索如何通过增强教师领导力来增加教师队伍的整体福祉提供了新的思路与方向。

此外,也有一些研究试图探究教师领导力与教师自我效能感之间的联系,但并未提及教师领导力是如何具体地发挥作用的。例如,李宁和刘燕的研究认为,校长的变革型领导力和教师领导力会对教师自我效能感产生影响。[1]然而,该研究并未揭示教师领导力是如何具体引导和间接影响教师自我效能感的。

综上所述,教师领导力和教师自我效能感在一定程度上相互影响。高水平的教师自我效能感可以促进教师领导力,而教师领导力也可以促进教师自我

---

[1] LI L, LIU Y. An integrated model of principal transformational leadership and teacher leadership that is related to teacher self-efficacy and student academic performance [J]. Asia pacific journal of education, 2020: 1-18.

效能感的发展。教师自我效能感是一种重要的个人资源,可以直接或间接影响教师幸福感。因此,笔者有理由推测,教师领导者可以通过影响教师自我效能感来影响教师幸福感。

1.5.7.2 教师领导力和影响教师幸福感的背景因素

在深入探讨教师幸福感的影响因素时,本书已详尽阐述了包括专业发展机会、合作机会、参与决策机会及人际关系在内的多种环境因素。近年来,教师领导力作为一股不可忽视的力量,已被广泛研究与论证,其与上述影响教师幸福感的背景因素之间存在着错综复杂的联系。

首先,教师领导力与教师的专业发展紧密相联,这一观点在多项研究中均得到了强有力的支持。具体而言,维乔雷克和李尔(Wieczorek and Lear)的研究揭示了教师领导者通过为同行提供指导与支持,促进了教师个人的专业能力提升。[1]正如波克特(Poekert)所言,教师领导者可以构建一个积极的专业社区,其中教师之间互相激励,共同追求专业上的卓越。[2]而库珀(Cooper)等人的研究则进一步强调了教师领导力在提升教师专业能力、优化专业学习环境方面的重要作用,指出教师领导者的存在能够显著改善并促进同事及自身的专业学习进程。[3]教师领导力的有效实施,不仅为教师群体提供了宝贵的专业发展机会,还通过构建积极的专业社群和优化学习环境,间接地促进了教师幸福感的提升。这一过程充分体现了教师领导力在影响教师幸福感背景因素中的关键作用。

教师领导力在促进教育环境中的合作氛围方面具有显著作用,这一观点已得到了多位学者的实证支持。具体而言,穆伊斯和哈里斯的研究明确指出,教师领导力的引入显著增加了同事之间协作与交流的机会,促进了教育共同体

---

[1] WIECZOREK D, LEAR J. Building the "bridge": Teacher leadership for learning and distributed organizational capacity for instructional improvement[J]. International journal of teacher leadership, 2018, 9(2):22-47.

[2] POEKERT P E. Teacher leadership and professional development: Examining links between two concepts central to school improvement[J]. Professional development in education, 2012, 38(2):169-188.

[3] COOPER K S, STANULIS R N, BRONDYK S K, et al. The teacher leadership process: Attempting change within embedded systems[J]. Journal of educational change, 2016, 17(1):85-113.

内知识、经验与资源的共享。[1]这种正向影响不仅限于形式上的合作增加,更在于它深刻改变了教育工作的生态,使教师之间的互动更加频繁、深入且富有成效。温纳与坎贝尔的研究揭示了教师领导力在营造积极工作环境方面的关键作用。[2]他们指出,教师领导者的存在能够激发教师团队的合作动力,促进成员之间的相互尊重与信任,从而形成一种鼓励大家共同工作、积极参与决策的良好氛围。在这种环境中,教师不再仅是教学任务的执行者,更是教育创新与变革的积极参与者,其合作意愿与行动力均得到了显著提升。什切斯乌尔和惠曾加（Szczesiul and Huizenga）的研究则进一步强调了教师领导力对教师合作积极性的影响。[3]他们认为,教师领导力通过树立榜样、提供指导与支持等方式,有效地提高了教师参与合作的内在动力,促使教师更加主动地寻求并加入团队合作。这种积极性的提高不仅促进了教师个人能力的提升,也为整个教育团队带来了更加显著的协同效应。综上所述,教师领导力的实施通过增加合作机会、营造积极氛围及激发合作积极性等多种途径,为教师提供了更为广阔的合作空间与平台,促进了教育环境中合作文化的形成与发展。

教师领导力的实施显著增强了教师在课堂及学校层面决策过程中的参与度,这一观点在德沃斯（Devos）等人的研究中得到了验证。[4]具体而言,教师领导力的有效发挥促进了决策机制的民主化,使教师能够更广泛地参与影响他们工作与生活的关键决策。德沃斯等人进一步指出,教师从领导角色中获得的支持力度与其在决策中的话语权和影响力成正比,这直接提高了教师参与

---

[1] MUIJS D, HARRIS A. Teacher leadership-Improvement through empowerment? An overview of the literature[J]. Educational management & administration, 2003, 31(4):437-448.

[2] WENNER J A, CAMPBELL T. The theoretical and empirical basis of teacher leadership: A review of the literature[J]. Review of educational research, 2017, 87(1):134-171.

[3] SZCZESIUL S A, HUIZENGA J L. Bridging structure and agency: Exploring the role of teacher leadership in teacher collaboration[J]. Journal of school leadership, 2015, 25(2):368-410.

[4] DEVOS G, TUYTENS M, HULPIA H. Teachers' organizational commitment: Examining the mediating effects of distributed leadership[J]. American journal of education, 2014, 120(2):205-231.

决策的积极性和有效性。[1]

教师领导力与教师之间的人际关系构建也紧密相关,这一议题在温纳与坎贝尔的研究中得到了深入探讨。[2]虽然约克-巴尔和杜克曾提出,教师领导力的实施可能因其潜在的等级化特征而加剧了教师之间的疏离感[3],但温纳与坎贝尔则持更为辩证的观点,认为教师领导力的实践实际上能够重塑教师与同事之间的互动模式,其影响既可能促进他们之间更加紧密和谐的关系,也可能在某些情况下引发紧张或距离感。这一复杂性表明,教师领导力对人际关系的效应并非单一且确定的,而是受多种因素共同作用的结果。

综上所述,教师领导力作为一种多维度的领导行为,不仅与教师参与决策的程度紧密相联,还深刻影响着教师之间的人际关系构建。鉴于教师幸福感受到个人与环境因素的双重作用,而现有文献已揭示教师领导力与这些因素之间存在显著关联,因此,本书合理地推测教师领导力与教师幸福感之间存在某种内在联系是合乎逻辑的。然而,虽然这一推测具有理论上的合理性,但当前研究尚缺乏直接且系统的实证数据来明确阐释两者之间的具体关系。鉴于此,本书旨在填补这一研究空白,通过收集并分析相关的实证数据,深入探究教师领导力与教师幸福感之间的复杂联系。

1.5.8 研究空白与探索方向

虽然教育领域对教师幸福感的探讨已积累了相当丰富的文献,但在中国特定文化背景下,该领域的研究仍存在一些研究空白,亟待深入探索。下文旨在从研究主题与方法论两个维度,系统剖析当前教师幸福感研究中尚待解答的关键问题,并明确本书的切入点。

---

[1] DEVOS G, TUYTENS M, HULPIA H. Teachers' organizational commitment: Examining the mediating effects of distributed leadership[J]. American journal of education, 2014, 120(2): 205-231.

[2] WENNER J A, CAMPBELL T. The theoretical and empirical basis of teacher leadership: A review of the literature[J]. Review of educational research, 2017, 87(1): 134-171.

[3] BARR J Y, DUKE K. What do we know about teacher leadership? Findings from two decades of scholarship[J]. Review of educational research, 2004, 74(3): 255-316.

1.5.8.1 研究主题的未尽之处

当前,教师幸福感研究的局限性主要体现在以下几个方面。

首先,多数研究聚焦于教师身心幸福感的负面维度,如工作压力、职业倦怠等,而对积极因素及全面幸福感的探索相对不足;影响教师幸福感的因素尚未得到一致的看法。

其次,关于教师身心幸福感的研究倾向于呈现了明显的不均衡性,即过多地聚焦于负面效应,如工作重压与职业倦怠等方面。诚然,理解这些负面因素对剖析教师幸福感的受损机制至关重要,但仅单纯聚焦于消极层面,无疑忽视了幸福感作为一个多维度构想的全面性。只关注消极方面并不能真正了解教师身心幸福感的全部内容,因此对教师幸福感的正面体验、心理韧性及促进因素的探讨显得尤为迫切。

最后,虽然教师幸福感的影响因素研究已取得一定进展,涵盖了工作特征、教师情感状态及学生行为等多个方面,但尚未形成统一的理论框架或共识性结论。这种多元化探索虽有助于拓宽研究的视野,却也反映了该领域在整合性与系统性上的不足。

其中尤为重要的是,当前研究在教师领导力通过增强教师自我效能感进而影响其幸福感的路径上显得尤为薄弱。虽然教师领导力作为提高教育质量的关键因素已受到广泛关注,但其对教师个人福祉的潜在贡献,特别是通过自我效能感这一中介机制的作用,尚缺乏深入系统的探讨。这一研究空白的存在,不仅限制了对教师幸福感提升策略的全面理解,也阻碍了教育实践中有效干预措施的开发与实施。鉴于此,本书旨在填补上述研究空白,通过构建教师领导力、自我效能感与幸福感之间的理论模型,并辅以实证数据进行分析,以揭示三者之间的内在联系与动态机制。这一研究不仅有助于深化对教师幸福感复杂性的认识,也为教育管理者和政策制定者提供了提升教师福祉、促进教育可持续发展的科学依据与实践指导。

1.5.8.2 研究方法论的审视

下文聚焦于当前教师幸福感研究领域在方法论上的显著不足,旨在通过系统性分析揭示其根源。这些方法论上的局限主要体现在两个方面:一是研究方法的单一化倾向；二是缺乏衡量幸福感的统一标准化工具。

首先，研究方法的单一性。这一现状在哈舍尔和瓦伯(Hascher and Waber)及克雷斯韦尔和克拉克的论述中均得到了显著体现。❶❷具体而言，虽然存在多样化的研究路径，但现有文献普遍倾向于过度依赖某一种研究方法，尤其是定量方法。哈舍尔和瓦伯的综合性分析揭示，在所考察的98项研究中，高达77项研究采用了定量方法，而定性方法与混合方法的应用则相对匮乏，分别仅占14项、7项。尤其是定量方法基于调查问卷的数据收集方式，虽然在量化分析上具有优势，但往往难以深入捕捉教师幸福感的复杂性与主观性。同时，克雷斯韦尔和克拉克指出，无论是定量还是定性的单一方法，均存在各自的局限性。❸定量方法可能忽略个体差异与深层动机，而定性方法则可能因样本量小而导致结论的普适性受限。鉴于此，本书采用混合方法作为研究设计的核心，旨在通过结合定量与定性的多元数据收集、分析策略，来避免单一方法的研究局限。

在幸福感研究的领域中，学者们不仅聚焦于方法论的选择，还采用了多样化的测量工具以量化这一复杂构想。然而，这些测量工具在应用过程中也暴露出若干关键缺陷。具体而言，首要问题在于量表的跨文化适用性问题，即某些量表可能因根植于特定文化背景而难以直接应用于其他文化环境。此外，针对教师这一特定职业群体，现有量表往往未能充分考量其职业特性的独特影响，如工作压力、职业认同及角色冲突等，从而限制了测量结果的精准度与解释力。进一步地，许多幸福感量表在设计时更倾向于聚焦负面情感或生活满意度等较为狭窄的维度，而忽视了幸福感中至关重要的积极面向，如乐观主义、心理韧性及生活满意度中的积极体验等。这种不均衡的度量方式导致难以全面捕捉幸福感的多元内涵。

以伦肖(Renshaw)等人的研究为例，他们针对美国小学教师群体开发的教师主观幸福感问卷(TSWQ)，虽然在内部一致性上表现出色，但其适用范围的

---

❶ CRESWELL J W, CLARK V L P. Designing and conducting mixed methods research[M]. 3 ed.Thousand Oras : Sage Publications, Inc, 2017.

❷ HASCHER T, WABER J. Teacher well-being: A systematic review of the research literature from the year 2000—2019[J]. Educational research review, 2021, 34(2021):1-25.

❸ CRESWELL J W, CLARK V L P. Designing and conducting mixed methods research[M]. 3 ed.Thousand Oras : Sage Publications, Inc, 2017.

局限性不容忽视。由于该量表是基于美国文化及教育环境设计的,所以其能否有效应用于其他文化背景下的教师群体,便成了一个亟待验证的议题。这一现象不仅揭示了跨文化研究中的复杂性,也强调了未来研究在开发与应用幸福感量表时需更加注重量表的普适性与文化敏感性。

其次,当前虽然已有诸多量表用于幸福感评估,但其中不少仍停留于普适性层面,未能充分贴合教师职业的独特性与复杂性。以马斯拉赫职业倦怠量表为例,该量表作为心理幸福感研究的经典工具,其广泛性在于只提供了普遍的职业压力评估,却未能细致入微地触及教师职业特有的幸福感维度。❶

部分量表设计倾向于聚焦幸福感的负面维度,如克里斯滕森(Kristensen)等人开发的哥本哈根职业倦怠量表,该量表在验证其信度和效度方面表现卓越,却主要聚焦于倦怠状态的测量,相对忽视了教师幸福感中积极、正面的元素。❷这一倾向在现有文献中颇为普遍,正如曼金(Mankin)等人指出,当前关于教师幸福感的量表设计往往侧重于消极层面的探索,而忽视了全面、平衡地评估教师幸福感的多元构成。❸这种研究现状揭示了幸福感研究领域在方法论层面的局限性,特别是在研究工具的选择与应用上存在的短板,还揭示现有的幸福感评估框架在深度和广度上均有待拓展,以适应不同职业群体,特别是教师这一特定群体的实际需求。

综上所述,教师幸福感作为一个被持续关注的议题,其研究深度与广度仍有待进一步挖掘。现有文献的局限不仅体现在研究主题的相对单一,更在于研究方法与工具的选择未能充分反映教师幸福感的复杂性与多维性。因此,本书旨在通过提供更为丰富、细致的实证数据,填补这一领域的知识空白,促进研究者对教师幸福感进行更为全面、深入的理解与探索。

---

❶ GARCIA A U. What do we know about university academics' mental health? A systematic literature review[J]. Stress and health, 2020, 36(5): 563-585.

❷ KRISTENSEN T S, BORRITZ M, VILLADSEN E, et al. The copenhagen burnout inventory: A new tool for the assessment of burnout[J]. Work & stress, 2005, 19(3): 192-207.

❸ MANKIN A, VON DER EMBSE N, RENSHAW T L, et al. Assessing teacher wellness: Confirmatory factor analysis and measurement invariance of the teacher subjective wellbeing questionnaire[J]. Journal of psychoeducational assessment, 2018, 36(3): 219-232.

1.6 教师自我效能感

1.6.1 教师自我效能感的历史发展

教师自我效能感的形成与深化根植于三大核心理论体系的滋养。一是罗特(Rotter)提出的控制源理论(locus of control theory)[1];二是班杜拉和亚当斯(Bandura and Adams)共同奠定的社会认知理论(social cognitive theory)[2];三是查宁-莫兰(Tschannen-Moran)等人对前述两者进行的创新性整合。[3]这一发展历程不仅展示了理论之间的承继关系,也体现了对教师自我效能感多维度理解的逐步深化。

追溯教师自我效能感研究的滥觞,罗特的控制源理论无疑是其重要的起点。[4]该理论聚焦于个体如何归因于影响其行为结果的因素,即控制源,区分为内在控制(内控)与外在控制(外控)。罗特通过整合认知、情境与行为三要素,揭示了教师良好的认知框架与实际行动之间的内在逻辑联系,为后续自我效能感的研究奠定了心理机制的基石。[5]在这一理论框架下,教师自我效能感被初步划分为基于内部因素和外部因素的两种不同面向,为后续量表的开发提供了理论基础。

在罗特奠定的理论基础之上,班杜拉和亚当斯从心理学界的社会认知理论中引入了"自我效能感"的概念,这一概念的提出深刻地揭示了社会环境在塑

---

[1] ROTTER J B. Generalized expectancies for internal versus external control of reinforcement [J]. Psychological monographs: General and applied, 1966, 80(1): 1-28.

[2] BANDURA A, ADAMS N E. Analysis of self-efficacy theory of behavioral change [J]. Cognitive therapy and research, 1977, 1(4): 287-310.

[3] MORAN M T, HOY A W, HOY W K. Teacher efficacy: Its meaning and measure [J]. Review of educational research, 1998, 68(2): 202-248.

[4] ROTTER J B. Generalized expectancies for internal versus external control of reinforcement [J]. Psychological monographs: General and applied, 1966, 80(1): 1-28.

[5] ROTTER J B. Generalized expectancies for internal versus external control of reinforcement [J]. Psychological monographs: General and applied, 1966, 80(1): 1-28.

造个体自我效能感中的关键作用。❶自我效能感,作为心理学领域的一项重大理论贡献,其影响力远远超越了学科界限,逐渐渗透到组织行为学、教育学等多个学科领域,成为这些学科深入探究人类行为动机与绩效表现不可或缺的组成部分。班杜拉和亚当斯提出的社会认知理论为教师自我效能感的研究开辟了新路径。❷该理论强调了个体与环境之间的动态交互作用,特别是自我效能感作为连接认知与行为之间的桥梁。在社会认知理论视角下,教师自我效能感不仅是个人属性的简单反映,而且受到社会环境、过往经验、榜样作用等多重因素的影响。这一理论框架的引入,极大地丰富了教师自我效能感研究的内涵,使其更加贴近教育实践的复杂性和多样性。班杜拉和亚当斯强调,个体在着手某项行为活动之前,会预先评估自己执行该任务的能力与可能达到的水平,这种预先形成的信念,即自我效能感,深刻影响着个体的认知加工、情感体验及行为动机,进而塑造其实际的行为模式与表现。他们进一步指出,自我效能感的研究应当根植于具体的情境与领域中,以确保其解释力与实用性。在这一理念的指导下,教师自我效能感作为自我效能感在教育领域的具体体现。

吉布森和德姆博积极响应班杜拉和亚当斯的理论号召,针对教育领域的特点设计了教师自我效能感量表,从而系统化地构建了教师自我效能感的理论框架与测量工具。❸他们的研究表明,教师对外部环境的控制感反映了其对行为结果的预期,而教师对其自身教学能力与专业素养的评估,则直接关系到其对教学效能的预期。这一发现深化了对教师自我效能感内涵的理解。

随后,查宁-莫兰等人在继承罗特的奠基性工作及班杜拉和亚当斯社会认知理论精髓的基础上,提出了一个新的教师自我效能感综合模型。❹这一模型

---

❶ BANDURA A, ADAMS N E. Analysis of self-efficacy theory of behavioral change[J]. Cognitive therapy and research,1977,1(4):287-310.

❷ BANDURA A, ADAMS N E. Analysis of self-efficacy theory of behavioral change[J]. Cognitive therapy and research,1977,1(4):287-310.

❸ GIBSON S, DEMBO M H. Teacher efficacy: A construct validation[J]. Journal of educational psychology,1984,76(4):569-582.

❹ MORAN M T, HOY A W. Teacher efficacy: Capturing an elusive construct[J]. Teaching and teacher education,2001,17(7):783-805.

强调了教学任务特有的情境维度与发展性特征,指出教师自我效能感并非孤立存在,而是深植于个人经验与环境因素交织的复杂网络中。具体而言,该模型揭示了除教师个人经验积累之外,诸如学校文化、社会支持、资源可获得性等环境因素同样在塑造与强化教师自我效能感过程中扮演着至关重要的角色。为了精准量化这一多维度的概念,查宁-莫兰和霍伊(Tschannen-Moran and Hoy)研发了俄亥俄州教师效能感量表,该量表以其高度的信效度与广泛的适用性赢得了学术界的广泛认可与采用。[1]达芬(Duffin)等人的研究更是进一步巩固了俄亥俄州教师效能感量表作为评估教师自我效能感有效工具的地位,强调了其在教育实践与研究中所体现的不可替代的价值。[2]

综上所述,教师自我效能感理论体系的构建,经历了从罗特初步探索、由班杜拉和亚当斯深化拓展、再到查宁-莫兰等人综合创新的过程。

1.6.2 教师自我效能感的定义

鉴于学术界对教师自我效能感理论基础的多元理解,尚未形成该概念统一且普适的定义。当前,关于教师自我效能感的界定主要分化为三大流派:信念导向、影响导向与感知导向。

首先,从信念导向出发,在探讨教师自我效能感的本质时,现有研究倾向于将其视为一种核心信念体系。查宁-莫兰等人强调,教师自我效能感是一种深植于心的信念体系,它驱动着教师为实现特定教育目标而采取行动。[3]艾纳斯卡尔·维克和西塞尔斯卡尔·维将这一信念进一步细化,诠释为教师对自己规划、执行并达成教育目标能力的坚定信心。[4]

---

[1] MORAN M T, HOY A W, HOY W K. Teacher efficacy: Its meaning and measure[J]. Review of educational research, 1998, 68(2): 202-248.

[2] DUFFIN L C, FRENCH B F, PATRICK H. The teachers' sense of efficacy scale: Confirming the factor structure with beginning pre-service teachers[J]. Teaching and teacher education, 2012, 28(6): 827-834.

[3] MORAN M T, HOY A W. Teacher efficacy: Capturing an elusive construct[J]. Teaching and teacher education, 2001, 17(7): 783-805.

[4] SKAALVIK E M, SKAALVIK S. Dimensions of teacher self-efficacy and relations with strain factors, perceived collective teacher efficacy, and teacher burnout[J]. Journal of educational psychology, 2007, 99(3): 611-625.

分布式领导视角下的教师领导力与自我效能感、幸福感的影响研究

其次,影响导向的研究则聚焦于其对学生学习成果及成长过程的影响。贾斯基和帕萨罗(Guskey and Passaro)的研究揭示了教师自我效能感的一种重要表现形式,即教师面对挑战与不利条件时展现的坚韧不拔,这种能力促使教师积极作为,最终对学生产生显著的正面效应。[1]换言之,高自我效能感的教师能够更好地应对教学障碍,并将其转化为促进学生成长的有效资源。进一步地,施瓦泽和哈卢姆(Schwarzer and Hallum)的研究深化了这一观点,他们指出,自我效能感强的教师倾向于设定明确的教学目标,并以此为动力,不懈努力以提高学生的学业成绩。[2]这些教师不仅关注自身的专业发展,更将学生的进步视为最高追求,通过持续的努力与奋斗,为学生创造更加有利的学习环境。

最后,感知导向的研究将教师自我效能感视为一种基于个人体验的感知状态。具体而言,纽曼(Newmann)等人的研究指出,教师自我效能感体现在教师对学生学业进步的直接感知中。当教师目睹学生在成绩上的显著提高时,会油然而生一种教学成效的确认感与价值感,这种正面的情感反馈构成了教师自我效能感的核心部分。[3]此定义不仅揭示了教师自我效能感与个人情感体验之间的紧密联系,还进一步强调了其对教师整体幸福感及职业状态的影响。具体而言,高度的自我效能感能够作为教师幸福感的重要驱动力,为教师带来职业上的满足与成就感,进而增强其工作动力与热情。同时,这种积极的情感体验也在一定程度上缓冲了职业倦怠的侵蚀,能帮助教师在长期的教育工作中保持心理健康与职业活力。

针对教师自我效能感的界定尚未达成共识,这一状况反映了该概念本身所蕴含的多维度、复杂性特征。基于这一背景,本书旨在深入探索教师自我效能感与其幸福感和教师领导力之间的内在联系,以期为该领域的研究贡献新的视角与见解。为了实现这一目标,笔者借鉴并综合了查宁-莫兰等人和纽曼等

---

[1] GUSKEY T R, PASSARO P D. Teacher efficacy: A study of construct dimensions[J]. American educational research journal, 1994, 31(3): 627–643.

[2] SCHWARZER R, HALLUM S. Perceived teacher self-efficacy as a predictor of job stress and burnout: Mediation analyses[J]. Applied psychology, 2008, 57(s1): 152–171.

[3] NEWMANN F M, RUTTER R A, SMITH M S. Organizational factors that affect school sense of efficacy, community, and expectations[J]. Sociology of education, 1989, 62(4): 221–238.

人的理论框架,对教师自我效能感进行了更为全面而细致的界定。具体而言,笔者认为,教师自我效能感不仅体现为一种深层次的信念体系,这种信念支撑着教师在教育实践中对自身能力的坚定信心与积极预期;同时,它也是一种与工作情境紧密相联的感知体验,当教师感受到自身努力产生的积极影响时,这种感知会进一步强化其自我效能感,并带来职业上的满足与幸福。

1.6.3 教师自我效能感的要素

教师自我效能感作为教育领域中的核心概念,其多维性特质已得到广泛认可。下文旨在通过梳理不同学者的理论视角,从而剖析构成教师自我效能感的多种要素。鉴于学术界对教师自我效能感定义的多样性,不同学者在探讨其构成要素时也自然会呈现不同的侧重点与框架。

班杜拉和亚当斯的研究为理解教师自我效能感提供了重要基础。他们指出,教师自我效能感涵盖了一系列的具体领域,包括影响决策的能力、调配学校资源的能力、教学技能、课堂纪律管理、家长与社区参与的促进,以及营造积极学校氛围的能力。[1]这一全面而细致的划分为后续研究奠定了坚实的基础。随后,吉布森和德姆博在继承与发展班杜拉和亚当斯理论的基础上,提出了更为精练的分类框架,将教师自我效能感归结为两个核心维度:个人教学效能感与一般教育效能感。[2]进入21世纪,查宁-莫兰和霍伊又进一步丰富了教师自我效能感的理论构建,提出了包括教学策略效能感、课堂管理效能感及学生参与效能感在内的三维模型。[3]这一模型强调了教师在具体教学场景中的自我效能感表现,为理解教师如何在实践中具体地运用自我效能感提供了新的视角。而斯卡尔维克和斯卡尔维的研究则再次拓展了教师自我效能感的边界,他们认为教师自我效能感还应包括根据学生个性化需求调整教学策略的能

---

[1] GERONIMO V. Assessing teachers' self-efficacy beliefs using Bandura's scale[J]. Research journal of education, 2021:150-155.

[2] GIBSON S, DEMBO M H. Teacher efficacy: A construct validation[J]. Journal of educational psychology, 1984, 76(4):569-582.

[3] MORAN M T, HOY A W. Teacher efficacy: Capturing an elusive construct[J]. Teaching and teacher education, 2001, 17(7):783-805.

力、激励学生成长的动力、维护课堂纪律的魄力、与同事及家长有效合作的能力,以及应对教育变革与挑战的韧性。[1]综上所述,教师自我效能感的构成要素是一个动态发展的过程,不同学者基于各自的理论背景与实践经验提出了各具特色的维度体系。

然而,在探讨教师自我效能感的多维度构成时,不难发现各维度面临着多样性的问题与挑战。具体而言,某些维度的界定显得过于宽泛,缺乏对教师工作具体情境的深入考量。以吉布森和德姆博(Gibson and Dembo)的框架为例,虽然其尝试概括教师效能感的核心要素,但所提出的维度在指导具体教学实践时显得较为笼统,未能充分捕捉教师职业活动的细微差异与复杂性。[2]此外,现有理论体系还存在着构成要素的缺失现象。班杜拉和亚当斯的早期贡献虽具有里程碑意义,但其提出的维度未能充分考虑期望这一关键因素在教师自我效能感形成与发展中的关键作用,这一点在后续研究中得到了艾纳斯卡尔·维克和西塞尔斯卡尔·维的进一步阐释与强调。[3]值得注意的是,部分关于教师自我效能感的研究成果存在地域局限性。例如,艾纳斯卡尔·维克和西塞尔斯卡尔·维关于教师效能感的研究虽在挪威某地区取得了显著成果,但其结论的普适性尚待验证,尤其是在跨文化、跨地域的背景下,其适用性可能受到一定限制。

综上所述,鉴于教师自我效能感概念的多维性、复杂性及现有理论框架的多样性与局限性,学术界在该领域尚未形成统一的认识。鉴于此,本书倾向于采纳查宁-莫兰和霍伊所构建的自我效能感维度体系作为后续研究的理论基础。[4]该体系不仅经过严格测试,展现了高度的统一性与稳定性,而且能够跨

---

[1] SKAALVIK E M,SKAALVIK S. Dimensions of teacher self-efficacy and relations with strain factors,perceived collective teacher efficacy,and teacher burnout[J]. Journal of educational psychology,2007,99(3):611-625.

[2] GIBSON S, DEMBO M H. Teacher efficacy: A construct validation [J]. Journal of educational psychology, 1984,76(4):569-582.

[3] SKAALVIK E M,SKAALVIK S. Dimensions of teacher self-efficacy and relations with strain factors,perceived collective teacher efficacy,and teacher burnout[J]. Journal of educational psychology,2007,99(3):611-625.

[4] MORAN M T,HOY A W. Teacher efficacy:Capturing an elusive construct[J]. Teaching and teacher education,2001,17(7):783-805.

越不同教育背景、教师层次及学科领域,展现了广泛的适用性。尤为重要的是,该体系还紧密契合教师的日常工作实际,且已在中国教育情境下得到了初步验证,为本书提供了坚实的本土化支撑。

1.6.4　教师自我效能感的重要性

教师自我效能感作为教师个人信念体系中的核心要素,其重要性不仅局限于教学过程的优化,还影响着学生的学习成效及教师的心理福祉。具体而言,这一概念在提高教学质量、促进学生学业成就及维护教师自身心理幸福感等方面,均具有不可忽视的作用。

第一,就提高教学质量而言,教师自我效能感构成其教学效能的关键驱动力。泽和库门(Zee and Koomen)的研究深刻揭示了自我效能感如何赋予教师更强的课堂掌控能力,使他们能够灵活应对学生的突发行为,构建积极互动的学习环境。[1]这种能力不仅增强了教师引导学生行为的有效性,还促进了师生之间深厚而持久的联系。这一观点在后续研究中得到了进一步验证,如布里奇和金(Burić and Kim)所指出的,高度自信的教师即使在面对教学难题时,也能凭借自我效能感的力量,实现教学目标的顺利达成。[2]康斯坦丁(Künsting)等人的观察则补充了这一点,他们发现高自我效能感的教师更擅长课堂活动的有效组织,从而提高了整体教学效率。[3]此外,教师自我效能感还显著地影响了其职业规划与教学热情。正如查宁-莫兰和霍伊所述,那些深信自己能够胜任教学工作的教师,往往展现更高的工作投入度与职业满足感。他们不仅愿意投入更多时间与精力进行个人发展规划,还在教学过程中表现出极大的

---

[1] ZEE M, KOOMEN H M Y. Teacher self-efficacy and its effects on classroom processes, student academic adjustment, and teacher well-being: A synthesis of 40 years of research[J]. Review of educational research, 2016, 86(4):981-1015.

[2] BURIĆ I, KIM L E. Teacher self-efficacy, instructional quality, and student motivational beliefs: An analysis using multilevel structural equation modeling[J]. Learning and instruction, 2020, 66:101302.

[3] KÜNSTING J, NEUBER V, LIPOWSKY F. Teacher self-efficacy as a long-term predictor of instructional quality in the classroom[J]. European journal of psychology of education, 2016, 31(3):299-322.

热情与创造力,更倾向于与学生建立合作关系。❶这种积极的工作态度不仅促进了教师个人的专业成长,也为学生提供了更加丰富多彩的学习体验。

第二,教师自我效能感作为一种深层的心理信念,不仅深刻地塑造其教学行为模式,还间接地影响教学过程的最终受益者——学生。具体而言,教师自我效能感在教学成效的传递链条中扮演着关键的中介角色。沙赫扎德和纳伊琳(Shahzad and Naureen)的研究揭示了这一现象的一个重要面向,即教师自我效能感与学生学习结果之间存在显著的正相关关系。❷这意味着,当教师具有高水平的自我效能感时,他们能够更加积极、有效地引导学生,进而促进学生在学业上取得更佳表现,特别是使学生在标准化考试中的成绩显著提高。阿里巴赫什(Alibakhshi)等人的研究进一步细化了这一观察,指出教师自我效能感对提高学生的整体学习成绩,尤其是在语言学习领域,具有不可忽视的引领作用。❸这一现象可能是因为自我效能感作为一种内在动力,能够激发教师采用更加富有成效的教学方法,从而激发学生的学习动机并提高学习效果。换言之,自我效能感高的教师往往能够创造出更加积极、高效的学习环境,使他们所教授的学生在知识掌握、技能提升及学习态度等方面均有更为优异的表现。

第三,教师自我效能感在心理学领域被视为一个至关重要的变量,其影响力深远地触及教师的心理状态。具体而言,阿里巴赫什等人的研究揭示了自我效能感与教师职业倦怠之间的复杂关系,指出高自我效能感的教师往往展现出较低的职业倦怠水平,反之自我效能感不足的教师则更易于陷入职业倦

---

❶ MORAN M T, HOY A W. Teacher efficacy: Capturing an elusive construct[J]. Teaching and teacher education, 2001, 17(7): 783-805.

❷ SHAHZAD K, NAUREEN S. Impact of teacher self-efficacy on secondary school students' academic achievement[J]. Journal of education and educational development, 2017, 4(1): 48-72.

❸ ALIBAKHSHI G, NIKDEL F, LABBAFI A. Exploring the consequences of teachers' self-efficacy: A case of teachers of English as a foreign language[J]. Asian-Pacific journal of second and foreign language education, 2020, 5(1): 23.

怠的困境。❶这一发现进一步得到了哈桑和伊布尔克(Hassan and Ibourk)研究的佐证,他们同样观察到教师职业倦怠感与其自我效能感之间存在显著的负相关关系。❷这一发现强调了提升教师自我效能感的重要性,它不仅是教师个人福祉的保障,更是预防职业倦怠、维护教育队伍稳定的关键策略。教师自我效能感的高低,可能作为预测其未来职业倦怠风险和幸福指数的重要指标。

综上所述,教师自我效能感作为一种值得关注的个人资源,其重要性体现在对教师的教学、学生的学业成绩和教师的心理都有明显的促进作用。具体而言,这一心理特质不仅为教师提供了有效应对教学挑战的内在动力,推动了教学质量的持续提高,它也作为学生学业成绩提高的关键因素,通过优化教学策略与师生互动,促进了学生知识的获取与能力的发展。此外,教师自我效能感还深刻影响其个人的心理状态与职业福祉,是个人抵御职业倦怠、促进专业成长不可或缺的内在力量。在明确其重要性的基础上,下文致力于构建一个科学的框架,旨在通过合理的测量工具与评估体系,精准捕捉并量化教师自我效能感的水平。

1.6.5 对教师自我效能感的测量

下面聚焦于探讨量化教师自我效能感领域所取得的重要进展,特别介绍了几位先驱学者所开发的评估工具,这些工具为深入理解教师自我效能感提供了坚实的量化基础。

班杜拉和亚当斯编制了自我效能感量表,其包括7个维度30个问题,旨在全面捕捉个体在广泛情境下的自我效能感水平。❸这一量表的问世,不仅为自我效能感的量化研究设定了标准,也为后续针对特定职业群体(如教师)的量

---

❶ ALIBAKHSHI G, NIKDEL F, LABBAFI A. Exploring the consequences of teachers' self-efficacy: A case of teachers of English as a foreign language[J]. Asian-Pacific journal of second and foreign language education, 2020, 5(1): 23.

❷ HASSAN O, IBOURK A. Burnout, self-efficacy and job satisfaction among primary school teachers in Morocco[J]. Social sciences & humanities open, 2021, 4(1): 100148.

❸ BANDURA A, ADAMS N E. Analysis of self-efficacy theory of behavioral change[J]. Cognitive therapy and research, 1977, 1(4): 287-310.

表开发提供了框架。随后,吉布森和德姆博在班杜拉和亚当斯研究的基础上进行了创新,针对教师这一特定职业群体,编制了教师效能感量表。[1]教师效能感量表同样包含30个问题,但通过对问题的精心重构与分类,更加聚焦于教师的职业情境,特别是将自我效能感的衡量细化为个人效能感与一般教育效能感两大维度,同时融入了对教师幸福感的考量。教师效能感量表的问世标志着教师自我效能感量化研究进入了新的阶段,其高度的一致性(克隆巴赫系数α系数大于0.7)也确保了测量结果的可靠性。进入21世纪,查宁-莫兰和霍伊基于对教师自我效能感进行了更为深入的理解(即其受个人经历与外部环境的交互影响),设计并推出了俄亥俄州教师效能感量表。俄亥俄州教师效能感量表分为长表(24项)与短表(12项)两种形式,旨在灵活适应不同的研究需求。[2]尤为值得一提的是,俄亥俄州教师效能感量表在信度方面表现出色,长表、短表的克隆巴赫系数α系数均达到或超过0.9,这进一步巩固了其在教师自我效能感测量中的领先地位。近年来,约翰逊(Johnson)的研究也证实了俄亥俄州教师效能感量表作为衡量教师自我效能感有效工具的价值。[3]

笔者在探讨教师自我效能感时,审慎地选取了查宁-莫兰和霍伊所开发的俄亥俄州教师效能感量表作为评估工具,此决定基于多重考量,旨在确保测量工具的适用性与准确性。查宁-莫兰和霍伊对教师自我效能感的界定与本书的核心概念不谋而合,均将教师自我效能感视为一种深植于教育职业环境的信念体系,这一共性为本书的理论基础提供了坚实的支撑。俄亥俄州教师效能感量表已被广泛验证,为评估教师自我效能感的有效工具,其适用范围跨越了教育背景、教学层次及学科领域的界限,展现出了高度的普适性与敏感性。这一特性对本书而言尤为重要,因为它确保了测量结果的代表性与可靠性,能够全面反映不同教师群体在自我效能感方面的差异与共性。此外,俄亥俄州

---

[1] GIBSON S, DEMBO M H. Teacher efficacy: A construct validation [J]. Journal of educational psychology,1984,76(4):569-582.

[2] MORAN M T, HOY A W. Teacher efficacy: Capturing an elusive construct[J]. Teaching and teacher education,2001,17(7):783-805.

[3] JOHNSON J L. Teacher self-efficacy and teacher work engagement for expats at international K12 schools in China: A correlation analysis[J]. International journal of educational research open,2022,3:100176.

教师效能感量表在信度方面也展现了卓越的性能,无论是长表还是短表,均达到或超过了0.9的信度系数。这一数据指标不仅彰显了量表本身的稳定性与一致性,也为本书结果的信度提供了强而有力的保障。

鉴于当前学术界对教师自我效能感定义尚未达成一致,笔者在选取测量工具时,不仅聚焦于工具的信度与效度,还紧密结合了本书的理论框架,即教师自我效能感是集信念与职业体验于一体的综合性心理状态。这一理解深化了对教师自我效能感本质的认识,也促使笔者选择了俄亥俄州教师效能感量表作为评估手段,以期能够全面、准确地捕捉教师自我效能感的多维特征。

1.7 研究空白与难题

教师领导力、教师自我效能感及教师幸福感三者作为驱动教育质量提高的核心要素,其重要性不言而喻。近年来,虽然这三个概念在学术界引发了广泛关注与探讨,但其深入研究的空间十分广阔,其缘由可从多个维度加以阐述。

第一,教师领导力的概念构建具有显著的多维性与情境依赖性。不同学者基于各自的理论视角与实践背景,对教师领导力的内涵与外延进行了多样化的诠释,至今尚未形成一个普遍接受、统一明确的定义。这种定义上的分歧不仅反映了教师领导力研究的丰富性与复杂性,也凸显了在不同文化与社会背景下深入探讨其本质与特征的必要性。因此,针对中学教育阶段开展关于教师领导力认知与实践的实证研究,对构建符合我国国情的教师领导力理论模型具有重要意义。

第二,虽然现有文献普遍强调了教师领导力处于教育改革核心驱动力的关键地位,但关于其作为动态演变过程的具体运行机制及其产生的多维度效应,仍缺乏实证研究。具体而言,当前研究多聚焦于单一概念或两两关系,鲜有文献能够全面整合教师领导力、教师自我效能感及教师幸福感这三个核心概念,形成综合的分析框架。

学术界对高质量、基于实证的教师领导力研究抱有期望,以超越单纯的描述性论述,深入剖析其内在逻辑与外在效应。虽然已有研究证实了教师领导力对教师自我效能感起到正面促进作用,以及教师自我效能感对教师幸福感有直接影响,但教师领导力如何直接或通过自我效能感间接作用于教师幸福感的具体路径,尚未得到充分的实证支持。值得注意的是,部分学者已开始触及教师领导力与教师幸福感之间的潜在联系,如切尔科夫斯基强调积极教师领导力在促进教师幸福感增加中的核心角色。然而,其研究在揭示具体作用机制及效应路径方面仍显不足,未能全面解析教师领导力通过复杂的互动关系促进教师幸福感的深层原因。

第三,虽然教师领导力和教师幸福感的研究框架主要起源于西方学术界的探索与贡献,但其影响力却已跨越地域界限,深刻影响并指引着全球多国教育政策的制定与实施路径。这一现状凸显了领导力在全球教育改革中的核心战略地位,已受到包括中国在内的世界各国教育政策制定者的广泛认同与重视。近年来,我国教育政策制定者也积极响应,通过实施一系列多维度、多层次的策略与措施,旨在构建更为坚实的教师领导力培养体系与福利保障机制,以期在提高教学质量与促进学生学业成就方面取得突破性进展。

数十年来,我国政策制定者致力于实施多维度策略,旨在强化教师领导力与福利体系,以期提高教学质量与学生学业成就。虽然该趋势明显,但在探究教师在本土教育转型与改革动荡期所展现的努力及其实际成效方面,实证研究仍留有大量待填补的空白。2022 年,张雪俐在研究中指出,当前我国教师领导力的研究主要聚焦于教师领导力概念的基础理论构建,而基于实证的研究相对较少,这凸显了加强具有中国特色教师领导力实证研究的紧迫性。[1]因此,推动更多针对中国本土情境的教师领导力实证研究,对深入理解其对教师幸福感的具体作用机制具有重要意义。

综上所述,在中国教育情境下,系统阐述教师领导力如何通过强化教师自我效能感进而提升其幸福感,是一项具有现实意义的研究议题。然而,当前研究的局限是缺乏一个整合性的视角,未能系统地探究教师领导力如何通过增强教师自我效能感间接或直接地对教师幸福感产生深远影响。深入探讨教师领导力与幸福感之间的内在联系,并明确教师在这一过程中自我效能感所扮演的中介角色,不仅能够丰富国内外相关领域的理论研究,还能有效填补当前

---

[1] 张雪俐.我国教师领导力研究综述[J].教育实践与研究(C),2022(6):62-64.

研究空白,为教育实践提供更为坚实的科学依据。因此,本书致力于构建在中国教育情境下的理论模型,并辅以实证研究,以全面揭示这一复杂关系的内在逻辑与外在表现。

我国中学教育正处于以追求高质量教育为核心目标的深刻变革之中,这一进程给教师群体,尤其是中学教师,带来了前所未有的挑战与机遇。面对教育改革的浪潮,教师不仅需要不断精进自身的专业技能与知识体系,还需要灵活应对考试制度及评价体系变革所带来的压力,尤其是要指导学生有效适应高中入学考试的新要求。在此背景下,教师个人能力的提升成为迫切需求,同时如何有效管理因工作负荷加重而可能引发的教师职业倦怠与心理健康问题,也成为亟待解决的关键议题。

值得注意的是,我国中学教师普遍面临工作压力大与薪酬水平相对较低的双重困境。根据《2015年全国基础教育发展调查报告》可知,东西部地区教师工作满意度呈现显著差异,西部地区教师尤其是贵州省教师的满意度指数位列最低,这直接反映了该地区教师在职业幸福感方面的普遍缺失,与既往研究揭示的贵州省教师职业幸福感偏低的情况一致。

1.8 研究目标与问题

本书旨在探讨教师领导力作为一个独特的影响因素,是如何具体影响教师自我效能感与幸福感的,并为在中国教育情境下将领导力融入工作需求资源模型提供进一步的实证证据。具体而言,本书聚焦于分析教师领导力与教师幸福感之间的关系,以及教师自我效能感在这一关系中的中介作用。这不仅有助于深化对教师领导力影响机制的理解,也为未来工作需求资源模型的完善提供更多的实证数据。为实现这一目标,本书通过对贵阳市10所中学教师的调查数据进行分析,提出了教师领导力、教师自我效能感与教师幸福感之间的内在联系。

本书的主要目标概括如下:首先,探究教师领导力、教师自我效能感与教师幸福感之间的内在联系。其次,了解教师对教师领导力的看法。本书旨在将教师领导力整合至工作需求资源模型中,探讨教师领导力如何通过与教师自我效能感的关联，进而影响教师幸福感。本书的重心并非构建一个涵盖教师领导力所有潜在影响的综合模型，而是聚焦于现有研究中尚未充分探讨的领域，即教师领导力、教师自我效能感与教师幸福感之间的具体关系。本书着重分析了教师领导力作为一个影响因素的作用机制，以及其与教师自我效能感和教师幸福感之间的相关性。最后，本书通过这些发现能够提高教育界对教师领导力重要性的认识，并营造有利于教师专业成长和幸福感提升的氛围。

为了探究教师领导力与教师幸福感之间的关系，并检验教师自我效能感在这一关系中的潜在中介作用，同时了解教师对教师领导力的看法，本书提出了以下研究问题。

研究问题1：教师领导力在多大程度上影响教师幸福感？

研究问题2：教师自我效能感在多大程度上中介教师领导力与教师幸福感之间的关系？

研究问题3：教师是如何看待教师领导力的？

1.9 研究意义

本书聚焦于我国中学教师的领导力探讨，旨在为理论、实践、政策的发展做出贡献。以下详细讨论这些贡献的具体内容。

本书的核心目的在于深入探究领导力作为一种影响因素的作用机制，并为将领导力整合于工作需求资源模型提供更为丰富的实证证据。本书通过研究教师领导力与教师幸福感之间的关系，以及教师自我效能感在这一关系中的中介作用，不仅有助于深化对教师领导力影响的理解，还为未来工作需求资源模型的完善提供了宝贵的实证数据支持。

具体而言，本书以中学教师领导力为研究对象，采用基于解释性序列设计的混合方法研究路径，结合问卷调查和半结构式访谈的方式，全面探讨了教师领导力的作用机制，即教师领导力如何通过与教师自我效能感的关联，进而影响教师幸福感。这一研究不仅为教师和学校的专业发展提供了坚实的理论支撑，还提供了丰富的实证依据。

1.9.1 理论意义

在理论层面,本书系统梳理了教师领导力、教师自我效能感、教师幸福感,以及工作需求资源理论,旨在深入探究教师领导力与教师幸福感之间的内在联系,并考察中国教师对教师领导力的看法。同时,本书还探讨了教师自我效能感是否能够在教师领导力与教师幸福感之间起到中介作用。虽然现有文献中不乏关于教师领导力的研究,但鲜有研究将教师领导力纳入工作需求资源模型,以系统地探讨其与教师幸福感之间的关系。

换言之,本书在研究视角和内容上具有一定的创新性,希望为中国教育情境下的教师领导力研究带来新的启发。具体而言,本书以工作需求资源理论为视角,通过深入探究教师自我效能感,为教师领导力与教师幸福感之间的联系提供了重要的理论参考和实证证据,从而在一定程度上填补了这一研究领域的空白。总之,本书将教师领导力与教师幸福感置于工作需求资源理论框架中进行考察,为将教师领导力纳入工作需求资源理论提供了有力的实证支持。

1.9.2 实践意义

本书从多个维度深刻揭示了教师领导力对学校生态系统及教育质量的积极影响,其实践意义尤为显著。

首先,本书强化了校长与学校管理层对教师领导力价值的认知,这一认知的深化不仅促使管理层将注意力聚焦于教师领导力的培育,使其成为推动教师专业成长的关键动力,并间接促进学生学习成效的提升与学校整体发展策略的优化。具体而言,教师领导力的彰显促进了教师之间的深度交流与协同合作,这一过程不仅加速了教师专业素养的集体提升,还成为教育质量的催化剂,实现教育质量的根本性飞跃。随着对教师领导力的重视,学校将更有动力设计、实施、构建一系列旨在促进教师领导力发展的培训项目与展示平台。

其次,本书为学校领导层提供了新视角,即通过增强教师自我效能感来驱动教育质量的全面提高。教师自我效能感不仅是教师领导力发展的内在驱动力,更是教师幸福感的重要源泉。这种双重效应不仅促进了教师个人福祉的增加,还通过提升教育实践的效能感间接提高教育质量。因此,提升教师自我效能感成为一个既关乎教师个人成长又关乎学校整体发展的战略选择。

最后,本书阐述了增加教师幸福感对学校长远发展的重要性。幸福感作为教师心理状态的重要维度,已被多项研究证实其与优质教育成果紧密相关。幸福感程度高的教师更有可能传递积极情绪给学生,从而提升学生的幸福感与学业表现。此外,教师的职业满意度与幸福感还会直接影响其职业稳定性,减少教师流失的风险。因此,学校管理者应高度重视并积极营造有利于教师幸福感提升的环境,通过支持教师领导力与幸福感的同步提升,为学校的可持续发展奠定坚实的基础。

1.9.3 政策意义

鉴于当前学术研究的广泛共识,即教师领导力不仅是教师个人专业成长的重要驱动力,还能积极影响教师自我效能感与职业幸福感,本书立足于我国教育改革的大背景,深刻响应了自2010年以来我国持续强化教师队伍建设、提升教师综合素质的战略导向。本书研究的内容与我国当前教育改革的目标高度契合,即致力于培养一支高素质的教师队伍,并进一步增强教师的综合能力。具体而言,本书聚焦于教师领导力与教师幸福感之间的复杂关系,并创新性地探讨了自我效能感在这一关系中的潜在中介作用,同时还考察了在我国特定文化与社会制度框架下,教师对教师领导力的认知差异与接受度。这一综合性视角不仅丰富了教育心理学与管理学的理论边界,更为我国政府及相关机构制定旨在促进教师领导力发展的政策提供了坚实的实证基础与策略建议。本书可指导教育管理者设计更为精准有效的教师领导力培训计划,留出教师更多参与决策与自我管理的空间,从而在提升教师专业素养的同时,促进其心理素质的全面提升。

综上所述,本书作为一项深入探索中国教育情境下教师领导力、教师自我效能感与教师幸福感之间关系的实证研究,不仅为学术界贡献了新的知识增量,也为政策制定者提供了宝贵的参考依据。它鼓励教育决策者从更加全面、系统的视角审视支持教师的专业发展,通过优化政策环境、激发教师的内在潜能,共同推动中国教育事业迈向更高水平的发展阶段。

第2章 分布式领导视角下的教师领导力与自我效能感、幸福感的理论基础

2.1 工作需求资源模型

在探讨职业幸福感的本质与构建机制时,本书引入了工作需求资源模型。这一模型不仅深化了对工作场所中个体心理体验的理解,还为评估与提升职业幸福感提供了理论依据。

2.1.1 工作需求资源模型的历史发展

下文旨在追溯工作需求资源模型的发展轨迹,剖析其如何从理论萌芽成长为当今解释工作环境中个体心理动态的核心理论。随着工作压力研究领域的不断拓展,学者们愈发认识到以单一维度解释框架的局限性,从而推动了理论创新的步伐。在这一过程中,巴克和德梅鲁特(Bakker and Demerouti)等学者的贡献尤为突出,他们倡导以更为综合的视角审视工作对个体的影响。

在工作需求资源模型诞生之前,需求控制模型与努力—回报失衡模型是解释工作压力的主流理论。需求控制模型聚焦于工作要求的强度与工作控制的程度,认为二者之间的不匹配是压力的主要来源;努力—回报失衡模型则强调工作与回报之间的平衡性,指出当个体的努力未能获得相应的回报时会产生心理压力。然而,这些模型虽在一定程度上揭示了工作压力的成因,却因其过于简化的假设而难以全面反映复杂多变的职场现实。有学者提出质疑,即需求控制模型和努力—回报失衡模型是否适用于任何工作场所。[1]特别是,它们将工作需求和资源仅视为压力的预测因子,而忽视了这些因素在促进职业幸

---

[1] BAKKER A B, DEMEROUTI E. The job demands-resources model: State of the art[J]. Journal of managerial psychology, 2007, 22(3): 309-328.

福感方面的积极作用。这种局限性促使学者们开始反思并探索新的理论框架,以更全面地理解工作环境中的心理机制。正是在这样的背景下,工作需求资源模型应运而生。

德梅鲁特(Demerouti)等人构建了首个工作需求资源模型,这一模型是对工作场所心理机制理解的一次重要飞跃。[1]该模型初创时,便以工作特征为核心切入点,创新性地将可能诱发职业倦怠的工作条件划分为工作要求与工作资源两大维度,这一分类不仅深化了对工作环境的解析,也为后续研究提供了清晰的框架。工作需求资源模型之所以具有广泛的适用性,在于其能够跨越职业界限,灵活应对多样化的工作情境,同时纳入了影响员工幸福感的正负向多维度变量,既涵盖了压力源、倦怠等消极因素,也触及了工作满意度、职业承诺等积极层面。这一模型的成功得益于其有效地整合了工作压力与积极心理学的研究成果,激发了广大学者的研究兴趣。绍费利和巴克(Schaufeli and Bakker)在不同文化与社会背景下,广泛验证了工作需求资源模型在解释职业幸福感损害机制与激励路径方面的有效性及其复杂的交互作用,进一步巩固了其理论地位。[2]

随着理论与实践的深入发展,巴克等人在原版模型基础上进行了重要的修订与拓展,旨在构建一个更为全面、动态的模型版本。[3]此次修订不仅延续了对消极心理状态(如倦怠)的精准刻画,更突破性地将目光投向了积极心理状态,如工作投入、活力、成长感,揭示了工作需求与资源在促进个体心理健康与福祉方面的双向作用机制。然而,虽然第二版工作需求资源模型在捕捉工作

---

[1] DEMEROUTI E, BAKKER A B, NACHREINER F, et al. The job demands-resources model of burnout [J]. Journal of applied psychology, 2001, 86(3):499-512.

[2] SCHAUFELI W B, BAKKER A B. Job demands, job resources, and their relationship with burnout and engagement: A multi-sample study[J]. Journal of organizational Behavior: The international journal of industrial, occupational and organizational psychology and behavior, 2004, 25(3):293-315.

[3] BAKKER A B, DEMEROUTI E, VERBEKE W. Using the job demands-resources model to predict burnout and performance[J]. Human resource management: Published in cooperation with the school of business administration, the university of michigan and in alliance with the society of human resources management, 2004, 43(1):83-104.

特征对职业心理幸福感影响的深度与广度上取得了显著进展,但也引发了对个人特征变量在模型中角色缺失的探讨,为后续研究指明了方向。

2007年,巴克和德梅鲁特更新了工作需求资源模型,这在理论和实践上都是一个突破。[1]这一模型深化了对工作环境中压力缓解机制的理解,明确指出了工作需求与工作资源之间存在显著的相互作用,其中工作资源作为缓冲因素,有效缓解了工作需求所引发的倦怠倾向。随着研究的不断积累和深入,赞索普洛(Xanthopoulou)等人在工作需求资源模型的基础上进行了关键性拓展,首次将个人资源纳入分析框架,探讨了其在模型中的独特贡献。虽然没有直接证据表明个人资源可以作为工作需求与情绪消耗之间的缓冲机制,但研究揭示了个人资源在预测工作资源促进工作投入过程中的部分中介效应。[2]这一发现不仅丰富了工作需求资源模型的理论内涵,也强调了个人特质与资源在职业心理健康维护中的重要作用。个人资源的引入是对工作需求资源模型的一次重要补充与深化。这些资源,如心理韧性、自我效能感及自我调控能力等,赋予了个体管理和应对工作挑战的内在动力与能力,进而促进了工作绩效与成果的积极变化。经过多年来的持续探索与验证,工作需求资源模型已从最初的构想发展成为一个结构完善、解释力强的理论体系。

总体而言,近20年来,关于工作需求资源模型的研究不胜枚举,已成为跨学科研究的热点。学者们纷纷借由这一模型,深入剖析不同职业场景,尤其是在教师群体中工作特征如何与职业幸福感交织作用,揭示了复杂的工作体验与心理健康之间的微妙关联。这一系列研究不仅验证了工作需求资源模型的广泛适用性,还促使该模型跨越了单一学科的界限,被管理学、社会学、心理学乃至教育学等多个领域广泛采纳与应用,彰显了其强大的解释力与跨学科融合能力。

前文系统回顾了工作需求资源模型从萌芽至成熟的演变历程,勾勒出其从最初相对简约的框架逐步发展成为一套成熟且富有深度的理论体系的轮廓。下面聚焦于工作需求资源模型的精确定义,进一步揭示其理论内涵与实际应用价值。

---

[1] BAKKER A B, DEMEROUTI E. The job demands-resources model: State of the art[J]. Journal of managerial psychology, 2007, 22(3): 309-328.

[2] XANTHOPOULOU D, BAKKER A B, DEMEROUTI E, et al. The role of personal resources in the job demands-resources model[J]. International journal of stress management, 2007, 14(2): 121-141.

2.1.2 工作需求资源模型的主要结构

下文将深入阐述工作需求资源模型的核心定义及其内在的运作机制。虽然自该模型问世以来仅历20余载,其学术探讨尚处于初步探索与快速发展的交汇期,但已展现出对职业幸福感与绩效研究的深远影响。在当前研究语境下,工作需求及工作资源的概念界定,大多根植于德梅鲁特等人的奠基性工作及巴克和德梅鲁特的后续深化,这些先驱性的研究为理解工作需求资源模型提供了坚实的理论基础与框架❶❷,经典工作需求资源模型见图2-1。

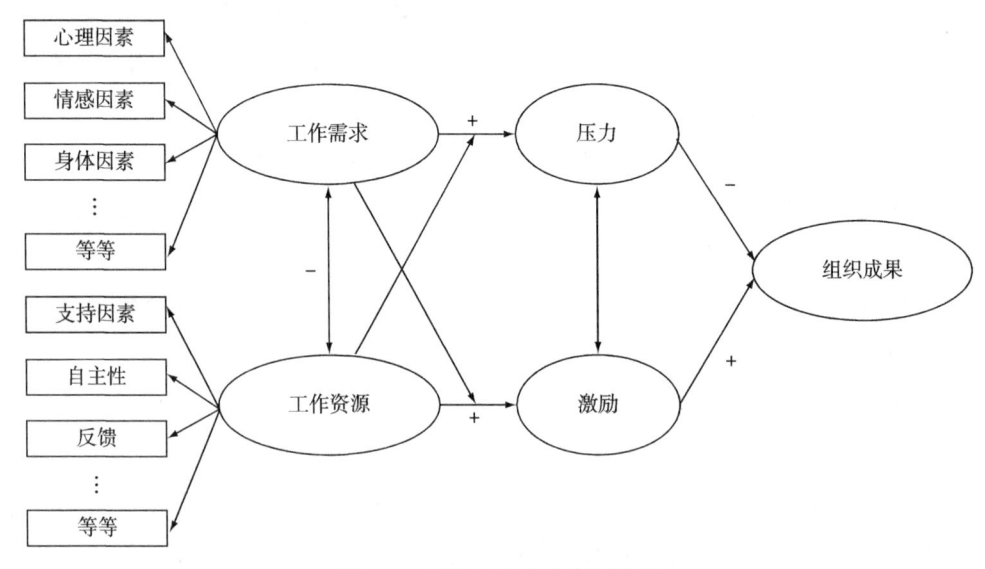

图2-1 经典工作需求资源模型

图2-1直观展示了经典工作需求资源模型的核心架构。该模型不仅揭示了工作要求与工作资源对职业心理幸福感的直接效应,还深入地探讨了二者之间的复杂交互作用,为后续研究指明了方向。巴克和德梅鲁特指出,在组织

---

❶ BAKKER A B, DEMEROUTI E. The job demands-resources model: State of the art[J]. Journal of managerial psychology, 2007, 22(3):309-328.

❷ DEMEROUTI E, BAKKER A B, NACHREINER F, et al. The job demands-resources model of burnout[J]. Journal of applied psychology, 2001, 86(3):499-512.

环境中,存在着两类关键要素——"工作需求(job demands)"与"工作资源(job resources)",它们共同作用于员工,引发不同的心理反应与行为模式。具体而言,工作需求被定义为"工作中需要持续的体力或心理(认知和情感)努力或技能来应对的生理、心理、社会和组织方面"。这类需求往往伴随着生理或心理上的成本,如任务复杂性导致的精力分散、高工作量引发的压力、角色模糊性带来的不确定性、人际关系中的冲突、学校氛围的积极或消极影响,以及校长领导力对工作环境的塑造作用。在工作环境中,当工作要求达到较高水平时,个体需投入额外的心智与体力资源以达成既定目标,在这一过程中不可避免地伴随着身心资源的消耗,具体表现为疲劳感与心理压力的累积。由此观之,过高的工作要求可能成为削弱员工职业幸福感的潜在因素,因为其将导致一系列的负面心理体验。

为了缓解这一紧张状态并促进员工的福祉,工作资源显得尤为重要。根据巴克和德梅鲁特等人的深入研究,工作资源被定义为一系列旨在辅助员工达成个人职业目标、缓冲工作要求及其后续不良影响,并推动个人成长与进步的要素。这些资源不仅限于物质层面,更涵盖了心理与社会支持等多个维度。进一步地,工作资源可细化为内在资源与外在资源两大类别。内在资源,如工作自主权,赋予员工在任务执行过程中的自我决策权与灵活性,从而激发其内在动机,促进技能深化与个人发展。而外在资源,则以更为直接的形式体现,如上级的有效支持与指导,这些资源为员工提供了实现目标所需的外部援助,有助于提高工作效率与成果质量。

除工作资源外,个人资源也会产生与工作资源相同的效果。个人资源,作为个体内在特质与能力的集合,能够产生与工作资源相似且互补的效应,共同作用于员工的工作体验与成果。具体来说,个人资源能够被工作资源激活,从而有利于提升员工的工作体验与心理状态。

工作需求资源模型表明,工作要求、工作资源与个人资源可能通过三种不同的心理程序影响员工,这一过程涵盖了幸福感损害路径、激励路径,以及两者之间的交互作用。在幸福感损害路径中,高工作要求作为外在压力源,需要员工投入大量生理与心理资源以应对,这一过程往往伴随着资源耗竭的风险,进而损害员工的身心健康,最终对工作绩效产生负面连锁反应。转而观之,激励路径则强调了工作资源在激发员工内在与外在动机方面的积极作用。内在激励方面,如工作自主性、任务意义等工作资源,能够赋予工作乐趣和满足感,促进员工的学习、成长与自我实现;外在激励方面,如社会支持、职业发展机会等工作资源,则为员工实现职业目标提供了坚实的物质基础与心理支撑,两者共同作用,促进积极工作成果的产出。此外,工作需求资源模型还深刻地揭示了工作需求与资源之间在员工幸福感塑造上的复杂交互作用。这一交互过程主要体现在两大维度上:缓冲效应与提升效应。缓冲效应强调丰富的工作资源能够作为一道屏障,有效缓解高工作要求对员工幸福感造成的潜在威胁。具体而言,当员工拥有充足的工作资源时,他们更能有效管理并应对工作要求带来的压力与挑战,从而避免了负面工作结果的发生,维护了幸福感的稳定。而提升效应则进一步指出,在面临高强度工作要求的情况下,工作资源的重要性尤为凸显。它们不仅能够作为支撑员工渡过难关的"拐杖",还能转化为推动员工超越自我、实现职业突破的强大动力。此时,工作资源不仅缓解了压力,更激发了员工的潜能与创造力,促进了工作绩效与幸福感的双重提升。综上所述,工作资源与需求之间的相互作用是一个动态且复杂的过程,它们共同作用于员工的幸福感与工作绩效,揭示了工作环境对员工心理状态与行为表现的影响。

综上所述,工作需求资源模型构建了一个以员工幸福感为核心的分析框架。该框架创新性地融合了个人特质与组织环境的多重因素,通过三大核心路径——幸福感损害路径、激励路径及它们之间的动态交互过程,系统地探讨了工作环境的特定特征对员工幸福感施加正面或负面影响的措施。此模型的一大亮点在于其普适性,能够跨越不同工作场景与行业的界限,为理解并优化员工幸福感提供了一致的理论视角。

在深入剖析了工作需求资源模型的理论基础与运作机理后,下面讨论如何将这一强有力的分析工具与领导力理论及实践相结合。

2.1.3 领导力在工作需求资源模型中的整合

近年来,随着工作需求资源模型理论体系的不断演进与深化,学术界开始积极探索领导力因素在该模型中的融入路径与影响机制。具体而言,绍费利和巴克率先将参与式领导力概念引入工作需求资源模型,为理解领导力在工作环境中的作用提供了新的视角。[1]随后,图默斯和巴克(Tummers and Bakker)通过系统回顾与分析了139项相关的研究,构建了一个包括领导力维度在内的扩展版工作需求资源模型,进一步强化了领导力在解释员工幸福感与工作绩效之间关系中的核心地位。[2]

传统工作需求资源模型聚焦于工作要求、工作资源、个人资源、工作绩效及员工福祉之间的复杂关系,而领导力因素的纳入则标志着该模型在理论广度与深度上的重要拓展。自2015年起,工作需求资源模型框架经历了关键性的更新,将领导力视为一个关键变量纳入了分析框架。[3]这一转变不仅挑战了以往将领导力简单等同于工作资源的传统观念,而且强调了领导力在调节工作要求、增加工作资源及促进员工福祉方面的独特作用。绍费利明确指出,领导力超越了传统工作资源的范畴,它作为一种独特的组织特征,能够直接或间接地影响工作需求与资源的配置,进而对员工的工作体验与绩效产生深远影响。[4]这一观点得到了图默斯和巴克研究的进一步验证,他们通过实证分析强化了领导力在工作需求资源模型中的核心地位,并揭示了领导力通过优化工作环境中的资源分配与需求管理,来促进员工幸福感与工作效率的方法(见图2-2)。[5]

在图2-2所阐述的模型中,图默斯和巴克揭示了领导力在工作需求资源理论框架下的多维度作用机制,这一机制超越了传统将领导力视为单一资源或

---

[1] SCHAUFELI W B, BAKKER A B. Job demands, job resources, and their relationship with burnout and engagement: A multi-sample study[J]. Journal of organizational Behavior: The international journal of industrial, occupational and organizational psychology and behavior, 2004, 25(3): 293-315.

[2] TUMMERS L G, BAKKER A B. Leadership and job demands-resources theory: A systematic review[J]. Frontiers in psychology, 2021, 12(4149).

[3] SCHAUFELI W B. Engaging leadership in the job demands-resources model[J]. Career development international, 2015, 20(5): 446-463.

[4] SCHAUFELI W B. Engaging leadership in the job demands-resources model[J]. Career development international, 2015, 20(5): 446-463.

[5] TUMMERS L G, BAKKER A B. Leadership and job demands-resources theory: A systematic review[J]. Frontiers in psychology, 2021, 12(4149).

需求的理解范畴。该模型创新性地将领导力定位为一个独立且关键的变量，其影响力跨越了工作要求、工作资源、个人资源及更广泛的组织动态。具体而言，首先，领导力通过两条直接路径（路径1a与路径1b）：一是直接影响工作需求；二是作用于工作资源与个人资源，最终对动机和绩效产生影响。其次，领导力可以成为教师工作资源和动力的助推器，也可以成为教师工作需求和压力的缓冲器（路径2a和路径2b）。作为教师工作资源的助推器，领导力能够激发教师的内在动力，促进其专业成长与自我效能感的提升。同时，作为工作需求的缓冲器，领导力通过有效管理外部压力源，减轻教师的工作负担与心理紧张。最后，领导力对工作的精细设计与员工的自我暗示产生直接影响（路径3a与路径3b）。

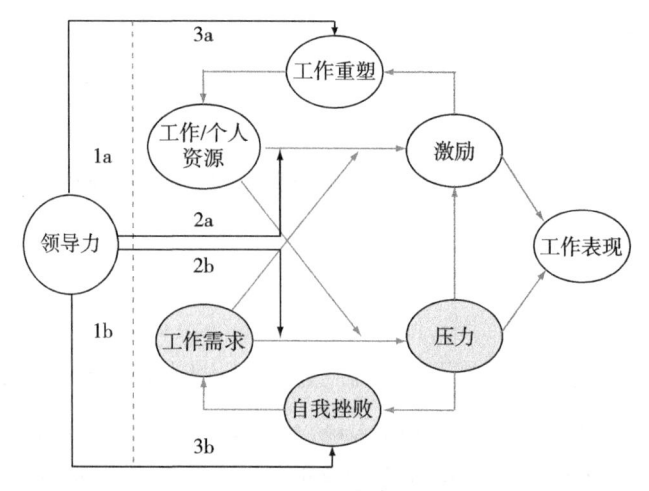

图2-2 工作需求资源模型

本书旨在融合巴克和德梅鲁特、图默斯和巴克所构建的工作需求资源模型精髓，并以该模型框架作为理论基石，驱动后续研究的深入探索。此举基于多重考量。首先，该模型为揭示从工作资源与个人资源到激励机制的清晰传导路径提供了坚实的理论基础，使我们能够系统性地剖析，如教师自我效能感这一关键的个人资源如何直接或间接地作用于其幸福感构建过程。其次，通过整合上述模型，本书得以在更广阔的视角下审视领导力在工作需求资源模型中的核心地位及其动态作用机制。特别是聚焦于教师领导力这一独特变量，探讨其如何通过调节或增强教师自我效能感，进而对教师幸福感产生影响。

综上所述，本书采纳并发展了工作需求资源模型，而且将其应用于教师领导力这一新兴且重要的研究领域，通过解析教师领导力作为独立于传统工作需求与资源之外的独立变量，如何经由教师自我效能感的中介作用，与教师幸福感建立起紧密而复杂的联系。这一研究路径不仅体现了对现有理论的创新拓展，也为实践领域提供了基于科学证据的干预策略，旨在促进教育生态系统内个体与组织的共同繁荣和发展。

2.1.4 工作需求资源模型视角下领导力与教师幸福感的效应探索

下文致力于阐述工作需求资源模型在解析领导力与教师幸福感之间复杂关系中的应用和贡献。从工作需求资源视角来探讨领导力对教师幸福感影响的现有研究主要集中在变革型领导力对幸福感的影响上，以及仆人式领导力对幸福感的影响。

在变革型领导力的研究脉络中，巴斯（Bass）等人揭示了该变革型领导力在缓解教师因学生不良行为而承受的心理压力方面的独特作用，有效保护了教师的心理幸福感。变革型领导力作为一种工作资源，可以激励员工保持对工作的积极性，从而强化了教师对工作的整体满意度与幸福感。特别是，当校长展现出变革型领导特质，积极参与决策过程并提供支持时，这种领导行为显著地提升了教师的身心福祉，体现了领导力作为关键工作资源的正面效应。因此，积极的领导行为可被视为工作的重要资源。此外，仆人式领导力作为一种新兴的领导力，同样受到学术界的关注。伊鲁达亚拉杰（Irudayaraj）的研究表明，仆人式领导力能够作为教师感知到的组织支持的重要来源，显著增强教师的工作投入度与幸福感。[1]这一发现不仅丰富了领导力理论在工作需求资源模型中的应用，也揭示了不同领导风格在促进教师幸福感方面可能存在的差异化路径。

---

[1] IRUDAYARAJ A R. Teachers' well-being through work engagement among Montfortian schools in Asia [J]. Recoletos multidisciplinary research journal, 2019, 7(2):61-78.

上述通过工作需求资源视角探讨领导力和幸福感的研究，首先证明了工作需求资源理论在探讨学校领导力和教师幸福感方面的可行性。其次，研究结果再次验证了工作需求资源理论的假设。也就是说，工作资源与个人资源有利于缓冲工作要求的不利影响，而变革型领导力或仆人式领导力作为一种工作资源，有助于激励教师，从而产生积极的结果。

虽然工作需求资源模型在探讨领导力与幸福感之间的关联方面已展现出其有效性，但当前的文献体系仍存在着一定的局限。首要局限是在领导力的角色定位上，多数研究倾向于将领导力视为一种潜在的有益的工作资源，能间接促进工作成果的优化。值得注意的是，在图默斯和巴克所综述的文献中，高达41%的研究将领导力单纯归为工作资源范畴，却鲜有将领导力剥离出来，将其作为独立变量考察其如何作用于工作资源与个人资源，进而深刻影响员工幸福感的。[1]此种处理方式忽略了领导力复杂多维的影响机制，未能全面揭示其在工作需求资源模型中的独特贡献。此外，现有文献在运用工作需求资源模型探讨领导力时，呈现对变革型领导力的过度聚焦。虽然教师领导力与变革型领导力在理念上存在共通之处，但直接证据链的缺失使教师领导力如何具体作用于教师身心幸福感的路径在工作需求资源模型中显得模糊不清。实际上，以工作需求资源视角探讨教师领导力与幸福感之间关系尚属新兴且亟待填补的空白领域。

鉴于此，本书拟提出一个新颖的研究议题，即探究教师领导力如何与教师个人资源相交织，进而在工作需求资源模型的框架下影响教师幸福感。特别是本书聚焦于教师领导力如何通过增强教师自我效能感这一关键个人资源间接促进教师幸福感的提升。这一研究路径有助于在工作需求资源模型视角下丰富和深化对领导力作用机制的理解。

2.2 概念框架

在文献综述的脉络中，本书已详尽阐述了教师领导力、教师幸福感及教师

---

[1] TUMMERS L G, BAKKER A B. Leadership and job demands-resources theory: A systematic review[J]. Frontiers in psychology, 2021, 12(4149).

第2章 分布式领导视角下的教师领导力与自我效能感、幸福感的理论基础

自我效能感的核心理念及其核心构成要素,这些概念共同构成了本书的重要基础。下文进一步阐明概念框架,以深化对前述概念之间复杂关系的理解。教师领导力被视为一种动态的影响过程,其运作机制与效能成为近年来学术探索的热点。这一视角不仅强调了教师领导力作为教师成长与专业发展催化剂的角色,还揭示了其在塑造学生成长轨迹方面有不可或缺的价值。更为深远的是,教师领导力的影响超越了单一层面,延展至整个教育生态系统,对学校的整体发展策略与成效产生了积极而深远的影响。

上文的文献综述介绍了教师领导力、教师幸福感和教师自我效能感的概念,以及这三个概念的主要组成部分,下文主要介绍指导本书的概念框架。教师领导力作为一种影响过程,学者们试图探索教师领导力是如何发挥作用的,教师领导力的重要性体现在它不仅有助于教师的发展,还能对学生产生关键影响,甚至影响学校的发展。

在探讨教师领导力的多维度效应时,学者们发现了其对教师自我效能感具有直接的促进作用。具体而言,教师领导力不仅作为驱动力,助力教师自我效能感的提升,还扮演着催化剂的角色,持续推动教师自我效能感的长远发展。与此同时,本书进一步揭示了教师自我效能感与其幸福感之间的紧密联系。教师自我效能感不仅显著提高了其工作满意度,还成为预测教师职业倦怠水平的重要指标。值得注意的是,教师自我效能感也被发现能够直接影响其身心幸福感,虽然直接探讨教师领导力与幸福感之间关系的文献相对有限,但已有学者如切尔科夫斯基(Cherkowski)及尤索夫和登古-阿里芬等,均强调了积极教师领导力对提升教师幸福感的积极作用。[1][2]

鉴于此,探索教师领导力与教师自我效能感之间的关系,为直接研究教师领导力与教师幸福感之间的复杂关联提供了一条富有潜力的路径。明确教师领导力塑造教师自我效能感的方法至关重要,因为教师自我效能感作为关键

---

[1] CHERKOWSKI S. Positive teacher leadership: building mindsets and capacities to grow wellbeing[J]. International journal of teacher leadership, 2018, 9(1): 63-78.

[2] YUSOFF S M, ARIFFIN T F T. Looking after teacher wellbeing: Does teacher empowerment matter? [J]. Malaysian online journal of educational management, 2020, 8(4): 43-56.

的个人资源,不仅能深刻影响其教学行为的选择与效果,还与学生的学业成绩及教师自身的心理健康状况紧密相关。因此,通过聚焦教师自我效能感这一中介变量,我们得以更为全面且深入地剖析教师领导力与教师幸福感之间的内在联系。

鉴于前述讨论,本书拟采用工作需求资源理论框架作为分析工具,系统地考察教师领导力对教师个体多层面影响的机制。本书的核心目标是通过综合教师领导力、教师自我效能感及教师幸福感三大理论要素,深入剖析教师领导力及其子维度、教师自我效能感各维度与教师幸福感之间的复杂交互关系,旨在为工作需求资源模型的丰富与发展提供坚实的理论基础与实证支撑。为了实现这一目标,本书精心构建了一个概念框架。该框架植根于巴克和德梅鲁特的经典理论框架,并吸纳了图默斯和巴克等最新研究成果的精髓。此框架不仅是对现有理论的继承与发展,更是针对教师领导力这一特定领域的一次创新性探索,旨在揭示其在促进教师自我效能感提升进而增强教师幸福感过程中的独特作用路径。

经典工作需求资源模型由巴克和德梅鲁特提出,深刻阐述了工作需求与工作资源直接及交互作用于职业幸福感的方式,为理解职场环境中个人福祉的多元决定因素奠定了理论基础。❶在此基础上,该模型同样为探讨教师工作与个人资源(包括自我效能感等内在动力)如何协同作用于其幸福感提供了坚实的框架。赞索普洛等人的研究进一步强调了个人资源,如自我效能感等,在提升员工幸福感中的核心作用,指出其不仅与工作资源相辅相成,更在激发工作动力、促进心理福祉方面展现出独特价值。❷

鉴于上述理论背景,本书提出假设,即教师自我效能感作为个人资源,能够显著影响并促进教师幸福感。同时,考虑到领导力理论的最新进展,图默斯和巴克对工作需求资源模型进行了拓展,引入了领导力作为新的独立变量,揭

---

❶ BAKKER A B, DEMEROUTI E. The job demands-resources model: State of the art[J]. Journal of managerial psychology, 2007, 22(3): 309-328.

❷ XANTHOPOULOU D, BAKKER A B, DEMEROUTI E, et al. The role of personal resources in the job demands-resources model[J]. International journal of stress management, 2007, 14(2): 121-141.

第2章 分布式领导视角下的教师领导力与自我效能感、幸福感的理论基础

示了领导力对影响员工绩效、福祉的需求和资源产生影响。这一更新不仅丰富了工作需求资源模型的理论内涵,也为研究教师领导力与教师幸福感之间的复杂关系开辟了新视角。因此,本书通过整合经典与最新更新的工作需求资源模型,构建一个综合性的概念框架,以阐明教师领导力是如何通过作用于教师自我效能感,从而影响其幸福感的。

图2-3是全书的总体概念框架。箭头方向表示教师领导力与教师自我效能感、教师自我效能感与教师幸福感之间的联系。这些路径表明了教师领导力影响教师幸福感的过程和方向。该框架提出,教师领导力首先与教师自我效能感相关联,进而影响了教师幸福感。换句话说,教师领导力通过教师自我效能感与教师幸福感相关联。

领导力 教师领导力	个人资源 教师自我效能感	结果 教师幸福感
·促进专业学习 ·关注学习过程 ·鼓励同事合作 ·参与决策 ·与外部机构联络	·教学策略 ·课堂管理 ·学生参与	·身体幸福感 ·情感幸福感 ·心理幸福感 ·认知幸福感 ·社会幸福感 ·精神幸福感

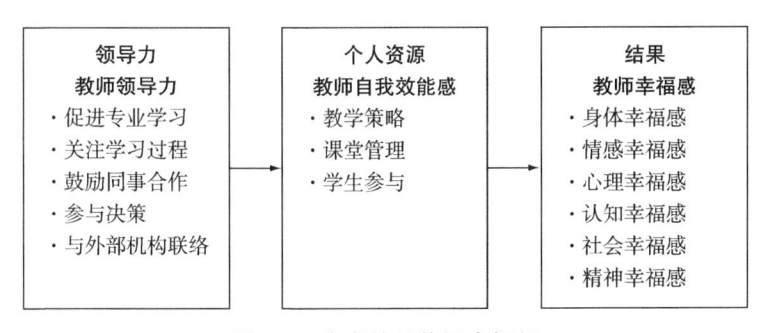

图2-3 全书的总体概念框架

这一概念框架包含中介模型,结合了从教师领导力到教师幸福感的直接和间接途径。具体来说,间接路径包括从教师领导力到教师自我效能感,再到教师幸福感的路径。如图2-3所示,教师领导力的维度包括促进专业学习、关注学习过程、鼓励同事合作、参与决策、与外部机构联络;教师自我效能感的维度包括教学策略、课堂管理和学生参与;教师幸福感的维度包括身体幸福感、情感幸福感、心理幸福感、认知幸福感、社会幸福感和精神幸福感。

第3章 教师领导力与教师幸福感关系的实证研究
——以贵阳市中学教师为例

3.1 研究范围

如前所述,本书旨在探讨教师领导力与教师幸福感之间的关系,以及教师自我效能感作为教师领导力与教师幸福感之间的中介。本书的研究对象为贵阳市的中学教师,研究历时近两年。

3.2 研究方法

3.2.1 研究范式

本节聚焦于阐述研究范式的核心概念及其在学术研究中的关键地位,进而深入剖析了研究所采纳的特定范式及其背后的理性抉择原因。研究范式作为由著名哲学家托马斯·库恩(Thomas S. Kuhn)首创的理论构想,实质上代表了一种深层次的哲学认知框架与思维导向。[1]这一认知框架已超越了单纯的方法论范畴,而是作为一种世界观的表述方式,深刻地影响着研究者如何构建研究问题、筛选适用的研究路径,并系统地开展探索活动。

范式构成了研究活动的基石性哲学支撑。具体而言,范式不仅为研究者划定了研究领域的边界,指明了探究的焦点,还作为一套隐性的指导原则,引导着研究者对研究对象的甄选、研究策略的设计及研究成果的阐释与解读。因此,选择何种范式,实则是对研究本质、目的及方法论取向的深刻反思与明

---

[1] KUHN T. The structure of scientific revolutions[M]. Princeton: Princeton University Press, 2021.

第3章 教师领导力与教师幸福感关系的实证研究——以贵阳市中学教师为例

确界定。

本书秉承了实用主义范式的核心理念。该范式强调研究方法的多元性与灵活性,拒绝将任何单一视角或方法论作为解释和推进研究的唯一途径。❶实用主义者更感兴趣的不是应该使用的方法或支持这些方法的世界观,而是他们试图研究的问题。❷实用主义者将焦点聚在具体研究问题上,认为研究活动的核心驱动力来源于对问题的深入探索与解答,而非预先设定的方法论框架或世界观倾向。在这一视角下,问题本身就成了引领研究路径与策略选择的关键,超越了单纯对方法或范式偏好的执着。实用主义范式不局限于实证主义与建构主义之间的二元对立,而是倡导一种开放包容的方法论态度。实证主义范式以其对量化研究的强调著称,旨在通过精确的数据分析与统计推断来揭示现象背后的客观规律;而建构主义则侧重于质性研究,强调理解个体或社会群体如何主观地构建并赋予现实意义。❸实用主义则巧妙地跨越了这一界限,视两者为互补而非对立的资源,主张根据研究问题的具体需求,灵活选用或融合定量与定性方法,任何有助于解决研究问题的方法都可以使用,以实现研究目标的最优化达成。本书使用的混合方法是实用主义范式的产物,在研究过程中结合了定量研究和定性研究两种方法。

本书选择实用主义范式作为指导框架,主要基于以下几点深思熟虑的考量。首先,实用主义范式鼓励采取一种多重视角融合的策略来审视研究问题。这一特点使我们能够跨越单一方法论的局限,通过结合定性研究与定量研究的优势,实现对研究对象的全方位、多层次剖析。正如克雷斯韦尔和克拉克所指出的,定性和定量研究两者相辅相成,共同为揭示问题本质提供了多元化的

---

❶ WEAVER, KATHRYN. Pragmatic paradigm [M]. The SAGE Encyclopedia of Educational Research, Measurement, and Evaluation. Thousand Oaks: SAGE Publications, 2018: 1287-1288.

❷ MACKENZIE N, KNIPE S. Research dilemmas: Paradigms, methods and method-ology [J]. Issues in educational research, 2006, 16(2): 193-205.

❸ KHALDI K. Quantitative, qualitative or mixed research: Which research paradigm to use? [J]. Journal of educational and social research, 2017, 7(2): 15.

视角与更为丰富的解释框架。[1]因此,采用混合方法收集与分析数据,不仅能够为研究问题汇聚更为全面且有力的证据,还能增加理论构建的深度与广度,远胜于单一方法所能达到的效果。其次,实用主义范式所秉持的问题导向原则与本书的核心目标不谋而合。麦肯齐和克尼普(Mackenzie and Knipe)曾强调,实用主义的核心在于将研究问题置于方法论选择的中心地位,而非被既定的方法论框架所束缚。[2]这一理念促使本书摒弃了对特定方法的盲目偏好,转而根据研究问题的实际需求,灵活选取并融合多种研究方法。混合方法的运用正是这一理念的实践,它不仅拓宽了研究问题的探索边界,还增强了研究设计的灵活性与适应性。此外,考虑到单一研究方法所固有的局限性,混合方法研究的优势就更加凸显。克雷斯韦尔和克拉克强调,无论是定性研究还是定量研究,在揭示问题全貌时均存在不可避免的盲点。[3]而混合方法巧妙地将两者结合,实现了优势互补与缺陷规避。定量分析为定性分析提供了数据支撑与量化验证,使主观感受与经验描述得以在客观数据的基础上得到进一步确认与深化;定性分析也为定量分析注入了情境理解与意义阐释,使冰冷的数字与统计结果能够回归至具体的社会文化脉络之中,获得更为生动与深刻的解读。综上所述,本书采用实用主义范式指导下的混合方法进行研究,旨在通过多维视角的融合与不同方法的互补,实现对研究问题更为全面、深入且精准的探索。

3.2.2 研究设计

在深入探讨研究问题的过程中,本书采用基于混合方法的解释性序列设计模式。这一策略旨在通过多阶段、互补性的数据收集与路径分析,全面地剖析

---

[1] CRESWELL J W, CLARK V L P. Designing and conducting mixed methods research[M]. Thousand Oaks: SAGE Publications, 2017.

[2] MACKENZIE N, KNIPE S. Research dilemmas: Paradigms, methods and methodology[J]. Issues in educational research, 2006, 16(2): 193-205.

[3] CRESWELL J W, CLARK V L P. Designing and conducting mixed methods research[M]. 3 ed.Thousand Oras: Sage Publications, Inc, 2017.

教师领导力的多维影响。具体而言,解释性序列设计遵循了一个递进式的逻辑框架,先聚焦于定量数据的收集与分析,以构建对研究问题初步且全面的量化描述。随后,研究转入定性数据收集与分析的第二阶段,这一阶段的核心在于运用半结构式访谈,深入挖掘并阐释教师的主观感受、认知过程及情境因素。这些定性数据不仅丰富了研究的内容层次,更为重要的是,它们作为定量结果的补充与深化,提供了对研究问题更为细致、全面的理解与解释。

图3-1直观呈现了本书采用的解释性序列设计流程,清晰地展示了从定量到定性、从总体描述到细节阐释的研究路径。这一设计不仅彰显了混合方法研究的独特优势(即能够融合不同方法的长处以克服单一方法的局限),也体现了本书在方法论选择上的严谨与创新。

图3-1 解释性序列设计流程

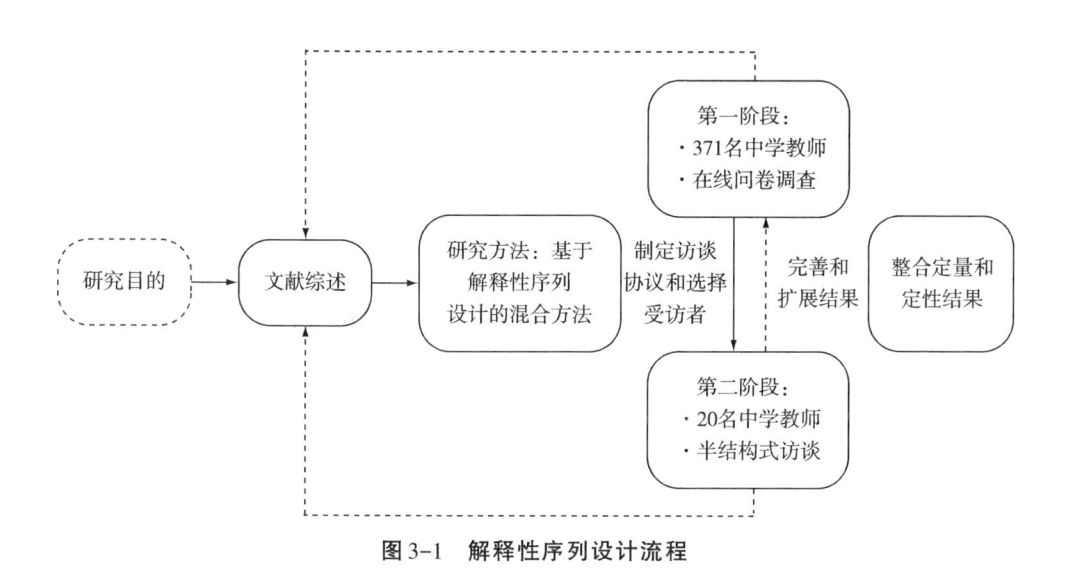

图3-1详尽地勾勒了本书设计的全貌,实线箭头明确展示了研究流程的逻辑顺序,而虚线箭头则巧妙地揭示了各步骤之间的相互依存与反馈机制,即某一步骤不仅作为后续步骤的基础,而且能通过反馈循环促进前序步骤的完善与修正。本书的核心目标系是深入探究教师领导力、教师自我效能感与教师幸福感三者之间的复杂关联,这一明确的研究目标是整个设计框架的出发点

与导向标。文献综述部分作为研究设计的理论基石,系统梳理了前人在相关领域的研究成果与理论框架,为本书的假设构建、方法选择及数据分析提供了坚实的理论支撑。在此基础上,本书创新性地采用了实用主义范式指导下的基于解释性序列设计的混合方法,旨在通过定量与定性研究的有机结合,实现对研究问题更全面、深入的剖析。在研究的第一阶段,通过精心设计的在线问卷,成功收集了来自贵阳市的371名中学教师的定量数据。这些数据不仅为本书提供了关于研究问题的初步量化描述,还直接指导了后续访谈问题的设计与研究参与者的筛选,确保了访谈内容的针对性与深度。随后,在第二阶段,笔者邀请了参与定量研究的20名教师进行半结构式访谈,以收集定性数据。这些访谈数据不仅丰富了本书对教师的领导力、自我效能感与教师幸福感之间关系的理解,还通过具体案例与情境分析为定量研究结果提供了生动的补充与解释。同时,定性研究与定量研究在此阶段实现了紧密融合,相互验证与补充,共同构建了研究结论的完整图景。最终,研究人员将定量研究与定性研究的结果进行了综合集成,通过跨方法的比较分析,深化了对研究问题的认识,并得出了更为全面、准确的结论。这一过程体现了混合方法研究在复杂社会现象研究中的独特优势。本书通过后续的定性研究,不仅揭示了研究参与者的内在思想世界,还为定量研究结果提供了更为深入、细致的阐释与补充,从而实现了对研究问题更深层次的理解与解答。

更具体地说,在第一阶段的研究过程中,本书采纳了定量研究方法作为解答研究问题(研究问题1与研究问题2)的主要途径。这一选择是基于定量研究在数据驱动下的强大能力,它能够精确描述特定现象,并通过统计分析手段有效验证理论假设。具体而言,定量研究在此阶段旨在达成多重目标:一是直接回应研究问题,提供量化证据;二是为后续的定性研究阶段奠定基础,通过数据分析结果辅助设计访谈大纲,确保访谈内容的针对性与深度;三是指导访谈参与者的筛选过程,确保样本的代表性与研究的全面性。但是,定量研究不仅有不可替代的优势,也有固有的局限性,其往往侧重于数值分析与统计的显著性,而在一定程度上可能忽略现象背后丰富的情境因素与深层意义,导致结论的宽泛化,甚至还可能遗漏个别重要但非典型的案例或现象。正如克雷斯韦

第3章　教师领导力与教师幸福感关系的实证研究——以贵阳市中学教师为例

尔和克拉克指出的那样,任何单一的研究方法都有其边界与限制,定量方法也不例外。❶鉴于此,为了克服定量研究的局限性,本书设计了第二阶段——定性研究。

本书在第二阶段转向了定性研究方法,其核心目标不仅在于直接回应研究问题(研究问题3),更为前期定量研究(研究问题1与研究问题2)所得结果提供深层次的质性解析与理论阐释。具体而言,此阶段定性研究承担着三个使命。首先,第一任务是运用质性分析工具,深入探究教师对教师领导角色的主观认知及其与教师幸福感之间的动态关联;其次,旨在揭示教师持有这些观点与看法的深层动因,即挖掘现象背后的动机、信念及情境因素;最后,通过定性分析,对定量研究中的量化数据进行补充与解释,以期更全面地回答研究问题,并增强结论的丰富性与解释力。选择定性研究作为第二阶段的主要方法,是鉴于其在揭示特定社会现象中个体行为与观念复杂性方面的独特优势。定性研究能够深入现象内部,捕捉并阐述那些难以量化的细微差别与深层逻辑,为理解特定背景下个体或群体的行为模式与心理状态提供重要视角。

综上所述,虽然定量研究在验证假设与量化描述方面具有显著优势,但其往往难以触及某些现象背后的深层次原因与复杂机制。因此,本书采取混合方法策略,将定量研究与定性研究有机结合,旨在通过多元视角的互补与融合,实现对研究问题更全面、深入的探索。这一策略不仅丰富了研究的层次与维度,也为分析和理解特定背景下社会现象的发生、发展及其内在逻辑提供了更为坚实的证据基础。通过整合定性与定量数据,本书得以构建更为完整、立体的研究图景,为研究教师领导力与教师幸福感领域的理论和实践贡献新的洞见。

3.2.3　研究地点的选择

本书选择贵州省贵阳市作为研究地点基于多重考量,核心是聚焦教师领导力及其在专业发展与教育改革中的关键作用。

---

❶ CRESWELL J W, CLARK V L P. Designing and conducting mixed methods research[M]. 3 ed.Thousand Oras:Sage Publications,Inc,2017.

第一,从政策导向与教育改革的视角出发,贵阳市正处于教育变革的前沿阵地。《贵州省教育发展"十四五"规划》明确将教师专业发展置于战略高度,特别强调了构建一支具备高素质、专业化及创新能力的教师队伍的重要性。这一政策背景不仅凸显了贵州省对教育质量的深切关注,也为本书探讨教师领导力如何驱动教育改革与教师专业成长提供了肥沃的土壤。特别是,贵阳市凭借着在中考制度改革、学生综合素质评价体系构建等方面的积极探索,已初步构建起一个多元化、多维度的教育评价体系[1],而教师领导力作为这一过程中的核心驱动力,其研究价值不言而喻。[2]同时,贵阳市积极响应国家及省级层面的教育改革号召,明确将骨干教师、骨干校长及学科带头人的培养作为中学教育发展的关键环节。该计划不仅旨在提高个体教师的专业素养与领导能力,更寄望通过他们的示范与引领作用,带动整个教师队伍的专业化发展,形成良性的教育生态循环。因此,本书选择贵阳市作为研究地点,不仅能够深入剖析教师领导力在地方教育改革中的具体表现与影响机制,还能为"名师名校长培养计划"的实施效果提供实证支持,进一步丰富和完善相关教育政策与策略的理论和实践基础。

第二,我国区域经济格局明显,西部地区相较于东部地区呈现出相对滞后的经济发展态势。这一经济层面的不均衡深刻映射至教育领域,造成教育资源分配与发展水平的不平衡。具体而言,西部地区的经济局限直接制约了地方政府的财政能力,进而影响了对教育的投入力度,导致其教育基础设施、师资待遇及教学环境等多方面与东部地区存在一定差距。在此情境下,西部地区教师不仅面临着较为艰苦的工作与生活条件,其薪酬待遇也普遍低于东部地区。这一系列因素叠加使西部地区教师群体承受着更为沉重的职业压力,更易产生职业倦怠情绪,进而削弱了其职业幸福感。调研数据显示,西部地区

---

[1] 贵州教育新动态.2021年贵阳市中考考生突破5万人!高中录取率或直线下降!家长和考生如何应对[Z/OL].(2021-04-26)[2024-09-15]. https://m.sohu.com/a/463144926_120122763/?pvid=000115_3w_a.

[2] WENNER J A, CAMPBELL T. The theoretical and empirical basis of teacher leadership: A review of the literature[J]. Review of educational research, 2017, 87(1): 134-171.

第3章 教师领导力与教师幸福感关系的实证研究——以贵阳市中学教师为例

教师群体中,仅有不足半数表示能够体验到职业幸福感。这一比例远低于理想状态,凸显了问题的严峻性。[1]鉴于教师在教育质量提高中的核心地位,促进西部地区尤其是关键城市,如贵阳市的教育发展,首要任务便是关注并提升教师幸福感。贵阳市不仅是西部地区的重要经济文化中心,也是教育改革与发展的前沿阵地。教师的幸福状态不仅是衡量该地区教育生态系统健康与否的关键指标,更是直接影响学生成长成才、推动教育高质量发展的核心要素。因此,深入地探讨该地区的教师领导力与教师幸福感之间的内在关联,对构建积极向上的教育环境、激发教师潜能,最终提升贵阳市乃至整个西部地区的教育水平具有不可估量的价值。通过这一研究,我们期望能够为政策制定者提供科学依据,助力其实施更加精准有效的教师支持策略,从而全面提升西部地区教师的职业满意度与幸福感。

第三,贵州省作为中国多民族共融的典范省份,其省会贵阳市更是汇聚了来自各少数民族的教师群体。这一独特的人文生态赋予了贵阳市教育环境丰富的文化多样性和深厚的民族底蕴。少数民族教师的存在不仅丰富了教师队伍的构成,更以其独特的文化背景、价值观念及教育传统为教育研究领域提供了鲜见的视角与资源。值得注意的是,虽然学术界对少数民族教师群体的关注日益增加,但多数研究聚焦于云南、甘肃等特定区域,而针对像贵阳市这样少数民族聚居且地理条件复杂的山区城市的教师领导力探索尚显不足。因此,深入研究贵阳市的民族多元化教师群体,有望揭示教师领导力与幸福感之间新颖而深刻的联系,为相关领域的研究贡献新的理论视角与实践洞见。

第四,在探讨教师领导力的实证研究领域,贵阳市作为一座发展中城市,其研究现状呈现一定的边缘化特征。相较于武汉、南京、上海等经济发达、教育资源丰富的地区,贵阳市在吸引学术关注方面相对滞后。然而,正是这种"未被充分探索"的状态使贵阳市成为一块潜力巨大的研究沃土。它代表着中国广大发展中地区的教育现状,其教师领导力实践与教师幸福感体验可能蕴含独特而宝贵的经验和挑战。因此,加强对贵阳市教师领导力的实证研究,不仅有助于填补当前研究领域的空白,更有可能为理解并提升我国教师领导力

---

[1] 邓睿.我国中学教师职业成就感问题研究[M].北京:中国轻工业出版社,2018.

整体水平,促进教育均衡发展提供新颖的思路与策略。

贵阳市作为本书选定的理想研究场域,其独特的教育生态与结构构成为研究提供了丰富的实践土壤。据贵阳市政府官方数据披露,该市目前拥有初中学校共计315所,其中公办教育机构占据更大比例,达到241所,私立学校则为74所,这一数据凸显了贵阳市教育体系中多元化办学模式的并存与发展。在贵阳市开展研究不仅能够深入剖析教师领导力与教师幸福感之间的复杂互动关系,还能在特定文化与社会背景下深化对教师领导力概念内涵及其影响机制的理解。

然而,虽然贵阳市作为研究样本具有高度的典型性,但其所展现的教师领导力、教师幸福感及其相互关系的研究成果在全国范围内仍须谨慎推广。我国地域辽阔,各地区经济、文化、教育的发展水平差异显著,这些差异均可能对教师领导力与教师幸福感的关系产生独特影响。因此,本书在聚焦于贵阳市的深入探索之余,也需保持对研究结论适用性的审慎态度,避免简单地将局部经验泛化为普遍规律。未来研究可进一步拓展至更多样化的地区与情境,以构建更为全面、立体的教师领导力与教师幸福感的关系图谱。

3.3 定量研究设计与实施

本书首先采取定量研究方法,旨在解答研究问题1与研究问题2,为后续访谈方案的精细化设计奠定基础,并筛选符合标准的定性研究参与者。

3.3.1 样本选择与研究程序

本书聚焦于贵阳市的中学教育体系,具体而言,是依据贵阳市当前教育格局进行深入探索。

选择在初中阶段开展研究,主要是基于教师对教育改革的引领作用及其对学生成长的关键影响。特别是随着《贵州省教育发展"十四五"规划》的深入实施,高中学业水平考试制度经历了全面改革,考试科目、考试内容及考试形式均发生了显著变化。这一系列变革对初中教师的专业素养与教学能力提出了

第3章 教师领导力与教师幸福感关系的实证研究——以贵阳市中学教师为例

更高要求,迫使教师要不断适应新挑战,优化教学策略。在此背景下,初中教师的领导力不仅关乎其自身专业成长,更是推动整个教育改革进程、提升学生学业成就不可或缺的力量。因此,本书将中学教师领导力作为核心议题,通过定量研究手段,旨在揭示它的实际作用与价值。

初中作为我国义务教育的收官阶段,其师生群体均承担来自高中入学考试的巨大压力。这一现象构成了教育生态系统的一个显著特征。周(Zhou)指出,升学考试的紧迫性导致初中教师不仅在生理层面,更在心理层面承受着超乎寻常的重负,长期处于一种高压与疲惫交织的状态。[1]这种由多重压力交织而成的环境,不仅影响教师的身心健康,通过布里奇(Burić)等人的研究揭示,其还会对教师的工作效率造成不容忽视的负面效应。[2]尤为重要的是,教师领导力作为教师职业素养的核心组成部分,其效能的发挥不仅局限于教师个体层面,更会深远地波及教育活动的另一主体——中学生。哈丁(Harding)等人的研究强调了教师领导力对中学生幸福感产生的间接影响,表明教师的情绪状态与领导力实践能够积极或消极地塑造学生的学习体验与心理福祉。[3]因此,中学教师幸福感问题已超越个人范畴,成为关乎教育质量提高与学生全面发展的关键议题。

在定量研究的设计与实施过程中,本书确保了目标中学全体教师的全面参与,此举基于多重考量。首要的是,本书核心目标在于深入剖析教师领导力、教师自我效能感与教师幸福感三者之间的复杂关系,并探究初中教师对教师领导力这一概念的独特见解。鉴于教师们对自身在领导力、自我效能感及幸福感方面的体验具有不可替代的直接性与深刻性,他们的个人经历与主观感

---

[1] ZHOU H. Investigation on the current situation of middle school teachers' sense of happiness[J]. Journal of Luoyang Normal University, 2012, 31(11): 125-128.

[2] BURIĆ I, SLIŠKOVIĆ A, PENEZIĆ Z. Understanding teacher well-being: a cross-lagged analysis of burnout, negative student-related emotions, psychopathological symptoms, and resilience[J]. Educational psychology, 2019, 39(9): 1136-1155.

[3] HARDING S, MORRIS R, GUNNELL D, et al. Is teachers' mental health and well-being associated with students' mental health and wellbeing?[J]. Journal of affective disorders, 2019, 242: 180-187.

知成为解答本书核心问题的宝贵资源。因此,全样本参与确保了研究数据的全面性与代表性。此外,本书在样本选择时未预设学科差异作为影响因素,旨在捕捉教师领导力等变量在跨学科背景下的普遍性与共性特征。因此,无论是语文、数学、英语,还是其他学科的教师,均被纳入研究范畴,共同构成了本定量研究的广泛而多样的参与者群体。

抽样有多种形式,包括概率抽样和非概率抽样。在抽样策略的选择上,本书采用了简单随机抽样法。该方法源于概率抽样理论,即确保每个潜在研究对象被选中的机会均等。简单随机抽样之所以成为本书的首选,一方面在于其操作简便,能够高效实现样本的随机化选取;另一方面,通过确保每位教师被抽中的概率相同,该方法有效地降低了抽样偏差,增强了研究结果的客观性与可靠性。综上所述,本书的抽样设计既体现了对科学性的追求,也确保了研究结论的普遍适用性与说服力。

在正式开展调查之前,研究人员首先应积极地与目标中学的校长及管理层建立沟通,旨在争取他们对本项研究工作的理解、协助与全力支持。通过详尽阐述本书的数据收集宗旨、预期成果及其对教育实践的潜在贡献,研究人员成功地向校方传达了项目的核心价值与重要性。在获得校方管理层的一致认可与必要授权后,研究活动得以顺利推进至下一阶段。

为了确保数据收集工作的高效执行与资源优化配置,研究团队决定采用"问卷星"这一专业的在线调查平台作为数据收集工具。选择"问卷星"的原因在于其多方面的显著优势:其一,该平台打破了时间与空间的限制,使研究参与者能够根据自身安排灵活选择时间与地点,通过互联网便捷地完成问卷作答,极大地提高了参与度与响应速度;其二,数据安全性与完整性得到了充分保障,所有的问卷回答均通过加密方式自动上传至"问卷星"的云端服务器,实现了数据的即时收集与妥善存储,有效避免了传统纸质问卷可能面临的遗失、损坏等风险,确保了研究数据的完整性与可追溯性。此外,"问卷星"提供的直观操作界面与便捷的提交方式也进一步简化了研究参与者的操作流程,提升了数据收集的整体效率与用户体验。

在数据收集的关键阶段,研究人员也遇到了挑战,如部分研究参与者的响应率低或延迟回复等情况。面对这一难题,研究团队采取了积极主动的策略,通过深化与校长及行政部门的合作关系,寻求其协助与支持。具体而言,研究人员与校方管理层保持了密切的沟通,共同制订了针对未回复教师的温馨提醒计划,旨在通过校方渠道有效地提高问卷的完成率。

综上所述,定量数据收集工作的顺利进行,得益于研究人员与校长及行政部门之间的紧密协作。在双方的共同努力下,问卷得以顺利发放至每位教师手中,并借助"问卷星"这一高效便捷的线上平台实现了数据的集中收集与管理。在整个过程中,研究团队始终保持着与校方的有效沟通,及时反馈数据收集进展,并共同商讨解决遇到的各种难题,从而确保了数据收集工作的顺利进行与高质量完成。

3.3.2 研究工具

本书采用了三项标准化且经过验证的评估工具,包括教师领导力量表、教师幸福感量表和俄亥俄州教师效能量表。这些量表的选择旨在多维度、系统地探究教师领导力与教师幸福感之间的内在联系,并进一步解析教师自我效能感是否在这一过程中扮演了调节变量的角色。

本书采纳了陈君君设计的教师领导力量表。该量表由25个题项组成,旨在全面评估教师领导力的多个面向。[1]该量表划分为5个核心维度,即"促进专业学习"(5个题项)、"关注学习过程"(5个题项)、"鼓励同事合作"(5个题项)、"参与决策"(5个题项)及"与外部联系"(5个题项),各维度之间相互独立又紧密相联,共同构成了教师领导力的多维框架。具体而言,"促进专业学习"维度通过诸如"教师领导积极为团队成员创造专业成长与发展的契机"等题项,强调了领导在促进教师群体专业能力提升方面的作用;"关注学习过程"维度则通过"教师领导激励团队成员密切关注并跟踪学生的学习进展"等题项,凸显了领导对教学质量与学习成效的持续关注;在"鼓励同事合作"维度,如"教师领导有效协调并促进团队内部课程与教学活动的协同合作"等题项,体现了领

---

[1] CHEN J. Understanding teacher leaders' behaviours: Development and validation of the Teacher Leadership Inventory[J]. Educational management administration & leadership, 2020, 50(4): 630-648.

导在构建和谐团队氛围、促进资源共享与互补方面的贡献;而"参与决策"维度通过"教师领导享有充分的自主权以指导并参与学校或团队的决策过程"等题项,揭示了领导在决策制定中的关键角色与影响力;"与外部联系"维度,如"教师领导积极与教育局等外部机构建立并维护有效沟通渠道"等题项,强调了领导在拓展教育资源、增进校内外合作方面的桥梁作用。该量表采用李克特(Likert)六级量表形式,允许受访者在从"非常不同意"(1分)至"非常同意"(6分)之间选择最符合自身感知的选项,从而确保了数据收集的精确性与灵活性。值得注意的是,该量表已在中国教育情境下完成了内容效度、结构效度、标准效度及横断面效度的全面验证,确保了其跨文化应用的可靠性与有效性。此外,所有因子的信度系数均稳定在0.73~0.86,达到了心理测量学上的高标准,进一步巩固了其在教师领导力研究领域的应用地位。

  本书采纳了查宁-莫兰和霍伊构建的俄亥俄州教师效能感量表,该量表由12个题项组成,旨在评估教师自我效能感。[1]该量表划分为三个关键维度,即"教学策略效能"(4个题项)、"课堂管理效能"(4个题项)及"学生参与效能"(4个题项),每个维度均聚焦于教师自我效能感的某个特定方面,又共同构成对教师自我效能感多维度的综合评价框架。具体而言,在教学策略效能维度上,示例题项如"您认为自己能在何种程度上为学生设计出富有启发性的问题"旨在探究教师在教学设计与创新方面的自信程度;课堂管理效能维度则通过诸如"您认为自己能在多大程度上确保学生遵守课堂纪律与规则"的题项,旨在衡量教师在维护课堂秩序与促进有效学习环境方面的自我效能感;而学生参与效能维度则以"您认为自己能在何种程度上激发学生的学习兴趣与积极性,使他们更加珍视学习过程"等题项为代表,评估教师在促进学生主动学习、提高学习投入度方面的自我效能信念。该量表采用李克特九级评分体系,允许受访者在从"完全没有"(1分)到"非常强烈"(9分)的连续区间内,根据自身实际情况选择最符合的答案,从而确保了数据收集的细致程度与精确性。值得注意的是,该量表的内容效度已在跨文化与不同教育层级中得到了广泛的验

---

[1] TSCHANNEN-MORAN M, HOY A W. Teacher efficacy: capturing an elusive construct [J]. Teaching and teacher education, 2001, 17(7): 783-805.

证与认可,显示了其高度的适应性与可靠性。此外,俄亥俄州教师效能感量表的信度高达0.9,也印证了该量表在评估教师自我效能感方面的高稳定性和内部一致性。

本书进一步引入了陈君君等人最新研发的教师幸福感量表,该量表由24个题项构成,全面覆盖了教师幸福感的六个核心维度:"身体幸福感"(4个题项)、"情感幸福感"(4个题项)、"心理幸福感"(4个题项)、"认知幸福感"(4个题项)、"社会幸福感"(4个题项),以及"精神幸福感"(4个题项),共同构建了一个多维度、多层次的幸福感评估体系。❶具体而言,身体幸福感维度通过诸如"我享有良好的睡眠质量,无睡眠障碍"等题项,直接触及了教师身体健康的基本面;情感幸福感维度则以"我对教师职业充满热情与热爱"为典型题项,展现了教师在情感层面对职业的认同与投入;心理幸福感维度强调"我能够胜任并享受我的专业工作",体现了教师在心理层面的满足与自信;认知幸福感维度则通过"我具备预见并解决专业问题的能力"等题项,揭示了教师在认知层面的敏锐与准备;社会幸福感维度,如"我拥有一个支持性的教师职业网络",强调了社会关系对教师幸福感的重要性;而精神幸福感维度则以"我的职业生活充满目的与意义"为典型表述,触及了教师精神层面的深层次追求。该量表采用李克特六级评分制,允许受访者在从"非常不同意"(1分)至"非常同意"(6分)之间选择最符合自身情况的选项,确保了数据收集的细致与精准。值得一提的是,该量表已在中国教育情境下完成了内容效度、结构效度、标准效度及横断面效度的全面验证,证明了其在中国教育环境中的适用性与可靠性。此外,所有因子的信度系数均稳定在0.75~0.83,体现了量表内部各维度之间的高度一致性与稳定性,为深入研究教师幸福感提供了坚实可靠的工具支持。

3.3.3 定量数据的清洗与优化

在数据处理与分析的复杂流程中,数据清洗是一个至关重要的环节,其核心任务在于精准识别并有效处理数据集中潜藏的错误、缺失值及不一致性。

---

❶ CHEN J, ZHANG L, LI X, et al. The multidimensional teacher well-being: a mixed-methods approach [J]. Teachers and teaching, 2023:1-21.

此过程不仅是对数据质量的深度筛查,更是保障后续分析基础稳固的基石。其重要性不言而喻,因为任何形式的数据瑕疵,如不准确、不完整或逻辑矛盾的信息,都可能成为误导分析结果的隐患,进而引发结论的偏差与误解。为了确保研究结论的可靠性、有效性和可重复性,数据清洗环节具有清除"杂质"、提炼"纯金"的关键作用。它要求研究人员具备敏锐的问题识别能力,能够运用多种技术手段与策略,如数据验证规则、缺失值插补算法、异常值检测与修正等,来系统性地检测并解决数据集中的不相关、不准确或损坏的部分。这一过程不仅是对数据本身的净化,更是对研究严谨性的坚守,旨在从源头上消除因数据质量问题而可能导致的分析偏差与错误推论。

综上所述,数据清洗不仅是数据处理流程中的必要步骤,更是保障研究结果科学性与可信度的关键环节。本书通过细致入微的数据审查与修正,能够最大限度地提高数据质量,为后续的数据分析与研究结论的推导奠定坚实的基础。

3.3.4 定量数据分析

表3-1介绍了定量研究中使用的数据分析策略。

表3-1 定量研究的数据分析摘要

内容	分析策略	教师幸福感统计工具
问卷整体分析	信度分析和效度分析;确认性因子分析	SPSS 27.0;Mplus 8.3
问题1:教师领导力在多大程度上影响教师幸福感?	方差分析;结构方程模型	SPSS 27.0;Mplus 8.3
问题2:自我效能感在多大程度上中介教师幸福感与教师领导力之间的关系?	结构方程模型	Mplus 8.3

本书利用了SPSS 27.0统计软件包来执行描述性统计分析任务。该软件包

第3章 教师领导力与教师幸福感关系的实证研究——以贵阳市中学教师为例

以其卓越的数据解析能力、趋势预测精度及假设验证与管理的科学性而著称,确保了分析过程的高效与结论的精准性。SPSS 27.0不仅支持本书执行哈曼(Harman)单因素检验、皮尔逊相关系数(Pearson's r)分析、克隆巴赫系数α评估及方差分析等关键统计技术,为数据的内在结构、相关性及可靠性提供了多维度、深层次的洞察。为进一步增加数据分析的深度与广度,本书还引入了Mplus 8.3这一专业软件,专注于结构方程模型的构建与分析。Mplus 8.3以其高度的灵活性和可扩展性闻名,能够灵活应对复杂的数据结构与分析需求,在社会科学、医学、教育等众多学科领域均有着广泛的应用基础与良好的实践效果。鉴于其独特优势,本书选用Mplus 8.3来执行确认性因子分析和结构方程模型等高级统计技术,这些技术对探索变量之间的潜在关系、验证理论模型的有效性至关重要。

在推进至确认性因子分析之前,本书首先依托SPSS 27.0统计软件,系统地执行了描述性统计分析与初步的数据质量评估流程。具体而言,首先,本书采纳哈曼单因素检验方法,通过SPSS 27.0平台实施,旨在识别并评估数据集中潜在的共同方法偏差问题,以确保后续分析的可靠性。❶随后,为了量度研究工具的内部一致性水平,本书计算了克隆巴赫系数α。当克隆巴赫系数值超过0.7时,表明量表具备足够的内部一致性,其测量结果稳定可靠。此外,本书还借助SPSS 27.0计算了皮尔逊相关系数,以量化量表内不同维度之间的相互关联强度。相关系数的取值范围被细分为三类:0.10~0.29代表微弱相关;0.30~0.49为中等程度相关;而0.50及以上则视为强相关。这一分析为理解量表结构内部的复杂关系提供了依据。❷此外,本书还额外关注了量表的分布形态,利用SPSS 27.0进行了偏度与峰度的检验。本书确认了量表数据处于可接受的正态分布范围之内,这一发现对后续统计模型[如确认性因子分析(CFA)]的适用性至关重要,因为它确保了分析结果的稳健性与可解释性。综上所述,本书通

---

❶ HUNZICKER J. Professional development and job-embedded collaboration: How teachers learn to exercise leadership[J]. Professional development in education, 2012, 38(2): 267-289.

❷ COHEN J. Set correlation and contingency tables[J]. Applied psychological measurement, 1988, 12(4): 425-434.

过一系列严谨的初步分析步骤,为后续深入的数据挖掘与模型验证奠定了坚实的基础。

在深化研究的过程中,本书采用Mplus 8.3统计软件执行了确认性因子分析,旨在严谨地评估问卷验证阶段所构建测量模型的有效性与可靠性。这一过程严格遵循了布朗与摩尔(Brown and Moore)所倡导的方法论框架。❶为了全面而精确地衡量CFA模型的拟合优度,本书精心选取并考察了多个关键的拟合指标,包括但不限于卡方统计量χ^2、自由度df、卡方与自由度的比值χ^2/df,以及塔克-刘易斯指数TLI、比较拟合指数CFI、标准化均方根残差SRMR和近似误差均方根RMSEA等,这些指标的综合考量确保了模型评估的全面性与准确性,其重要性也在佩里(Perry)等人的研究中得到了充分的阐释。❷此外,为了进一步探索研究变量的潜在影响因素,本书还借助SPSS 27.0统计软件实施了方差分析(ANOVA)技术中的单因素方差分析,旨在系统地检验不同人口统计学特征是否会对研究参与者关于教师领导力的认知与评价产生显著影响。这一步骤的增设不仅丰富了研究的维度,也增强了研究结果在多样化群体中的普适性与解释力。

针对研究问题1与研究问题2,本书借助Mplus 8.3软件构建了结构方程模型,深入探究了教师领导力与教师幸福感之间的复杂关联机制。此选择植根于结构方程模型在揭示变量之间多层次、多维度关系中的有效性与全面性优势,正如霍克斯和贝希格(Hox and Bechger)所强调的那样,结构方程模型为理解复杂社会现象提供了强有力的分析工具。❸为确保所构建结构方程模型的拟合质量,本书采纳了一系列严谨的拟合指数来进行综合评估,包括但不限于

---

❶ BROWN T A, MOORE M T. Confirmatory factor analysis[J]. Handbook of structural equation modeling, 2012,361:379.

❷ PERRY J L, NICHOLLS A R, CLOUGH P J, et al.. Assessing model fit: Caveats and recommendations for confirmatory factor analysis and exploratory structural equation modeling[J]. Measurement in physical education and exercise science, 2015,19(1):12-21.

❸ HOX J J, BECHGER T M. An introduction to structural equation modeling[J]. Family science review, 1998,11:354-373.

卡方统计量 χ^2、自由度 df、卡方与自由度的比值 χ^2/df、塔克-刘易斯指数 TLI、比较拟合指数 CFI、标准化均方根残差 SRMR 及近似误差均方根 RMSEA 等。这些指标的综合考量，旨在全面而精准地衡量模型与数据之间的拟合程度。[1]特别地，针对研究问题2，本书进一步利用 Mplus 8.3 实施了基于1000个自举样本的偏差校正自举分析。此方法不仅增强了统计推断的稳健性，还能够精确地检验并量化教师自我效能感在教师领导力与幸福感之间关系中的中介效应，为深入理解三者之间的动态作用机制奠定了坚实的实证基础。

综上所述，本书综合运用了 SPSS 27.0 与 Mplus 8.3 两款统计软件，对收集到的定量数据进行了分析。通过一系列的统计方法，包括运用描述性统计分析以描绘数据概况，运用皮尔逊相关系数分析以探讨变量之间的线性关系强度，运用克隆巴赫系数评估以验证测量工具的内部一致性，以及运用方差分析以检验不同群体之间差异的显著性，我们初步构建了研究变量的基础关系框架。进一步地利用 Mplus 8.3 软件实施了确认性因子分析，以严格验证测量模型的结构效度与可靠性，确保所收集数据能够准确地反映理论构想。随后，还通过构建结构方程模型，探索了教师领导力与教师幸福感之间的直接效应，并检验了教师自我效能感在两者关系中的中介作用。

在完成定量数据分析的基础上，本书还纳入了定性研究方法，旨在通过定性研究的途径来捕捉那些量化分析难以触及的细微差异、个体经验及情境化因素，从而为研究结论提供更加丰富的背景和深层次的解释框架。

3.4　定性研究设计与实施

下文阐述定性研究在整体研究框架中的作用、目标、方法选择及实施过程。定性研究的使命在于深度解答研究问题1与研究问题3，并作为桥梁，辅助阐释研究问题2中定量数据所揭示的复杂关系与现象背后的深层次原因。在我国独特的教育文化背景下，本书通过定性研究途径，捕捉教师对教师领导力

---

[1] IACOBUCCI D. Structural equations modeling: Fit Indices, sample size, and advanced topics[J]. Journal of consumer psychology, 2010, 20(1): 90-98.

这一概念的个性化理解,以及这种领导力如何微妙地作用于教师个体的心理与生理幸福感。定性研究的引入不仅能够弥补量化数据在捕捉情境特异性、个人经验及文化背景等方面的不足,还能为量化结果提供丰富的背景信息与情境化解释,促进两者之间的相互印证与深化理解。在具体方法上,本书采用了半结构式访谈法作为定性研究的主要数据收集手段。访谈对象覆盖了贵阳市20所中学的教师群体。

3.4.1　研究参与者的选择与抽样策略

本书聚焦于深入探究教师对教师领导力的认知及其与教师自我效能感、教师幸福感之间的内在联系。为实现这一目标,本书明确将中学教师作为核心分析对象,旨在通过分析研究这一特定群体来揭示教师领导力效应的多维度表现。

在抽样方法的选择上,本书采用了目的性抽样(purposive sampling)方法。此方法基于研究者的明确目的与理论框架,精心挑选符合研究条件且具有代表性的样本群体。目的性抽样方法的优势在于其高度的针对性和效率,它允许研究人员根据研究问题的具体需求,灵活选取能够提供丰富信息和深刻见解的参与者,从而在有限的资源下最大化研究价值。具体而言,目的性抽样方法不仅有助于我们从少数但具有代表性的样本中获取详尽且深入的数据,而且减少了对大规模样本的依赖,从而降低了研究成本与时间投入。此外,该方法还在样本选择上具有灵活性和目标导向性,使研究人员能够快速锁定目标群体,无须拘泥于严格的抽样比例要求,进一步提高了研究的可行性与效率。因此,为了最大限度地提高效率和有效性,本书采用了目的性抽样方法。

在构建研究参与者样本时,聚焦于参加了第一阶段量化研究且样本选取了学校排名靠前的中学教师。这一选择标准的设定旨在通过聚焦高绩效的教育环境中的教师群体,来深化对教师领导力与教师幸福感之间关系的理解。选择此类教师作为研究参与者的首要依据是这些学校往往拥有更为雄厚的师资力量,其中骨干教师占比较高,而且教师团队整体教学经验丰富。在这样的教育生态中,教师领导力的体现更为显著与多元,不仅体现在教学技能与学术成就上,更渗透于团队协作、学生指导及学校文化建设等多个维度。当骨干教师与经验丰富的教师成为学校领导力的重要组成部分时,他们通过示范引领、经验分享与情感支持,为周围教师创造了一个充满正能量与成长机会的工作环境,从而增强了教师领导力的可感知性与影响力。进一步而言,骨干教师作为教师群体中的精英代表,其卓越的专业能力不仅体现在教学成效上,更在于他们能够通过自身的言行举止与教学理念有效激发并引领其他教师的成长与发展。这种由骨干教师所展现出的教师领导力往往具有更强的示范效应与感染力,能够促使更多教师主动融入并在学校的整体发展中做出贡献。

综上所述,本书通过选择参加了第一阶段量化研究且学校排名靠前的中学教师作为研究参与者,旨在利用这一具有高度代表性的样本群体,深入地探讨在高度教师领导力环境中教师领导力与教师幸福感之间的内在联系。

3.4.2 研究参与者的招募与沟通策略

在定性研究阶段,为了确保研究参与者的代表性,本书采用了灵活多变的接触方式,这些方式紧密贴合研究目标与目标群体的特征。具体而言,基于前期量化研究的结果,我们从贵阳市排名前列的10所中学中精心挑选了20名教师作为潜在的访谈对象。为了有效接触并邀请这些教师参与访谈,研究人员明确认识到校长及学校管理层作为关键中间人的重要性。因此,研究人员首先与这些学校的校长或管理层建立了联系,请求他们协助并邀请符合条件的教师。这一策略不仅体现了对学校管理体系的尊重,也有效利用其内部沟通渠道提高招募效率。

在获得校长及管理层的支持后,研究人员向这20名教师正式发出了访谈邀请。为了确保信息的全面性和透明度,本书采取了双轨沟通策略:一方面,通过口头方式直接与教师们交流,介绍研究背景、目的、参与者的角色及研究意义,以利于建立初步的信任关系;另一方面,研究人员还随附了一封详细的解释信,信中详尽阐述了研究目标、具体程序、数据保密措施等关键信息,以书面形式进一步巩固了沟通的效果。通过一系列的沟通措施,本书不仅确保了研究参与者对研究内容的充分理解,还强调了其个人信息与数据的安全性与隐私保护,从而增强了教师们参与研究的意愿和信心。这一精心设计的招募与沟通策略,为本书研究的顺利开展奠定了坚实的基础。

在保障研究伦理与数据安全的框架下,研究人员郑重承诺,对从每一位研究参与者处收集到的所有个人信息及数据采取严格的保密措施。这一承诺在初次接触研究参与者时既已明确传达,旨在消除其对隐私泄露的顾虑。随后,研究参与者被详尽告知,若其同意参与研究,将涉及参与半结构式访谈的具体安排。此过程旨在确保每位参与者在充分了解研究性质与要求的基础上,做出自愿且知情的决策。对同意加入研究行列的20名中学教师,研究人员在正式访谈启动前,通过书面(同意书)与口头两种方式再次清晰阐述了研究的核心目的、他们各自在研究中扮演的角色及数据保密政策的具体执行细节。这一举措不仅强化了研究的透明度,也进一步巩固了与研究参与者之间的信任基础。此外,研究人员还特别强调了访谈过程的专业性与公正性,承诺将以无偏见、尊重个体差异的态度来引导访谈,为研究参与者营造一个能够自由表达观点与感受的安全环境。通过一系列的准备与沟通工作,研究人员旨在确保每位参与者的声音都能被真实、完整地记录与呈现,从而为后续研究提供丰富且深刻的见解。

3.4.3 定性数据的收集方法

在探讨教师领导力与教师幸福感之间的内在联系,并洞悉我国中学教师对教师领导力认知的复杂性时,本书设计了一系列定性数据收集活动。这些活动围绕着两个核心研究问题展开:一是在量化分析基础上,进一步质询"教师领导力如何具体且深刻地影响着教师幸福感水平";二是深入探索"中国中学教师对教师领导力的多维度理解与看法"。为实现上述研究目标,本书采用了半结构式访谈的方式作为数据收集的主要手段。相较于结构式访谈那种高度预设、近似于问卷调查的提问方式,半结构式访谈展现了更高的灵活性与深度挖掘潜力。此方法允许研究人员在访谈前准备一系列基础性问题,以确保访谈路径的连贯性与焦点集中,同时为即时捕捉并深入探讨研究参与者自发提出的见解、疑问或经验故事预留了空间。选择半结构式访谈的优势在于其双重效能：一方面，预设问题框架有效引导了访谈方向，确保了数据收集的系统性与可比性；另一方面，其开放性特征鼓励了教师之间的深入交流与思想碰撞，促使研究参与者以更自然、真实的状态来表达观点，从而提供了更为丰富、细腻的情感体验与认知洞察。具体而言，每场访谈均以"一对一"的形式进行，由经过专业培训的研究人员主导和记录，以确保访谈过程的专业性、私密性与互动性。通过灵活调整访谈节奏与深度，研究人员不仅能够有效收集到关于教师领导力与教师幸福感关系的直接信息，还能深刻捕捉并理解教师们对教师领导力概念的个人见解、实践体验及潜在需求，为后续的数据分析与理论构建奠定了坚实的基础。

为确保访谈流程的顺畅与有效性，本书在正式启动前实施了试点研究。此环节旨在通过实践检验，对访谈规程进行必要的调整与优化。具体而言，首先，研究人员向预先选定的20名教师发出了参与试点访谈的邀请，旨在收集他们对访谈初步安排的反馈意见。随后，从这批积极响应的教师中，研究人员采用随机抽样的方式，选定了2名教师作为试点访谈对象。这一步骤不仅有助于研究人员直接观察访谈流程的实际运行情况，还为研究人员提供了机会，以测试访谈问题的清晰度与适宜性，确保研究参与者能够准确理解并有效回应访谈内容。

正式访谈阶段，研究人员围绕教师领导力与教师幸福感之间的关系及教师对教师领导力的个人见解这两个核心议题，设计了访谈问题。这些问题紧密依托于对教师领导力、教师自我效能感及教师幸福感等领域现有文献的深入综述，确保了问题的学术严谨性与针对性。例如，研究人员通过提出"您如何诠释教师领导力的内涵""您认为教师领导力在何种程度上促进了或制约了教师幸福感"等问题，旨在引导受访者分享其深刻的见解与丰富的实践经验。为了保持访谈内容的一致性与可比性，研究人员对每位研究参与者的访谈问题均进行了统一设定。同时，为确保访谈的深入与全面，研究人员将访谈时长控制在30~60分钟，以充分保障受访者能够充分表达自己的想法与感受。此外，为了准确记录访谈内容，研究人员采用手机录音的方式，对每一次访谈过程都进行了全程记录,为后续的数据整理与分析工作奠定了坚实的基础。

3.4.4 定性数据的处理程序

在定性研究的范畴内,数据的采集主要依赖于半结构式访谈,这一过程要求对数据收集环节进行详尽的记录,以便后续能够高效地将访谈内容转录为可供深入分析的文本文件。为了确保数据转录的准确无误与研究的文化敏感性,本书遵循了严格的流程。首先,访谈全程用研究参与者的母语进行,旨在最大程度地减少语言障碍,以保证受访者表达的自然流畅与真实反映;其次,访谈内容被逐字逐句地记录,这一精细的操作不仅保证了信息的完整性,还保留了语言中的细微情感与语境线索;最后,记录访谈内容的文本再经过转录处理,转化为便于分析处理的电子文档形式。一系列步骤的实施保证了数据收集与处理的严谨性。

访谈结束后,所获取的音频资料被妥善上传至NVivo这一专为定性研究设计的软件平台,进行后续的转录、存储与管理。选择NVivo作为本书的核心分析工具,主要是基于其多维度的优势考量。首先,NVivo凭借其强大的兼容性,能够无缝集成访谈记录、视频资料及音频文件等多种数据形式,为研究者提供了一定的灵活性与便利性。其次,NVivo内置了高效的数据预处理与分析功能,使研究者能够迅速对海量数据进行初步整理与组织。其智能检索系统能够即时响应查询需求,精准定位数据中的关键信息点,还通过自动识别关键词与主题,为研究者提供初步的分析框架与灵感启发,极大地提高了研究的效率与深度。最后,NVivo擅长挖掘数据之间的内在联系与潜在模式,通过自动关联不同数据片段,揭示隐藏于表面之下的结构与规律。鉴于此,本书采用NVivo作为定性数据保存、转录与分析的主要工具,不仅保障了数据的安全性与完整性(通过数据加密与存储机制,有效防范数据丢失与泄漏风险),还极大地提高了研究的科学性与严谨性,为深入探索教师领导力与教师幸福感之间的复杂关系提供了强有力的技术支持。

综上所述,本书在收集贵阳市中学教师的半结构式访谈资料后,采用了NVivo软件作为核心工具,以系统化地保存、精确转录及深入分析所获取的定性数据。NVivo的应用不仅严格遵循了数据处理的科学流程,确保了数据内容的准确无误与高度安全性,还通过其先进的加密存储技术有效防止了数据丢失与未经授权的访问,从而维护了研究的严谨性与伦理性。

3.4.5 定性数据的清洗与预处理

在定性数据分析的初步阶段,本书对半结构化访谈的录音资料进行了细致的转录工作,将其转化为易于处理与编码的纯文本文件。数据清洗作为分析前的必要准备,其首要任务是确保数据的准确性。本书采取了双重核查机制,即对比访谈原始录音与转录文本,逐一校验内容的完整性、一致性与准确性,力求消除任何可能的转录误差。此外,为了提高数据分析的效率与挖掘其深度,本书利用NVivo对文本数据进行了进一步的预处理。具体而言,研究人员识别并设置了一系列"停止词",如"一些""我不知道"等,这些词汇在语境中往往不承载实质性信息,却可能干扰后续的主题识别与编码过程。

本书将这些词汇从数据中集中剔除,有效地简化了数据分析的复杂度,使研究人员能够更加聚焦核心内容,从而提高分析的质量与可靠性。这一过程充分体现了数据清洗在定性研究中的重要性,它不仅是对数据本身的优化,更是对分析过程与结果精准性的提升。

3.4.6 定性数据分析

本书致力于剖析教师领导力与教师幸福感之间的内在联系,以及教育工作者对教师领导力的独特见解,为此采用了主题分析法这一系统而严谨的方法论对半结构式访谈所收集的定性数据进行全面的解析。主题分析作为一种科学的研究策略,其核心在于精准识别、深入剖析并系统报告数据中所蕴含的主题与模式,其优势是能够为复杂多变的定性数据提供严谨和多维度的描述性解读。选择主题分析法作为本定性研究的核心分析工具,是基于以下考量:该方法不仅能够确保研究过程的逻辑严密性,还能通过深思熟虑的分析过程有效解答研究的核心问题。

在具体实施过程中,本书融合了数据驱动与理论驱动两种编码策略,以最大化地挖掘访谈数据的深层含义。数据驱动编码法强调在现有理论框架的引导下,对数据进行细致入微的编码处理;而理论驱动编码法则侧重于从数据本身的特征与内容出发,灵活构建理论框架以指导分析过程。这两种方法的有机结合,不仅确保了分析过程的全面性与灵活性,也促进了理论与实践之间的良性互动。本书遵循了布劳恩和克拉克(Braun and Clarke)提出的六阶段主题分析框架[1],为数据分析提供了清晰的结构化路径。从数据熟悉与准备到主题生成与命名,再到主题审核与定义,直至最终的分析报告撰写,每一步都严格遵循了科学方法,确保了研究结果的可靠性与有效性。本书通过一系统的分析流程,能够揭示教师领导力与教师幸福感之间的复杂关系。

在六阶段主题分析框架的第一阶段,首要任务是深度熟悉并精选所获取的定性数据资源。在此阶段,研究人员采取迭代式阅读策略,细致审阅每一份访谈记录,旨在全面把握数据内容,同时精准识别并摘录了那些直接关联于教师领导力与教师幸福感关系及教师对领导力认知的关键片段。随后,基于详尽的文献回顾与明确的研究问题导向,研究人员着手构建了一个初步的编码框架草案,包括教师领导力与教师幸福感之间的关系、教师对教师领导力的看法等初步主题。此编码框架的构建过程严格遵循了理论驱动的原则,确保了分析工作的科学性与系统性。紧接着,利用质性数据分析软件NVivo,研究人员对数据集进行了剖析。在这一阶段,通过智能识别关键字、短语及概念簇,NVivo辅助研究人员高效地提取并归纳出数据中的关键字与主题。同时,所有分析成果均被详细记录,并进行了初步的分类与整理,以便为后续阶段的分析工作奠定基础。

在数据分析的第二阶段,研究人员聚焦于数据的系统化编码工作。这一过程旨在根据数据内在的共同特性与属性,对其进行逻辑上的分类与整理。值得注意的是,此处的编码操作旨在提供一种描述性的标签体系,用于捕捉访谈内容中的关键信息点,而非直接对这些信息进行解释或评判。换言之,编码是

---

[1] BRAUN V, CLARKE V. Using thematic analysis in psychology[J]. Qualitative research in psychology, 2006,3(2):77-101.

第3章 教师领导力与教师幸福感关系的实证研究——以贵阳市中学教师为例

数据解读的初步阶段,其目的是后续深入地分析构建基础框架。在具体实施上,研究人员利用了定性数据分析工具NVivo,对收集到的20份访谈记录进行了独立且细致的编码处理。通过运用NVivo软件,研究人员能够高效地对数据进行标记与命名,在这一过程中不仅实现了数据的可视化与结构化,还方便了后续的数据检索与对比分析。随后,研究人员对初步生成的编码进行了严格的审查与评估,以确认其准确性、一致性与全面性。在审查过程中,对存在重叠或模糊的编码进行了必要的合并与调整,以确保编码体系的科学性与严谨性。例如,在教师1的访谈记录中,有这样一段话:"每学期初,教研室都会根据每个班级的情况制订计划。例如,第一周,A老师所带班级的学生要达到一定的分数范围。第二周,对教师的备课效率进行评价。"研究人员将这段访谈记录编码为"为学生制定学业目标"和"关注学生学习"。在第二轮编码审查中,研究人员发现教师的良好行为之间存在重叠,因此将它们合并,重新命名为"监测和关注学生的学业进步"。重复编码的目的是提高编码过程的可靠性和准确性。具体来说,重复编码有助于研究人员检查编码的一致性和准确性,从而减少错误和主观性,提高研究结果的可信度和可复制性。在最大限度地提高编码的一致性和准确性后,本次定性主题分析产生了17个编码。

在数据分析的第三阶段,本书进入了代码向主题的聚合与分类阶段。此过程是基于第二阶段通过NVivo软件标注并验证的17个核心编码,旨在进一步提炼数据中的深层含义与结构模式。具体而言,研究人员采取了一种归纳推理的方法,根据代码之间的内在联系与逻辑关联,将它们系统性地组织到更为宽泛、更具概括性的主题之下。以专业能力提升为例,研究人员发现若干代码紧密围绕着教师领导力的正面效应展开,特别是那些直接关系领导资源供给、专业培训机会及师徒传承计划的代码,如"领导培训资源和支持""领导导师学徒计划"等。这些代码共同指向了一个核心主题——"教师领导者使教师的整体专业能力得到提高"。将这类具有共性的代码归入同一主题,不仅能够清晰地勾勒出教师领导力对教师个人成长与发展的积极影响,还使数据分析的结果更加条理化、易于理解。

分布式领导视角下的教师领导力与自我效能感、幸福感的影响研究

在数据分析的第四阶段,研究人员聚焦于第三阶段初步构建的主题的精细化审查与优化,以确保代码的归类与主题的提炼既贴切又富有洞见。这一过程要求对数据再次进行深入审视,旨在验证主题的准确性、独特性和连贯性,确保它们能够精准捕捉数据中的核心信息与潜在规律。如果主题有效,研究人员将进入下一阶段。若在此阶段发现主题存在模糊、重叠或未能充分反映数据特征的问题,研究人员将采取回溯策略,不是仅限于对数据的简单复查,而是进入数据分析的第二阶段编码过程与数据分析的第三阶段主题初步形成阶段,进行必要的调整与重构。通过这一循环往复的验证与修正过程,本书确保了每个主题都具有高度的独立性与内在一致性。经过多轮次的审慎思考与反复讨论,研究人员对原有的17个代码进行了提炼,最终确定为14个更具代表性的代码。同时,主题的数量也从两个拓展为三个,来更加全面地反映教师领导力的多维影响。具体而言,这三个主题分别是教师层面——聚焦于领导力如何促进教师个人能力的提升与贡献;学生层面——强调领导力在学生学习成效、心理健康及家校沟通中的关键作用;学校层面——则揭示领导力在学校管理参与、决策影响等方面的影响。基于这三个核心主题,本书衍生出了五个子主题,它们分别是教师领导力与教师幸福感之间的关系;教师领导力有助于提高教师的整体专业能力;关注学生的学习和身心健康是教师领导力的基本要素;教师领导力作为普通教师和管理层之间的重要纽带,发挥不可或缺的作用;教师领导力包括与学校和家长之间的协调与沟通。这些子主题的提出深化了对教师领导力多维度作用的理解。

在数据分析的第五阶段,研究人员对第四阶段中经过严格筛选与验证的有效主题展开了审查与理论剖析。本阶段的核心任务在于探究这些主题与既有理论框架之间的内在联系与逻辑契合度,从而增强研究结论的理论深度与解释力。以次主题1"教师领导者通过促进教师专业发展、给予教师认可及树立榜样作用与教师幸福感积极联系在一起"为例,研究人员并未止步于简单的主题阐述,而是进一步将其拆解为多维度、多面向的深入分析。具体而言,研究人员将其进一步划分为教师幸福感和不同的主题:教师领导者通过教师的专业发展、对教师的认可和榜样作用等正面途径,与教师幸福感构建起积极的正

向联系。同时,本书也未忽视教师领导者可能带来的负面效应,如通过营造激烈的竞争氛围等,间接增加了教师的职业压力与心理负担。这一维度的探讨使我们能够更全面地把握教师领导者与教师幸福感之间的复杂关系,避免了对问题单一化、片面化的理解。为确保研究的严谨性与精确性,研究人员对每一个独立主题均进行了详尽的分析与记录,不仅记录了主题的核心内容、分析过程与关键发现,还特别注意了各主题之间的界限划分,以避免出现内容重叠或混淆的情况。

在数据分析的第六阶段,研究人员基于前面一系列步骤所提炼出的完整主题体系,进行了全面而深入的最终分析。这一过程不仅是对前期工作成果的汇总与升华,更是利用这些精心构建的主题,以叙事化的方式生动讲述了蕴含于定性数据中的丰富故事。具体而言,通过对20名教师深入细致的半结构式访谈数据的系统挖掘与主题分析,本书成功地提炼出三个核心主题、五个子主题及十四个具体代码。这些主题与代码的形成并非孤立的数据堆砌,而是基于严格的编码规则、多次的复审验证及深入的理论探讨,确保了它们的科学性与合理性。它们共同构成了一个层次分明、逻辑严密的分析框架,揭示了教师领导力在不同层面、不同维度上的复杂影响与认知。

3.5 定性数据和定量数据的综合集成分析

在本书的探索中,问卷调查与半结构式访谈作为两种互补的数据收集手段,共同服务于解答既定研究问题的核心目标。采用混合方法论的策略,不仅旨在通过多元数据源的融合构建更为全面、立体的研究图景,还意在通过不同数据类型之间的相互验证与补充,增强研究结论的可靠性与有效性。通过将问卷调查中收集到的量化指标与访谈数据进行比对分析,研究人员能够检验定性发现的普遍性与代表性,进一步确认研究结论的可靠性与有效性。通过细致分析访谈文本中所蕴含的丰富信息,研究人员能够更加精准地把握受访者在特定情境下的行为模式、心理状态及对教师领导作用的多元认知与态度倾向。

3.6 方法论反思与伦理考量

3.6.1 研究人员的作用

在定性研究中,研究人员的角色至关重要,他们不仅是信息的采集者,更是参与者内心世界的倾听者与诠释者。研究人员以主动的姿态引导访谈进程,确保其对话能够深入触及研究参与者的个人见解与情感体验。在这一过程中,研究人员致力于构建一个安全、开放的空间,让受访者的声音得以真实、完整地展现。

鉴于研究活动对个体隐私与权利的潜在影响,本书在方法论设计上高度重视伦理考量。研究人员在启动研究之初,即向相关人类研究伦理委员会提交了详尽的数据收集计划,以获取正式批准,确保研究活动合法合规。随后,在征得伦理委员会同意的基础上,研究人员向所有潜在的研究参与者全面、清晰地阐述了研究目的、个人权益保障措施及数据保密与隐私保护政策,确保每位参与者都能在充分了解相关内容并自愿参与的基础上做出决定。这一系列的伦理实践,不仅体现了研究人员对个体与权利的尊重,也彰显了学术研究的严谨性与责任感。通过构建坚实的伦理基础,本书才得以在确保参与者福祉的同时,探索并揭示深层次的社会现象与个体经验,为知识体系的丰富与发展贡献力量。

3.6.2 可信赖度

在探讨研究的可信赖度时,本书依据诺维尔(Nowelll)等人的框架,将其细化为四个核心维度:可信度、可转移性、可依赖性与可确认性。这四个方面相互支撑,共同构成了研究质量的基石。❶

第一,增强可信度。为提高研究的可信度,本书采取了多种策略。长期参与、持续观察、数据收集三角测量和研究人员三角测量等技术,可以增强研究

---

❶ NOWELL L S, NORRIS J M, WHITE D E, et al. Thematic analysis: Striving to meet the trustworthiness criteria[J]. International journal of qualitative methods, 2017, 16(1): 1-13.

的可信度。因此,本书采用了数据收集的三角测量法,即结合问卷调查与访谈等多种方法,以规避采用单一数据源可能带来的偏见与局限。

第二,促进可转移性。为了确保研究成果的可转移性,即研究成果能够被其他研究者在不同情境下复现和应用,本书致力于提供详尽的研究背景、方法、过程及结果的描述。本书通过对研究全过程的详细记录与追踪,构建了研究的"轨迹图",使其他学者能够清晰地理解研究的来龙去脉,从而更准确地评估研究的适用性与可推广性。

第三,确保可依赖性。可依赖性要求数据真实可靠,研究方法科学严谨。在本书中,研究人员通过严格的数据清洗与验证程序,确保了数据的质量与准确性。同时,在数据分析过程中,本书注重了方法的实用性与合理性,力求得出科学、客观的结论。对数据质量与研究过程的这种严格把控为研究结果的可依赖性提供了坚实的保障。

第四,建立可确认性。通过实施上述三个维度的策略,本书建立了研究的可确认性。可确认性是对研究整体质量的一种综合评估,它要求研究不仅应在各个方面都表现出高度的可靠性与科学性,而且其结论能够被不同背景的研究者接受与认可。本书通过综合考量可信度、可转移性与可依赖性等多个维度,确保了整体可信赖度,从而为本书的价值与意义提供了有力支撑。

综上所述,本书之所以被认为是值得信任的,是因为其在可信度、可转移性、可依赖性与可确认性这四个关键维度上都做出了扎实有效的努力,确保了研究的科学性与严谨性。

3.6.3 伦理考量与参与者权益保障

在社会科学研究领域,对研究参与者的伦理关怀构成了研究设计与实施不可或缺的一环。在探索校长与教师等教育领导者私人生活体验、职业实践的过程中,研究人员应首先确保研究对象的自主权、隐私权、文化多样性及人格尊严的尊重,这是维系研究正当性与合法性的基石。为确保研究活动的伦理合规性,本书在启动之初便严格遵循了人类研究伦理审查的标准流程。所有参与研究的校长与教师,均在收到《人类研究伦理审查申请表》及研究内容说明后,明确知晓了研究的性质、目的及可能带来的影响,从而在充分知情的基础上自愿参与研究。

在数据收集阶段,本书采用了问卷调查与半结构式访谈相结合的方法,旨在从不同角度捕捉研究参与者的真实想法与感受。为确保数据的安全性与隐私性,本书实施了一系列严格的保密措施。具体而言,首先,所有通过问卷与访谈收集到的信息均被视为敏感数据,被严格限制在研究团队内部使用,且未经参与者明确同意,不得向任何第三方披露。其次,在访谈过程中,每位研究参与者均会收到一份许可文件,该文件不仅明确阐述了研究的目的、意义及预期成果,还详细说明了数据收集、处理与存储过程中的信息安全保障措施。访谈结束后,研究人员会再次向参与者强调数据的保密性与匿名性,确保其在整个研究过程中始终处于被尊重与被保护的状态。

综上所述,本书在设计与实施过程中,始终将研究参与者的伦理考量置于首位,并通过构建全面的伦理审查机制、实施严格的保密措施,以及确保研究过程的透明度与参与者的自主性,有效地保障了研究参与者的各项权益,从而为本书的科学性与合法性奠定了坚实的基础。

3.7 小结

本书秉承实用主义精神,采用了基于解释性序列设计的混合方法,该分析方法融合了定量与定性研究的优势,旨在全面剖析教师领导力与教师幸福感之间的复杂关系,并探究教师自我效能感在这一过程中的潜在中介效应。具体而言,通过问卷调查工具,系统收集了量化数据,并以科学严谨的方式量化了教师领导力与其幸福感之间的关联性,同时检验了自我效能感作为中介变量的有效性。为进一步丰富研究视角,深化对研究问题的理解,本书还辅以半结构式访谈方法,收集了定性数据。访谈内容聚焦于教师领导力与教师幸福感关系的具体表现、教师对领导力概念的个人理解及其在日常工作中的实际体验,从而为定量研究结果提供了生动的情境化补充和深度的阐释。本研究聚焦于贵阳市这一特定地域的中学教师群体。在整个研究过程中,研究人员始终秉持着高度的研究伦理意识,严格遵守学术诚信原则,确保所有研究活动均符合人类研究伦理审查标准,充分保障了研究参与者的权益与隐私。

第4章 教师领导力对教师幸福感的影响机制分析

4.1 定量研究

本章聚焦于混合方法研究的第一阶段——问卷调查数据的分析,旨在系统地探讨教师领导力与教师幸福感之间的内在联系,并揭示教师自我效能感在这一复杂关系中的潜在中介效应,以及三者与其潜在变量之间错综复杂的相互作用。

首先,本章对问卷调查所得数据进行了描述性统计分析,以初步描绘样本中教师在领导力、幸福感及自我效能感方面的总体特征与分布情况。其次,研究人员严格遵守科学研究的方法论要求,对采用的量表进行了严格的模型拟合度检验。结果显示,各量表均展现出良好的适应性与可靠性,模型拟合度指标均达到可接受的水平。这一发现不仅验证了研究工具的有效性,也为本书后续利用Mplus软件构建结构方程模型,进一步探索三个核心构想及其维度之间复杂关系提供了支持。

定量研究的目的是解决部分研究问题,问题如下。

研究问题1:教师领导力在多大程度上影响教师幸福感?

研究问题2:教师自我效能感在多大程度上中介教师领导力与教师幸福感之间的关系?

4.1.1 数据预处理

在启动正式数据分析流程之前,本书实施了数据预处理,旨在识别并纠正数据集中隐藏的错误、不完整性及不一致性,以确保后续分析的严谨性与有效性。此过程始于对数据质量的全面审视,着重于辨识缺失值、异常观测值及存在数据不一致性的问题。

具体而言,本书运用了一套数据质量检查机制,以精确定位数据集中可能存在的各类问题,如缺失值、异常值或不一致等。运用适当的数据清理技术,对检测到的错误进行处理,如归因缺失值、剔除异常值、删除重复数据等。此外,针对本书出现的因重复IP地址而导致的问卷重复提交问题,采取了去重处理,从数据集中剔除了23份无效问卷,以确保每一份数据均代表一个独立且有效的样本点。最终,经过上述的数据预处理,本书成功构建了一个包含371份有效问卷的数据集。

4.1.2 方法上的常见偏差

本书运用了SPSS 27.0统计软件,并采纳了单因素分析法,旨在检验问卷数据中是否存在潜在的同方差偏差问题。针对本书所涉及的61个问卷题项,执行了因子分析程序,其中主成分分析方法被设定为迭代25次,分析结果详见表4-1。此次因子分析的KMO(Kaiser-Meyer-Olkin)测度值为0.933,表明样本数据非常适合进行因子分析。同时,巴特利特(Bartlett)的球形度检验结果显示,其显著性值小于0.050,具体为0.000,进一步验证了数据进行因子分析的适宜性。值得注意的是,第一主成分所解释的方差比例为33.820%,这一比例低于哈曼(Harman)单因素方差分析中建议的40.00%阈值,因而表明本书所使用的问卷数据并未受到常用方法偏差问题的影响。

表4-1 哈曼单因素方差分析检验结果

问卷题项序号	初始特征值			提取载荷平方和		
	总计	差异百分比	累计百分比	总计	差异百分比	累计百分比
1	20.630	33.820	33.820	20.630	33.820	33.820
2	6.036	9.895	43.715	6.036	9.895	43.715
3	3.582	5.872	49.587	3.582	5.872	49.587
4	2.156	3.534	53.122	2.156	3.534	53.122
5	2.099	3.441	56.563	2.099	3.441	56.563

续表

问卷题项序号	初始特征值			提取载荷平方和		
	总计	差异百分比	累计百分比	总计	差异百分比	累计百分比
6	1.820	2.983	59.546	1.820	2.983	59.546
7	1.751	2.870	62.416	1.751	2.870	62.416
8	1.576	2.584	65.000	1.576	2.584	65.000
9	1.450	2.378	67.378	1.450	2.378	67.378
10	1.383	2.268	69.646	1.383	2.268	69.646
⋮						
61	0.070	0.114	100			
KMO = 0.933,巴特利特球形度检验(P = 0.000)						

注：表格数据提取方法为主成分分析法。

4.1.3 描述性分析

4.1.3.1 中心倾向和相关性分析

表4-2详细列出了三个概念构建的核心统计指标，包括平均值M、标准差SD、信度估计值及皮尔逊相关性系数。具体而言，在教师领导力量表的各维度上，平均值分布于4.096~4.945，整体平均值为4.417，显示了较高的平均水平。同时，教师领导力量表的标准差在1.128~1.496波动，其平均值为1.052，表明数据分布相对集中。该量表的克隆巴赫系数α介于0.908~0.936，显示了高度的内部一致性。

教师自我效能感量表各维度的平均值分布在6.681~6.895，整体平均值为6.784，相较于其他量表展现最高的平均值水平。该量表的标准差在1.597~1.767，平均值为1.403，显示相对较大的数据分散性。

教师幸福感量表的总平均值为4.336，标准差为0.825，克隆巴赫系数α为0.936，显示高度的内部一致性。教师幸福感量表与教师领导力量表相比，两者的平均值相近，但幸福感量表的标准差较小，意味着教师幸福感指数得分更加集中且稳定，而教师领导力量表的得分则表现更大的变异性。

综上所述，所有三个量表均展现了高度的内部一致性，克隆巴赫系数α均超过了0.900的阈值。这进一步证实了研究数据的可靠性和有效性。

教师领导力各维度的皮尔逊相关系数分析显示，这些系数分布在0.908~0.939，平均值为0.925。这一数值表明各维度之间呈现适中的相关程度。同样地，对教师自我效能感各维度而言，其皮尔逊相关系数处于0.541~0.607，平均值为0.565，也显示出各维度之间适中的相关性。本书进一步分析教师领导力的五个维度与教师幸福感之间的关系，发现它们之间的相关系数在0.319~0.533波动，平均值为0.393。这表明，在大多数情况下，教师领导力的维度与教师幸福感之间的相关性相对较弱。然而，值得注意的是，教师领导力的"促进专业学习"维度（LSF1）与教师幸福感之间展现了0.533的相关性。这表明两者之间存在中等程度的强相关性，为教师领导力对教师幸福感可能产生的积极影响提供了有力的证据。

4.1.3.2 偏度和峰度

在准备进行确认性因子分析时，本书对收集到的问卷结果的偏度和峰度进行了检查，以确定它们是否呈正态分布。这一步骤是在进行确认性因子分析之前进行的，以确保数据符合本次统计分析的必要假设。

具体而言，如表4-3所示，教师领导力量表（包含LS1~LS25各题项）的偏度值分布在-1.844（对应LS4题项）~-0.035（对应LS24题项），而峰度值则处于-1.450（对应LS20题项）~2.630（对应LS4题项）。对于教师幸福感量表（包括WB1~WB24各题项），偏度值的范围为-1.647（对应WB17题项）~0.253（对应WB2题项），峰度值则介于-1.097（对应WB24题项）~3.238（对应WB17题项）。至于教师效能感量表（包含SE1~SE12各题项），偏度值的范围是-1.510（对应SE2题项）~-0.471（对应SE7题项），峰度值则介于-0.649（对应SE12题项）~2.487（对应SE2题项）。

偏度的正常范围在-2~+2，而峰度的正常范围则在-7~+7。通过对比发现，本书中教师领导力量表、教师自我效能感量表、教师幸福感量表的偏度值和峰度值均落入这一可接受的正态分布范围，从而验证了数据的正态性。

表4-2 主要研究变量的皮尔逊相关性和描述性统计结果

维度	LSF1	LSF2	LSF3	LSF4	LSF5	LS	SEF1	SEF2	SEF3	SE	WBF1	WBF2	WBF3	WBF4	WBF5	WBF6	WB
LSF1	1																
LSF2	0.586**	1															
LSF3	0.556**	0.619**	1														
LSF4	0.551**	0.588**	0.555**	1													
LSF5	0.530**	0.565**	0.578**	0.609**	1												
LS	0.779**	0.828**	0.809**	0.830**	0.811**	1											
SEF1	0.499**	0.340**	0.479**	0.293**	0.293**	0.460**	1										
SEF2	0.448**	0.364**	0.380**	0.354**	0.285**	0.447**	0.547**	1									
SEF3	0.413**	0.388**	0.412**	0.354**	0.355**	0.470**	0.541**	0.607**	1								
SE	0.536**	0.433**	0.502**	0.397**	0.370**	0.545**	0.818**	0.849**	0.860**	1							
WBF1	0.316**	0.251**	0.185**	0.162**	0.202**	0.270**	0.267**	0.292**	0.240**	0.315**	1						
WBF2	0.424**	0.297**	0.340**	0.299**	0.245**	0.390**	0.383**	0.327**	0.360**	0.423**	0.456**	1					
WBF3	0.447**	0.326**	0.347**	0.310**	0.279**	0.416**	0.391**	0.349**	0.373**	0.440**	0.435**	0.551**	1				
WBF4	0.440**	0.303**	0.276**	0.366**	0.252**	0.401**	0.355**	0.343**	0.352**	0.415**	0.422**	0.506**	0.531**	1			
WBF5	0.375**	0.247**	0.255**	0.211**	0.173**	0.304**	0.369**	0.343**	0.353**	0.421**	0.406**	0.511**	0.523**	0.449**	1		
WBF6	0.450**	0.323**	0.324**	0.309**	0.309**	0.417**	0.400**	0.391**	0.398**	0.470**	0.458**	0.545**	0.610**	0.539**	0.543**	1	
WB	0.533**	0.381**	0.374**	0.359**	0.319**	0.478**	0.470**	0.445**	0.449**	0.539**	0.720**	0.779**	0.791**	0.749**	0.732**	0.805**	1
M	4.945	4.392	4.486	4.096	4.165	4.417	6.895	6.776	6.681	6.784	3.551	4.215	4.675	4.334	4.734	4.507	4.336
SD	1.128	1.317	1.233	1.496	10.301	1.052	1.597	1.630	1.767	1.403	1.290	1.092	1.048	1.045	0.933	1.087	0.825

续表

维度	LSF1	LSF2	LSF3	LSF4	LSF5	LS	SEF1	SEF2	SEF3	SE	WBF1	WBF2	WBF3	WBF4	WBF5	WBF6	WB
α	0.915	0.925	0.908	0.939	0.936	0.959	0.914	0.923	0.926	0.933	0.915	0.846	0.839	0.828	0.814	0.872	0.936

注：LSF1 为促进专业学习，LSF2 为关注学习过程，LSF3 为鼓励同事合作，LSF4 为参与决策，LSF5 为与外部机构联络，LS 为教师领导力；SEF1 为教学策略，SEF2 为课堂管理，SEF3 为学生参与，SE 为教师自我效能感；WBF1 为身体幸福感，WBF2 为情感幸福感，WBF3 为心理幸福感，WBF4 为认知幸福感，WBF5 为社交幸福感，WBF6 为精神幸福感，WB 为教师幸福感。

**$P < 0.01$。

表 4-3 偏度值和峰度值

题项	人数	最小	最大	标准偏差	偏度值	标准误差	峰度值	标准误差
LS1	371	1	6	1.109	−1.652	0.127	2.076	0.253
LS2	371	1	6	1.331	−1.348	0.127	1.429	0.253
LS3	371	1	6	1.299	−1.327	0.127	1.384	0.253
LS4	371	1	6	1.321	−1.844	0.127	2.630	0.253
LS5	371	1	6	1.447	−0.597	0.127	−0.861	0.253
LS6	371	1	6	1.335	−1.166	0.127	1.050	0.253
LS7	371	1	6	1.314	−0.930	0.127	0.355	0.253
LS8	371	1	6	1.690	−0.335	0.127	−1.271	0.253
LS9	371	1	6	1.555	−0.282	0.127	−1.247	0.253
LS10	371	1	6	1.579	−0.570	0.127	−0.841	0.253
LS11	371	1	6	1.276	−0.921	0.127	0.290	0.253
LS12	371	1	6	1.363	−1.088	0.127	0.549	0.253
LS13	371	1	6	1.464	−0.514	0.127	−0.857	0.253
LS14	371	1	6	1.582	−0.462	0.127	−0.987	0.253
LS15	371	1	6	1.510	−0.577	0.127	−0.856	0.253
LS16	371	1	6	1.560	−0.199	0.127	−1.240	0.253
LS17	371	1	6	1.430	−0.493	0.127	−0.784	0.253
LS18	371	1	6	1.955	−0.378	0.127	−1.400	0.253
LS19	371	1	6	1.463	−0.480	0.127	−0.569	0.253
LS20	371	1	6	1.862	−0.287	0.127	−1.450	0.253
LS21	371	1	6	1.277	−0.594	0.127	−0.076	0.253
LS22	371	1	6	1.328	−0.399	0.127	−0.692	0.253
LS23	371	1	6	1.529	−0.123	0.127	−1.241	0.253
LS24	371	1	6	1.639	−0.035	0.127	−1.337	0.253
LS25	371	1	6	1.484	−0.234	0.127	−0.987	0.253
WB1	371	1	6	1.348	−0.616	0.127	0.033	0.253
WB2	371	1	6	1.456	0.253	0.127	−0.532	0.253
WB3	371	1	6	1.463	−0.177	0.127	−0.779	0.253

续表

题项	人数	最小	最大	标准偏差	偏度值	标准误差	峰度值	标准误差
WB4	371	1	6	1.509	−0.082	0.127	−0.805	0.253
WB5	371	1	6	1.228	−0.981	0.127	0.796	0.253
WB6	371	1	6	1.554	0.057	0.127	−0.986	0.253
WB7	371	1	6	1.181	−1.113	0.127	1.258	0.253
WB8	371	1	6	1.290	−0.579	0.127	0.121	0.253
WB9	371	1	6	1.075	−1.191	0.127	1.646	0.253
WB10	371	1	6	1.558	−0.189	0.127	−0.960	0.253
WB11	371	1	6	1.213	−1.410	0.127	1.825	0.253
WB12	371	1	6	1.210	−1.193	0.127	0.613	0.253
WB13	371	1	6	1.459	0.109	0.127	−1.002	0.253
WB14	371	1	6	1.211	−0.626	0.127	0.025	0.253
WB15	371	1	6	1.262	−0.948	0.127	0.269	0.253
WB16	371	1	6	1.198	−0.863	0.127	0.434	0.253
WB17	371	1	6	1.109	−1.647	0.127	3.238	0.253
WB18	371	1	6	1.014	−1.197	0.127	1.934	0.253
WB19	371	1	6	1.174	−0.756	0.127	0.631	0.253
WB20	371	1	6	1.339	−0.167	0.127	−0.937	0.253
WB21	371	2	6	1.067	−0.427	0.127	−0.598	0.253
WB22	371	1	6	1.220	−0.850	0.127	0.567	0.253
WB23	371	2	6	1.071	−0.510	0.127	−0.173	0.253
WB24	371	1	6	1.665	−0.325	0.127	−1.097	0.253
SE1	371	1	9	1.953	−1.008	0.127	0.853	0.253
SE2	371	1	9	1.759	−1.510	0.127	2.487	0.253
SE3	371	1	9	1.836	−1.108	0.127	1.041	0.253
SE4	371	2	9	1.598	−0.602	0.127	0.009	0.253
SE5	371	1	9	1.814	−0.611	0.127	0.460	0.253
SE6	371	2	9	1.722	−0.872	0.127	0.476	0.253
SE7	371	1	9	1.985	−0.471	0.127	−0.276	0.253
SE8	371	2	9	1.692	−0.924	0.127	0.965	0.253

续表

题项	人数	最小	最大	标准偏差	偏度值	标准误差	峰度值	标准误差
SE9	371	1	9	1.843	−1.020	0.127	1.074	0.253
SE10	371	2	9	1.699	−0.901	0.127	0.700	0.253
SE11	371	1	9	1.937	−0.646	0.127	0.013	0.253
SE12	371	1	9	2.286	−0.571	0.127	−0.649	0.253

4.1.4 测量模型

4.1.4.1 教师领导力测量模型

教师领导力在理论上是一个五因素模型，包括25个题项，分别代表"促进专业学习（5个题项）、关注学习过程（5个题项）、鼓励同事合作（5个题项）、参与决策（5个题项）和与外部机构联系（5个题项）"。为了验证这一理论模型的结构有效性，本书采用了Mplus 8.3软件进行确认性因子分析。这一分析方法的应用旨在通过实证数据来检验教师领导力五因素模型的结构是否与理论预期相一致。

教师领导力的测量模型结果见表4-4。结果表明，模型拟合不理想（χ^2 = 821.459, df = 265, $P < 0.001$）。值得注意的是，χ^2 指数对样本量较为敏感，通常情况下，样本量越大，χ^2 值也会相应增大。这往往导致模型拟合度评估结果变差。因此，为了更准确地评估模型的拟合度，本书还考察了其他相关指数，其他相关指数表明测量模型与数据拟合合理（χ^2/df = 3.100；TLI = 0.912；CFI = 0.922；SRMR = 0.056；RMSEA = 0.075）。

表4-4 教师领导力的测量模型结果

指数	χ^2	df	χ^2/df	TLI	CFI	SRMR	RMSEA
模型拟合度高	—	—	<5	>0.9	>0.9	<0.08	<0.08
结果	821.459	265***	3.100	0.912	0.922	0.056	0.075

***$P < 0.001$。

表4-5列出了教师领导力模型的描述性分析结果,涵盖了五个维度的关键统计指标,具体包括皮尔逊相关系数、平均值M、标准差SD及克隆巴赫系数α。分析结果显示,教师领导力模型中各维度之间的相关系数分布在0.530~0.619的范围内,平均值为0.574。这一数据明确表明模型各维度之间存在着中度正相关关系。在平均值方面,各量表的得分从4.097~4.945不等,整体上的总平均值为4.417。值得注意的是,其中"促进专业学习"维度(LSF1)的平均值最高,达到了4.945。这一数据显示与其他维度相比,研究参与者对LSF1的认同度最高。关于数据的分散程度,标准差的范围为1.128~1.496,平均标准差为1.295。这表明数据在整体上呈现出一定的分散性,但仍在可接受的范围内。最后,克隆巴赫系数α的分析结果介于0.908~0.939。这一高系数值进一步证实该量表均具有较高的内部一致性,为模型的稳定性和可靠性提供了有力支持。

表4-5 教师领导力因素的统计分析结果

因素	LSF1	LSF2	LSF3	LSF4	LSF5	M	SD	α
LSF1	1					4.945	1.128	0.915
LSF2	0.586**	1				4.393	1.317	0.925
LSF3	0.556**	0.619**	1			4.486	1.233	0.908
LSF4	0.551**	0.588**	0.555**	1		4.097	1.496	0.939
LSF5	0.530**	0.565**	0.578**	0.609**	1	4.166	1.301	0.936

注:LSF1为促进专业学习、LSF2为关注学习过程、LSF3为鼓励同事合作、LSF4为参与决策、LSF5为与外部机构联络。

**$P < 0.01$。

4.1.4.2 教师幸福感测量模型

教师幸福感测量模型包括24个题项,分别代表"身体幸福感(4个题项)、情绪幸福感(4个题项)、心理幸福感(4个题项)、认知幸福感(4个题项)、社会幸福感(4个题项)和精神幸福感(4个题项)"。本书采用了Mplus 8.3软件对模型的结构进行了实证确认。

拟合度评价结果详见表4-6。具体而言,卡方统计量呈现显著性(χ^2 = 628.677,自由度df = 237,且$P < 0.001$)。这一结果初步表明所提出的模型与实际数据之间并非完全匹配。然而,值得注意的是,卡方统计量对样本量的大小具有较高的敏感性,因此本书还考察了其他指数。这些指数的计算结果显示,模型与数据之间的拟合程度实际上相当良好(χ^2/df = 2.653;TLI = 0.918;CFI = 0.930;SRMR = 0.061;RMSEA = 0.067)。综上所述,虽然卡方统计量显示模型与数据之间存在一定的不匹配,但综合考虑其他多项拟合指数的结果,可以得出结论:模型确实与数据拟合良好,具有较高的拟合优度。

表4-6　教师幸福感测量模型结果

指数	χ^2	df	χ^2/df	TLI	CFI	SRMR	RMSEA
模型拟合度高	—	—	<5	>0.9	>0.9	<0.08	<0.08
成果	628.677	237***	2.653	0.918	0.930	0.061	0.067

***$P < 0.001$。

表4-7列出了教师幸福感模型的描述性分析结果,涵盖了五个关键维度的统计指标,具体包括皮尔逊相关系数、平均值M、标准差SD及克隆巴赫系数α。数据显示,教师幸福感模型中各维度之间的皮尔逊相关系数分布在0.406~0.610的范围内,平均值为0.500。这一结果揭示了模型各维度之间在整体上存在着中度正相关关系。进一步地,针对具体维度进行剖析,本书发现"身体幸福感"(WBF1)这一维度与其他维度的相关系数在0.3~0.5的范围内。这一数据表明"身体幸福感"与其他维度之间存在微弱的正相关关系。同样地,"认知幸福感"(WBF4)和"社交幸福感"(WBF5)这两个维度的皮尔逊相关系数为0.3~0.5,显示它们之间同样存在弱正相关关系。除此之外,其余维度的皮尔逊相关系数则分布在0.5~0.7。这一数据有力地表明这些维度之间存在着更为显著的中度正相关关系。在平均值方面,各量表的得分从3.551~4.734不等,整体上的总平均值为4.336。这一结果揭示了教师在幸福感各个维度上的整体表现水平。关于数据的分散程度,标准差的范围为0.933~1.290,平均标准差为1.083。

这表明数据在整体上呈现了一定的分散性,但仍保持在一个相对稳定的范围内。最后,克隆巴赫系数α的分析结果介于0.814~0.915。这一高系数值进一步证实了该量表均具有较高的内部一致性,为模型的稳定性和可靠性提供了有力的支持。

表4-7 教师幸福感因素的统计分析结果

因素	WBF1	WBF2	WBF3	WBF4	WBF5	WBF6	M	SD	α
WBF1	1						3.551	1.290	0.915
WBF2	0.456**	1					4.215	1.092	0.846
WBF3	0.435**	0.551**	1				4.675	1.048	0.839
WBF4	0.422**	0.506**	0.531**	1			4.334	1.045	0.828
WBF5	0.406**	0.511**	0.523**	0.449**	1		4.734	0.933	0.814
WBF6	0.458**	0.545**	0.610**	0.539**	0.543**	1	4.507	1.087	0.872

注:WBF1为身体幸福感、WBF2为情感幸福感、WBF3为心理幸福感、WBF4为认知幸福感、WBF5为社交幸福感、WBF6为精神幸福感、WB为教师幸福感。

**$P < 0.01$。

4.1.4.3 教师自我效能感测量模型

从理论上讲,教师自我效能感是一个三因素模型,包括12个题项,分别代表"教学策略(4个题项)、课堂管理(4个题项)和学生参与(4个题项)"。为了对这一理论模型的结构进行实证验证,本书采用了统计分析软件 Mplus 8.3 进行确认性因子分析。这一分析方法的应用旨在通过实证数据来检验教师自我效能感三因素模型的结构是否与理论预期相一致。

拟合度评价的具体结果参见表4-8。其中,卡方统计量呈现显著性(χ^2 = 157.586,自由度 df = 51,且 $P < 0.001$)。这一初步结果表明所提出的模型与实际数据之间并非完全匹配。然而,值得注意的是,卡方统计量对样本量的大小具有较高的敏感性,因此本书还考查了其他指数。然而,拟合优度评估的其他结果表明,模型能够很好地拟合数据(χ^2/df = 3.090;TLI = 0.958;CFI = 0.968;

SRMR = 0.033；RMSEA = 0.075）。由此，可以得出结论：模型确实与数据拟合良好，具有较高的拟合优度。

表4-8 教师自我效能感测量模型结果

指数	χ^2	df	χ^2/df	TLI	CFI	SRMR	RMSEA
模型拟合度高	—	—	<5	>0.9	>0.9	<0.08	<0.08
结果	157.586	51***	3.090	0.958	0.968	0.033	0.075

***$P < 0.001$。

表4-9详细列出了教师自我效能感测量模型的描述性分析结果，涵盖了五个关键维度的多项统计指标，具体包括皮尔逊相关系数、平均值M、标准差SD及克隆巴赫系数α。数据揭示，在教师自我效能感模型中，各维度之间的相关系数分布在0.541~0.607的范围内，平均值为0.565。这一结果明确表明，模型中的各个维度与教师自我效能感之间存在中度正相关的关系。进一步观察量表的平均值情况，研究发现各量表的得分从6.681~6.895不等，而整体上的总平均值为6.784。这一数据提供了教师在自我效能感各个维度上表现水平的直观反应。在数据的分散程度方面，标准差的范围是1.597~1.767，平均标准差为1.665。这表明数据在整体上呈现出一定的分散性，但仍保持在一个相对稳定的范围内，为模型的可靠性提供了支持。最后，克隆巴赫系数α的分析结果介于0.914~0.926。这一高系数值进一步证实了该量表均具有较高的内部一致性。

表4-9 教师自我效能感因素的统计分析结果

因素	SEF1	SEF2	SEF3	M	SD	α
SEF1	1			6.895	1.597	0.914
SEF2	0.547**	1		6.776	1.63	0.923
SEF3	0.541**	0.607**	1	6.681	1.767	0.926

注：SEF1为教学策略、SEF2为课堂管理、SEF3为学生参与。

**$P < 0.01$。

4.1.5 教师领导力与人口统计

研究参与者的人口统计学特征可能是影响他们体验教师领导行为程度的因素之一。因此,下面致力于探究人口统计学特征是否会导致教师在领导力认知上存在显著差异。为了剖析这一问题,本书运用了SPSS 27.0统计软件中的单因素方差分析方法,系统地检验了不同群体(基于性别、教育程度、工作岗位、年龄及工作经验等人口统计学特征)在教师领导力认知上的差异。具体而言,在性别分类上,将研究参与者明确地划分为男性和女性两组。在教育程度方面,根据参与者的学历背景将其分为三组:本科以下、本科,以及研究生或以上。对于工作岗位,则根据参与者的实际职务将其细分为四组:班主任、科任教师、年级组长,以及课程与教学研究负责人。在年龄层面,按照参与者的实际年龄将其划分为七个年龄段:25岁以下、25~30岁、31~35岁、36~40岁、41~45岁、46~50岁及50岁以上。同样地,根据参与者的工作年限将其分为六组:3年以下、3~5年、6~10年、11~15年、16~20年及20年以上。

为了更具体地探究性别因素对教师领导力认知的影响,单因素方差分析方法被用于对男性教师和女性教师在教师领导力各因素得分上的差异进行检验。然而,根据表4-10的结果显示,本书发现性别因素在教师领导力的认知上并未呈现显著差异。

表4-10 性别和教师领导力因素差异的单因素方差分析结果

因素	组别(人数=371)	M	SD	F	P
LSF1	女性(人数=170)	4.968	1.061	0.133	0.716
	男性(人数=201)	4.925	1.183	—	—
LSF2	女性(人数=170)	4.406	1.265	0.033	0.857
	男性(人数=201)	4.381	1.363	—	—
LSF3	女性(人数=170)	4.434	1.241	0.548	0.459
	男性(人数=201)	4.529	1.228	—	—
LSF4	女性(人数=170)	4.148	1.429	0.375	0.541
	男性(人数=201)	4.053	1.553	—	—

续表

因素	组别(人数=371)	M	SD	F	P
LSF5	女性(人数=170)	4.189	1.268	0.106	0.745
	男性(人数=201)	4.145	1.330	—	—

注：LSF1为促进专业学习、LSF2为关注学习过程、LSF3为鼓励同事合作、LSF4为参与决策、LSF5为与外部机构联络。

为了进一步深入探究教师领导力认知的影响因素，本书继续采用单因素方差分析方法，特别针对教师的受教育程度这一关键变量进行考察。具体地，本书将教师的受教育程度划分为三个层次：本科以下、本科生，以及研究生或以上，旨在细致分析这三个不同受教育程度的群体在教师领导力各因素得分上是否存在显著差异。通过对数据的处理与分析，本书得到了表4-11的结果，清晰地反映了教师的受教育程度与教师领导力认知之间的关系。具体而言，表4-11的数据显示，不同受教育程度的教师在教师领导力的认知上并未呈现显著的差异。这一发现意味着，无论教师的受教育程度如何，他们在教师领导力的认知上均表现出相对一致的水平。教师的受教育程度虽然是重要的个人特征，但并非决定其教师领导力认知的关键因素。这一结果对我们理解教师领导力的认知机制具有重要意义。

表4-11 受教育程度和教师领导力因素差异的单因素方差分析结果

因素	组别(人数=371)	M	SD	F	P
LSF1	本科以下(人数=82)	5.053	1.174	1.251	0.287
	本科生(人数=182)	4.977	1.063	—	—
	研究生或以上(人数=107)	4.808	1.193	—	—
LSF2	本科以下(人数=82)	4.502	1.346	0.376	0.687
	本科生(人数=182)	4.353	1.195	—	—
	研究生或以上(人数=107)	4.376	1.489	—	—
LSF3	本科以下(人数=82)	4.471	1.237	0.860	0.424
	本科生(人数=182)	4.563	1.108	—	—

续表

因素	组别(人数=371)	M	SD	F	P
LSF3	研究生或以上(人数=107)	4.366	1.420	—	—
LSF4	本科以下(人数=82)	4.222	1.575	1.295	0.275
	本科生(人数=182)	3.969	1.408	—	—
	研究生或以上(人数=107)	4.217	1.574	—	—
LSF5	本科以下(人数=82)	4.210	1.302	0.085	0.918
	本科生(人数=182)	4.166	1.232	—	—
	研究生或以上(人数=107)	4.139	1.419	—	—

注:LSF1为促进专业学习、LSF2为关注学习过程、LSF3为鼓励同事合作、LSF4为参与决策、LSF5为与外部机构联络。

为了更全面地理解教师领导力认知的影响因素,本书特别关注了教师的工作岗位这一变量,并采用单因素方差分析方法探究不同岗位的教师在教师领导力各因素得分上是否存在显著差异。具体地,本书将教师的工作岗位划分为四类:班主任、科任教师、年级组长及课程与教学研究负责人。经过对数据的处理与分析,得到了表4-12的结果,清晰地呈现了教师的工作岗位与教师领导力认知之间的关系。具体而言,表4-12的数据显示,不同工作岗位的教师在教师领导力的认知上并未呈现显著的差异。这一结果发现表明,无论教师担任何种工作岗位,他们在教师领导力的认知上均表现出相对一致的水平。这揭示出教师的工作岗位虽然代表了他们在学校中的不同职责和角色,但并非决定其教师领导力认知的关键因素。

表4-12 工作岗位和教师领导力因素差异的单因素方差分析结果

因素	组别(人数=371)	M	SD	F	P
LSF1	班主任(人数=166)	4.617	1.446	1.314	0.270
	科任教师(人数=12)	4.902	1.176	—	—
	年级组长(人数=171)	4.959	1.095	—	—
	课程与教学研究负责人(人数=22)	5.336	0.699	—	—

续表

因素	组别(人数=371)	M	SD	F	P
LSF2	班主任(人数=166)	4.467	1.18	1.146	0.331
	科任教师(人数=12)	4.254	1.359	—	—
	年级组长(人数=171)	4.518	1.283	—	—
	课程与教学研究负责人(人数=22)	4.418	1.312	—	—
LSF3	班主任(人数=166)	4.667	1.580	0.636	0.592
	科任教师(人数=12)	4.427	1.203	—	—
	年级组长(人数=171)	4.492	1.268	—	—
	课程与教学研究负责人(人数=22)	4.782	0.989	—	—
LSF4	班主任(人数=166)	4.017	1.798	1.200	0.310
	科任教师(人数=12)	3.939	1.526	—	—
	年级组长(人数=171)	4.237	1.449	—	—
	课程与教学研究负责人(人数=22)	4.236	1.436	—	—
LSF5	班主任(人数=166)	4.033	1.484	1.380	0.249
	科任教师(人数=12)	4.023	1.301	—	—
	年级组长(人数=171)	4.304	1.304	—	—
	课程与教学研究负责人(人数=22)	4.236	1.122	—	—

注:LSF1为促进专业学习、LSF2为关注学习过程、LSF3为鼓励同事合作、LSF4为参与决策、LSF5为与外部机构联络。

本书还聚焦于教师年龄这一变量,并运用单因素方差分析方法,旨在剖析不同年龄段的教师在教师领导力各因素得分上是否存在显著差异。具体地,本书将教师的年龄划分为七个层次:25岁以下、25~30岁、31~35岁、36~40岁、41~45岁、46~50岁及50岁以上,以期通过这一年龄段划分,更准确地捕捉年龄因素对教师领导力感知的潜在影响。经过对数据的处理与分析,我们得到了表4-13的结果,展示了教师的年龄与教师领导力感知之间的关系。具体而言,表4-13的数据显示,不同年龄段的教师在教师领导力的感知上并未呈现显著的差异。这一发现意味着,无论教师处于哪个年龄段,他们在教师领导力的感知上都表现出相对一致的水平。这表明教师的年龄虽然是重要的个人特征，但并非决定其教师领导力感知的关键因素。

表4-13　年龄与教师领导力因素差异的单因素方差分析结果

因素	组别（人数=371）	M	SD	F	P
LSF1	25岁以下（人数=26）	4.239	1.323	1.979	0.068
	25~30岁（人数=79）	4.995	0.999	—	—
	31~35岁（人数=102）	5.045	1.262	—	—
	36~40岁（人数=53）	4.993	0.770	—	—
	41~45岁（人数=16）	4.800	0.955	—	—
	46~50岁（人数=58）	4.972	0.981	—	—
	50岁以上（人数=37人）	5.011	1.431	—	—
LSF2	25岁以下（人数=26）	3.900	1.334	1.178	0.317
	25~30岁（人数=79）	4.565	1.181	—	—
	31~35岁（人数=102）	4.400	1.426	—	—
	36~40岁（人数=53）	4.430	1.355	—	—
	41~45岁（人数=16）	3.938	0.951	—	—
	46~50岁（人数=58）	4.448	1.145	—	—
	50岁以上（人数=37人）	4.405	1.553	—	—
LSF3	25岁以下（人数=26）	4.569	0.973	1.268	0.271
	25~30岁（人数=79）	4.600	1.126	—	—
	31~35岁（人数=102）	4.492	1.324	—	—
	36~40岁（人数=53）	4.562	1.282	—	—
	41~45岁（人数=16）	3.700	1.308	—	—
	46~50岁（人数=58）	4.445	1.050	—	—
	50岁以上（人数=37人）	4.460	1.471	—	—
LSF4	25岁以下（人数=26）	3.777	1.689	0.936	0.469
	25~30岁（人数=79）	4.223	1.390	—	—
	31~35岁（人数=102）	4.124	1.476	—	—
	36~40岁（人数=53）	4.166	1.530	—	—

续表

因素	组别（人数=371）	*M*	SD	*F*	*P*
LSF4	41~45 岁（人数=16）	3.475	1.288	—	—
	46~50 岁（人数=58）	3.997	1.528	—	—
	50 岁以上（人数=37 人）	4.303	1.614	—	—
LSF5	25 岁以下（人数=26）	4.123	1.306	0.162	0.986
	25~30 岁（人数=79）	4.071	1.304	—	—
	31~35 岁（人数=102）	4.184	1.295	—	—
	36~40 岁（人数=53）	4.234	1.237	—	—
	41~45 岁（人数=16）	4.363	1.227	—	—
	46~50 岁（人数=58）	4.172	1.295	—	—
	50 岁以上（人数=37 人）	4.151	1.506	—	—

注：LSF1 为促进专业学习、LSF2 为关注学习过程、LSF3 为鼓励同事合作、LSF4 为参与决策、LSF5 为与外部机构联络。

本书还关注了教师工作经验这一变量，并采用单因素方差分析方法，旨在剖析不同工作经验段的教师在教师领导力各因素得分上是否存在显著差异。具体地，本书按教师的工作经验划分为六个层次：少于 3 年、3~5 年、6~10 年、11~15 年、16~20 年及超过 20 年，以期通过这一划分，更准确地揭示工作经验与教师领导力感知之间的潜在关系。经过对数据的处理与分析，本书得到了表 4-14 的结果，展示了教师的工作经验与教师领导力感知之间的关系。具体而言，表 4-14 的数据显示，不同工作经验段的教师在教师领导力的感知上并未呈现显著的差异。这一发现表明，无论教师的工作经验如何，他们在教师领导力的感知上都表现出相对一致的水平。这揭示出教师的工作经验虽然是一个重要的职业特征，但并非决定其教师领导力感知的关键因素。

表 4-14 工作经验和教师领导力因素差异的单因素方差分析结果

因素	组别(人数=371)	M	SD	F	P
LSF1	少于3年(人数=63)	4.692	1.118	1.597	0.160
	3~5年(人数=71)	4.885	1.104	—	—
	6~10年(人数=114)	5.158	0.923	—	—
	11~15年(人数=51)	4.851	1.034	—	—
	16~20年(人数=39)	4.913	1.618	—	—
	超过20年(人数=33)	5.006	1.228	—	—
LSF2	少于3年(人数=63)	4.092	1.311	0.924	0.465
	3~5年(人数=71)	4.490	1.217	—	—
	6~10年(人数=114)	4.505	1.121	—	—
	11~15年(人数=51)	4.428	1.462	—	—
	16~20年(人数=39)	4.380	1.615	—	—
	超过20年(人数=33)	4.327	1.534	—	—
LSF3	少于3年(人数=63)	4.368	1.069	0.514	0.766
	3~5年(人数=71)	4.592	1.098	—	—
	6~10年(人数=114)	4.539	1.104	—	—
	11~15年(人数=51)	4.549	1.343	—	—
	16~20年(人数=39)	4.277	1.658	—	—
	超过20年(人数=33)	4.449	1.494	—	—
LSF4	少于3年(人数=63)	3.781	1.517	0.939	0.456
	3~5年(人数=71)	4.231	1.409	—	—
	6~10年(人数=114)	4.051	1.406	—	—
	11~15年(人数=51)	4.129	1.535	—	—
	16~20年(人数=39)	4.282	1.751	—	—
	超过20年(人数=33)	4.297	1.567	—	—
LSF5	少于3年(人数=63)	3.933	1.311	0.85	0.515
	3~5年(人数=71)	4.144	1.195	—	—
	6~10年(人数=114)	4.153	1.087	—	—

续表

因素	组别(人数=371)	M	SD	F	P
LSF5	11~15年(人数=51)	4.220	1.448	—	—
	16~20年(人数=39)	4.451	1.594	—	—
	超过20年(人数=33)	4.279	1.554	—	—

注：LSF1为促进专业学习、LSF2为关注学习过程、LSF3为鼓励同事合作、LSF4为参与决策、LSF5为与外部机构联络。

4.1.6 结构方程模型的构建与分析

4.1.6.1 模型结果

本书在文献综述部分提出了一个假设,即教师领导力可能通过教师自我效能感这一中介变量与教师幸福感产生联系。为了对这一假设进行实证检验,本书采用统计软件Mplus 8.3,构建了结构方程模型来进行分析。在构建模型的过程中,考虑到本书的核心在于探究教师领导力的影响力,若将教师幸福感作为一阶因子纳入模型,可能使模型结构变得过于复杂,进而影响模型解释的清晰度与易理解性。因此,经过审慎考虑,笔者决定采取一种更为简洁且有效的建模策略:将教师领导力和教师自我效能感作为一阶因子进行建模,而将教师幸福感作为二阶因子进行建模。具体而言,在本书所构建的结构方程模型中,教师领导力的五个维度被设定为自变量,教师自我效能感的三个维度则被设定为中介变量,而教师幸福感作为因变量。这样的建模策略不仅有助于简化模型结构,提高模型的整体清晰度,还有助于更直观地揭示教师领导力与其他关键变量之间的内在联系和相互影响机制。

通过对模型进行拟合与检验,本书得到了表4-15所展示的结果。表4-15呈现了假设模型的检验结果,显示该模型与数据的拟合度处于可接受范围内,即 $\chi^2 = 3173.711$; df = 1730; $\chi^2/df = 1.835$; $P < 0.001$; TLI = 0.915; CFI = 0.920; SRMR = 0.066; RMSEA = 0.047。这一结果验证了本书所提出的假设模型的合理性。

表 4-15　结构方程模型拟合指标

指数	χ^2	df	χ^2/df	TLI	CFI	SRMR	RMSEA
模型契合度高	—	—	<5	>0.9	>0.9	<0.08	<0.08
结果	3173.711	1730***	1.835	0.915	0.920	0.066	0.047

***$P < 0.001$。

本书所构建的模型旨在剖析教师领导力不同维度与教师幸福感之间的内在联系。经过实证分析，本研究结果揭示了两者之间的重要关系。如图4-1所示，在教师领导力的五个核心维度中，"促进专业学习"这一维度展现出对教师幸福感显著的预测效应。具体而言，结构路径系数达到0.239（$P < 0.001$），这一统计结果具有高度的显著性。它表明，对每一位教师而言，当他们感知到"促进专业学习"的教师领导力增强时，其个人的幸福感也会随之提升，具体表现为幸福感的标准差将增加0.239个单位。这一发现揭示了教师领导力中"促进专业学习"维度对提升教师幸福感的重要性。

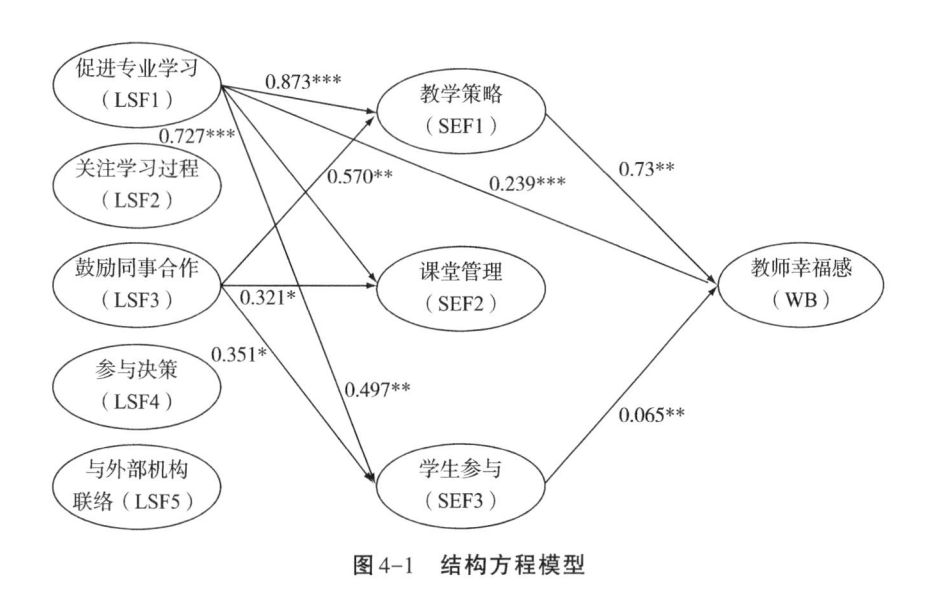

图 4-1　结构方程模型

表4-16展示了结构方程模型的路径分析结果。具体而言，分析结果显示，

教师领导力的两个维度——"促进专业学习"（LSF1）和"鼓励同事合作"（LSF3），对教师自我效能感的三个维度"教学策略"（SEF1）、"课堂管理"（SEF2）和"学生参与"（SEF3）均产生了显著的正向影响（$P < 0.05$）。这一发现揭示了教师领导力在提升教师自我效能感方面的重要作用。进一步地，本研究还发现，教师自我效能感的两个维度"教学策略"（SEF1）和"学生参与"（SEF3）均对教师幸福感产生了显著的正向影响（$P < 0.05$）。这表明当教师在自我效能感方面得到增强时，他们的幸福感也会随之提升。此外，教师领导力的"促进专业学习"（LSF1）还对教师幸福感产生了明显的积极影响（$P < 0.001$）。这一发现进一步凸显了教师领导力在提升教师幸福感方面的重要性。

表4-16 结构方程模型的路径分析结果

因变量	自变量	估计值	标准误差	估计值/标准误差	P	决定系数 R^2
SEF1	LSF1	0.873	0.176	4.965	0.000	0.354
	LSF2	−0.099	0.138	−0.715	0.474	—
	LSF3	0.570	0.175	3.256	0.001	—
	LSF4	−0.075	0.081	−0.932	0.351	—
	LSF5	−0.116	0.104	−1.114	0.265	—
SEF2	LSF1	0.727	0.164	4.441	0.000	0.282
	LSF2	0.006	0.142	0.041	0.967	—
	LSF3	0.321	0.143	2.252	0.024	—
	LSF4	0.116	0.093	1.252	0.210	—
	LSF5	−0.126	0.119	−1.052	0.293	—
SEF3	LSF1	0.497	0.168	2.954	0.003	0.264
	LSF2	0.063	0.164	0.387	0.699	—
	LSF3	0.351	0.152	2.316	0.021	—
	LSF4	0.067	0.093	0.719	0.472	—
	LSF5	0.067	0.106	0.635	0.526	—
WB	SEF1	0.073	0.027	2.710	0.007	0.471
	SEF2	0.038	0.022	1.706	0.088	

续表

因变量	自变量	估计值	标准误差	估计值/标准误差	P	决定系数 R^2
	SEF3	0.065	0.023	2.822	0.005	—
	LSF1	0.239	0.054	4.418	0.000	—
WB	LSF2	0.012	0.040	0.309	0.757	—
	LSF3	−0.024	0.039	−0.603	0.547	—
	LSF4	0.026	0.028	0.922	0.356	—
	LSF5	−0.014	0.036	−0.387	0.699	—

本研究结果还显示了教师自我效能感的中介效应。具体而言，教师自我效能感的两个维度，"教学策略"（SEF1）和"学生参与"（SEF3）部分中介了教师领导力的"促进专业学习"（LSF1）维度与教师幸福感之间的关系。这意味着，教师领导力的"促进专业学习"（LSF1）维度对教师幸福感的影响在一定程度上是通过教师自我效能感的"教学策略"（SEF1）维度和"学生参与"（SEF3）维度来传递的。而教师自我效能感的"教学策略"（SEF1）维度和"学生参与"（SEF3）维度则完全中介教师领导力的"鼓励同事合作"（LSF3）维度与教师幸福感之间的关系。这表明教师领导力的"鼓励同事合作"（LSF3）维度对教师幸福感的影响完全是通过教师自我效能感的"教学策略"（SEF1）维度和"学生参与"（SEF3）维度来实现的。

4.1.6.2　间接效应检验

为了研究教师自我效能感是否对教师领导力与教师幸福感之间的关系具有显著的中介作用，本书使用 Mplus 8.3 进行了偏差校正自举分析，共使用了1000个自举样本（表4-17）。

表4-17 间接效应、直接效应和总效应

自变量	中介变量	因变量	标准化间接效应	95%置信区间 下限	95%置信区间 上限	P	标准化直接效应	95%置信区间 下限	95%置信区间 上限	P	标准化总效应	95%置信区间 下限	95%置信区间 上限	P
LSF1	SEF1	WB	0.096	0.010	0.116	0.019	0.361	0.133	0.345	0.000	0.123	0.059	0.187	0.000
	SEF2		0.041	-0.005	0.060	0.097	—	—	—	—	—	—	—	—
	SEF3		0.049	0.000	0.064	0.044	—	—	—	—	—	—	—	—
LSF2	SEF1	WB	-0.014	-0.027	0.013	0.474	0.024	-0.066	0.090	0.756	-0.003	-0.048	0.042	0.902
	SEF2		0.000	-0.010	0.011	0.967	—	—	—	—	—	—	—	—
	SEF3		0.008	-0.017	0.025	0.701	—	—	—	—	—	—	—	—
LSF3	SEF1	WB	0.074	0.006	0.077	0.025	-0.042	-0.101	0.053	0.546	0.076	0.022	0.131	0.006
	SEF2		0.022	-0.006	0.030	0.184	—	—	—	—	—	—	—	—
	SEF3		0.041	-0.003	0.049	0.092	—	—	—	—	—	—	—	—
LSF4	SEF1	WB	-0.014	-0.018	0.007	0.387	0.067	-0.029	0.081	0.359	0.003	-0.024	0.030	0.813
	SEF2		0.011	-0.005	0.013	0.344	—	—	—	—	—	—	—	—
	SEF3		0.011	-0.008	0.016	0.481	—	—	—	—	—	—	—	—
LSF5	SEF1	WB	-0.016	-0.024	0.007	0.294	-0.027	-0.085	0.057	0.699	-0.009	-0.042	0.024	0.603
	SEF2		-0.009	-0.016	0.006	0.394	—	—	—	—	—	—	—	—
	SEF3		0.008	-0.009	0.018	0.535	—	—	—	—	—	—	—	—

注：LSF1为促进专业学习，LSF2为关注学习过程，LSF3为鼓励同事合作，LSF4为参与决策，LSF5为与外部机构联络；SEF1为教学策略，SEF2为课堂管理，SEF3为学生参与；WB为教师幸福感。

本研究结果显示,教师领导力的"促进专业学习"(LSF1)维度能通过教师自我效能感的"教学策略"(SEF1)维度和"学生参与"(SEF3)维度对教师幸福感有显著的正向影响($\beta = 0.123$[95%置信区间:0.059,0.187],$P < 0.001$),对教师幸福感有显著的直接影响($\beta = 0.361$[95%置信区间:0.133,0.345],$P < 0.001$)。通过教师自我效能感的"教学策略"(SEF1)维度和"学生参与"(SEF3)维度,对教师领导力的"促进专业学习"(LSF1)维度和教师幸福感之间的关系起到了部分中介作用($\beta = 0.096$[95%置信区间:0.010,0.116],$P = 0.019$)和($\beta = 0.049$[95%置信区间:0.000,0.064],$P = 0.044$)。

此外,完全中介教师领导力的"鼓励同事合作"(LSF3)维度通过教师自我效能感的"教学策略"(SEF1)维度对教师幸福感有显著的正向影响($\beta = 0.076$[95%置信区间:0.022,0.131],$P = 0.006$)。通过教师自我效能感的"教学策略"(SEF1)维度,完全调节教师领导力的"鼓励同事合作"(LSF3)维度与教师幸福感之间的关系($\beta = 0.074$[95%置信区间:0.006,0.077],$P = 0.025$)。

值得注意的是,本书在前文的路径分析结果中发现,教师自我效能感的"学生参与"(SEF3)维度对教师领导力的"鼓励同事合作"(LSF3)维度与教师幸福感之间的关系具有显著的中介作用,但在偏差校正后的引导分析中这一途径并不显著。一般来说,统计能力较高的引导法得出的结果应被认为更可靠。因此,本书认为,教师自我效能感的"学生参与"(SEF3)维度对教师领导力的"鼓励同事合作"(LSF3)维度和教师幸福感之间的关系没有显著的中介作用。

4.1.7 小结

本节构建了三个测量模型(教师领导力模型、教师自我效能感模型和教师幸福感模型)和一个结构模型,模型拟合指数均可接受。教师领导力模型由五个因素组成,包括"促进专业学习(LSF1)、关注学习过程(LSF2)、鼓励同事合作(LSF3)、参与决策(LSF4)和与外部机构联络(LSF5)"。教师自我效能感模型由三个因素组成,包括"教学策略(SEF1)、课堂管理(SEF2)和学生参与(SEF3)"。为了使模型更清晰、路径更容易理解,教师幸福感模型在这一结构方程模型中使用了二阶因子。

本节通过在 Mplus 8.3 中进行结构方程模型和偏差校正引导分析得出的结果有助于回答研究问题 2 和研究问题 3。在讨论教师领导力、教师幸福感和教师自我效能感之间的关系前,我们使用 SPSS 27.0 进行了方差分析,以研究人口统计学差异是否会产生不同的教师领导力感知,令人出乎意料的是,差异并不明显。

关于研究问题 2,结构方程模型结果支持教师领导力能够直接预测教师幸福感,但只在 LSF1 维度上。关于研究问题 3,结构方程模型结果显示,教师自我效能感对教师领导力与教师幸福感之间的关系具有重要的中介作用。具体来说,通过 SEF1 维度和 SEF3 维度的中介作用,教师领导力的 LSF1 维度和 LSF3 维度与教师幸福感呈正相关。值得注意的是,在从 LSF3 维度到 WB 的路径中,SEF1 维度几乎完全中介 LSF1 维度与教师幸福感之间的关系。

4.2 定性研究

第二阶段的定性研究旨在回答研究问题 1、研究问题 3,并协助解释研究问题 2 的定量结果。

研究问题 1:教师领导力在多大程度上影响教师幸福感?

研究问题 2:教师自我效能感在多大程度上中介教师领导力与教师幸福感之间的关系?

研究问题 3:教师是如何看待教师领导力的?

为了有效地回答上述问题,特别是为了协助解释研究问题 2 中定量研究的结果,笔者选择了定性研究中的主题分析法作为主要的分析工具。通过运用这种方法,能够系统地识别、分析、解释访谈数据中出现的模式和主题,从而得出具有广泛性和深入性的结论。在定性研究中,本书共识别出三个主题,即教师层面、学生层面和学校层面,其中包括六个次主题。下文将详细介绍这六个次主题及其对应的代码,同时提供相关的访谈摘录,以进一步展示和阐释本研究的发现。

4.2.1 研究问题1：教师领导力在多大程度上影响教师幸福感

通过定性分析,本书揭示了与教师领导力相关的三个核心层面:教师层面、学生层面和学校层面。特别值得注意的是,研究问题1和研究问题2均聚焦于教师领导力与教师幸福感之间的复杂关系,因此它们自然而然地落在了教师这一层面上。与这两个研究问题紧密相关的次主题也同样属于教师层面。具体来说,次主题1和次主题2剖析了教师领导力和教师幸福感之间的内在联系。为了更清晰地展示这些关系,表4-18列出了本书生成的主题及其对应的代码。在接下来的内容中,本书将详细地讨论与问题1和问题2相关的研究结果。

表4-18 对教师领导力看法的主题和代码(1)

主题	次主题	代码
教师层面的领导力体现在对教师幸福感的影响上	1. 教师领导者通过促进教师专业发展、给予教师认可及树立榜样作用与教师幸福感积极联系在一起	成为其他教师学习的榜样
		教师的工作得到认可和尊重
		培养教师的专业能力
	2. 教师领导者可能给教师带来难以承受的工作量和激烈的竞争环境,从而加重教师的压力	教师的工作负担过重
		教师在竞争激烈的环境中工作

在教师层面的教师领导力的体现,不仅局限于其本身的特质与行为,更深刻地体现在它与教师幸福感之间的紧密联系上。以下部分将依据次主题1和次主题2的内容,探讨教师领导力与教师幸福感之间的复杂关系。次主题1着重揭示了教师领导力通过促进教师专业发展、给予教师认可及树立榜样作用与教师幸福感建立起积极的联系。这一次主题的探讨对回答研究问题1具有

直接的帮助,并为研究问题2的定量结果提供了重要的解释性背景。

次主题1:教师领导者通过促进教师专业发展、给予教师认可及树立榜样作用与教师幸福感积极联系在一起。

次主题1聚焦于探讨教师领导力如何通过教师专业发展、教师认可机制及榜样效应与教师幸福感构建起积极的关联纽带。这一主题的剖析不仅为解答研究问题1提供了有力支撑,也为研究问题2的结果提供了解释。

研究结果显示,教师领导力的施展通过三大路径显著地增强了教师幸福感。其一,促进教师的专业发展,为其铺设成长之路;其二,实施有效的教师认可机制,肯定教师的工作价值与贡献;其三,以身作则,树立正面榜样,激励教师效仿。值得注意的是,教师专业成长的助推作用被视为提升教师幸福感的关键因素。本研究的参与者普遍反映教师群体普遍怀揣着对自我提升的深切渴望。一旦教师领导力能有效促进他们的专业技能与知识水平的提高,教师们便会由衷地体验到喜悦与满足感,这无疑是对其幸福感的有力滋养。

"教师要想成长,就不能停滞不前。他们需要很多机会,但学校的资源往往有限。问题在于领导是否愿意为教师提供外出学习、参加比赛的机会。"(教师5)

"作为一名教师,不断提升自己的专业素养和知识储备使我能够更好地应对教学中遇到的各种问题和挑战,也让我对自己的工作更加自信和满意。例如,教研室的同事定期组织教师进行专业培训和学习交流活动。参加这些活动后,我能够更好地将新的教学理念和方法运用到课堂教学中,提高了教学效果。"(教师7)

"我觉得专业技能的培养和同事之间合作的鼓励对我的幸福感影响最大。因为教师需要不断学习和成长,我们学校的骨干教师会定期组织教研活动和分享会,让老师们有机会分享教学经验,学习最新的教育理念。这些活动让我受益匪浅,不仅提升了我的专业素养,也让我在课堂教学中更加自信,学生也更愿意参与到我的课堂中。"(教师8)

"与同行业相比,我校教师的幸福指数相对较高。这是因为我们学校的教育理念更注重教师的成长。比如,每一位入职的教师都会签订一份合同,合同中会写明他们将获得哪些教育资源,如何保证他们在入职前三年内成为二级教师。学校更重视教师的发展,而不仅仅是为他们设定学生的成绩目标。因此,我们对在这里的工作都比较满意。"(教师12)

研究结果显示,教师幸福感的提升不仅源自其专业能力的增强,还在很大程度上得益于他们在工作中所获得的认可与尊重。具体而言,当教师领导给予教师充分的鼓励与尊重时,教师们就能够深切感受到自身工作的价值与意义所在。这种正向的反馈机制,对教师而言,是获得成就感与自信心的重要源泉。正如研究参与者所言,领导的认可不仅是对教师工作表现的肯定,更是对其个人价值与职业尊严的深刻认同,这无疑对教师幸福感产生了积极的影响。

"有一次,年级组长交给我一项任务,让我为学生们组织一次辩论赛。起初,我非常紧张,不知道自己能否承担这份责任。但是,主任对我的工作能力给予了极大的肯定和尊重,给了我很多指导和建议,并提供了充足的资源和支持,使我顺利完成了任务。在整个过程中,我有了成就感和自信心,觉得自己能够做得更多。"(教师9)

"有一次,我在班上开展了一次实验教学活动,最后得到了学校高级骨干教师的表扬和肯定。这样的优秀教师鼓励了我,让我感到自己的工作得到了认可和赞赏。这给了我成就感和幸福感。"(教师15)

"我们的教研组长非常注重教师的教学效果和质量。他经常鼓励和表扬我们,这些肯定和鼓励让我们觉得自己的工作是有价值的,从而增强了我们的自信心和幸福感。"(教师16)

"我遇到了一位教学领导,他通过积极鼓励和给予信任来激发我的潜能,这种信任让我更加自信。他让我担任小组领导职务,参与学校课题,让我在教学以外的领域得到锻炼和成长。这种支持让我感到自己的工作受到重视和认可,也让我对工作有了更多的信心。"(教师20)

本研究结果进一步显示,教师们普遍持有一种观点,即认为唯有那些在教学与职业表现上展现出卓越能力的教师,才具备担任领导职务的资质。这一认知背后蕴含着一种信念:教师需先以身作则,通过自身的出色表现树立榜样,才能有效地鼓励并激励其他人。在优秀榜样的引领下,教师们更乐于全身心地投入教育教学工作,这种积极的工作氛围与教师身心的幸福感之间存在着密切的关联。研究参与者纷纷表示,教师领导者因其出众的表现和影响力,往往自然而然地成为其他教师学习和效仿的典范。

"新教师入校后,教研组长的行为会对新教师的行为产生一定的影响。比如,我们的教研组长喜欢带领教师合作,所以我们学校的教师往往更倾向于通过合作来解决问题。这就是很好的引领示范作用。一般来说,新教师会模仿其他教师的工作方式。"(教师1)

"我们以前有个年级组长,喜欢说别人的闲话。在这样的老师领导下,我们很难感到快乐,也很难取得成绩,因为其他老师也会跟着说闲话。后来,我们换了新的年级组长,他更关心我们的专业能力,不关注小事。有了这样的变化,我可以把全部精力投入在教学能力的提高上,再也没有烦人的闲言碎语了。总之,我的工作心情改善了很多。"(教师14)

"我们教研组的一位骨干教师是一位优秀的退休返聘教师。他经常与我们这些年轻教师分享教学经验,帮助我们解决一些教学难题。在他的指导下,我们这些年轻教师成长得更快了,工作压力也减轻了。在他的带领下,我们组的老师都非常愿意帮助其他新手教师。"(教师3)

"刚开始工作时,学校给我安排了一位资深教师指导我。她不仅教学经验丰富,而且对我和其他新老师都很有耐心。每当我们遇到困难时,都喜欢向她请教。在她的指导和鼓励下,我渐渐有了自信,工作压力也没那么大了。她是我的榜样,我希望有一天能成为像她一样的教师。"(教师12)

研究表明,优秀教师领导者的示范作用在改善教师工作情绪及缓解工作压力方面展现出显著成效。换言之,教师领导者的榜样效应对提升教师幸福感具有积极的推动作用。综合而言,多数研究参与者认同,教师领导者在其幸福感的增加过程中扮演了积极的促进角色。具体而言,这些教师领导者主要通过以下几大核心行为来发挥其影响力:一是积极推动教师的专业成长与发展,为其提供必要的支持与资源;二是充分认可和尊重每一位教师的工作与价值,营造积极向上的工作氛围;三是以身作则,成为教师们学习和效仿的榜样,引领团队不断前行。

第4章 教师领导力对教师幸福感的影响机制分析

次主题2：教师领导者可能给教师带来难以承受的工作量和激烈的竞争环境，从而加大教师的压力。

次主题2聚焦于探讨教师领导行为潜在的负面影响，特别是其可能给教师带来繁重的工作量及营造激烈的竞争环境，进而加大教师压力的现象。这一主题的分析有助于深入理解研究问题1所探讨的核心议题，即揭示那些与教师幸福感呈负相关的领导行为。

研究结果显示，特定的领导行为模式，如分配超出合理范围的工作量，或是刻意营造激烈竞争的工作氛围，均可能对教师幸福感造成显著的负面影响。这种负面影响不仅局限于职业领域，还可能渗透至教师的个人生活层面，对其家庭关系造成额外的压力。进一步从教师自我效能感的维度分析，教育行业因其固有的高压力与高要求特性，使过重的工作负担成为影响教师心理状态的关键因素。它可能导致教师经历持续的压力、疲劳感，以及增加在工作与个人生活之间寻求平衡的困难。研究数据表明，教师们常面临着工作范围之外的额外任务。研究参与者普遍反映，他们经常被上级指派大量本不属于其职责范围内的工作。这一现象无疑进一步加重了教师的心理负担。

"从去年开始，教导处老师就给我们科任老师分配了同时教授不同课程的任务，如语文老师要负责思想品德课、数学老师要负责科学课。这样的安排大大增加了我们的工作量，导致我们的幸福感很低。在如此大的工作压力下，教导处却不设法平衡我们的工作量，令人费解。"（教师1）

"现在对教师专业能力的要求特别高。教研室经常组织教师专业能力考试。但是，在考试之前，他们并不提供培训。这种做法对我们教师毫无益处，反而让我们感到疲惫不堪。不过，教研室的领导似乎认为他们已经完成了学校交给的任务。"（教师20）

"教务处过于关注学生的学习过程，会让我们教师感到压力。教务处的老师不断向我们提出要求，要求我们不断修改教学计划，这增加了我们的工作量。我希望教务处能制定稳定的政策，而不是频繁地改变主意。"（教师14）

除了过大的工作量之外，教师幸福感还可能受到工作环境竞争氛围的负面影响。研究结果显示，一个充满激烈竞争的工作环境可能加剧教师的压力感受与焦虑情绪,这种持续的紧张状态甚至可能对他们的整体幸福感造成损害。在探讨教师领导层的相关议题时,研究参与人员频繁提及"内卷"一词,用于描述那种过度竞争、恶性循环的工作环境,它无疑给教师们增加了沉重的心理负担。

"我们学校存在严重的'内卷'问题,如在加班方面相互攀比、相互竞争。没有人愿意第一个离开办公室,因为按时离开办公室似乎是一种罪过。在这种环境下,我别无选择,只能加班到很晚,每天回家后都感到非常疲惫。"(教师20)

"有的人当了教师领导后,不能充分发挥其对普通教师的积极指导作用。例如,如果两位优秀教师都教语文,A班的学生成绩比B班好,教研室主任可能会得出A班教师更好的结论。然而,教研室主任并没有分析可能影响学生成绩的其他因素。教研室主任的这种想法很容易让普通教师产生内疚感,造成巨大的压力。"(教师11)

"内卷在我的学校随处可见。每次批改教案时,有的老师甚至比谁的备课字数多。有的老师还在教案上画画或贴剪纸。老实说,这种没有意义的内卷对我们的教学工作没有任何实质性的帮助。"(教师19)

上述研究结论揭示了一个多维度的现象:教师领导力在展现与教师幸福感积极关联的同时,也可能成为加大教师工作压力的潜在因素。这一双重效应主要归因于过高的工作要求与竞争激烈的工作环境所造成的复合压力。深入分析调查结果后发现,相较于其他幸福感维度,教师在身体幸福感这一维度的得分明显偏低。这一发现提示我们,身体健康层面的幸福感是教师群体中一个尤为薄弱的环节。鉴于此,在后续的访谈环节中,本书特别聚焦了与身体幸福感紧密相关的话题,以期获得更深入的理解。访谈中,部分研究参与者明确提及,他们在维护身体幸福感方面正面临着严峻的挑战与困境。

"女教师比较容易得的三种疾病是甲状腺癌、乳腺癌和卵巢癌,这三种疾病算是比较严重的。即使是身体幸福感相对较高的教师,也可能患有一些小病,如慢性咽炎、腰肌劳损等,这些在教师中很常见。"(教师6)

4.2.2 研究问题3：教师是如何看待教师领导力的

本书采用半结构式访谈法作为定性研究手段，对贵阳市20名中学教师进行了深入访谈。通过对访谈数据的主题分析，揭示了教师领导力的三个核心层面：教师层面、学生层面及学校层面。具体而言，这些层面的次主题及其对应编码已在表4-19中详细列出。

其中，次主题3~次主题6被特别用于回答研究问题3，该问题聚焦于探索教师对教师领导力的主观认知。通过对比分析，笔者发现定性研究与定量研究在教师领导力的维度上既存在相似之处，又呈现出一定差异。在相似之处方面，无论是定性研究还是定量研究都强调了教师领导力在促进专业学习、推动教师之间合作、关注学生学业及参与学校决策等方面的重要作用。然而，这两种研究方法在教师领导力的维度上也存在显著差异。定性研究揭示了一些新的维度，如对学生心理健康的关注，这在定量研究中并未得到充分体现。相反，定量研究中涉及的与外部机构联络的维度，在定性研究中则主要体现为与家长沟通这一更为具体的主题。下面围绕这些研究结果展开详细讨论，以期更全面地揭示教师领导力的认知及其在实际教育环境中的表现。

表4-19 对教师领导力看法的主题和代码(2)

主题	次主题	代码
教师层面的教师领导力体现在对教师能力的贡献上	3. 教师领导使教师的整体专业能力得到提高	引导教师之间的交流与合作
		领先的培训资源和支持
		领导导师学徒计划
学生层面的教师领导力体现在对学生学习和心理幸福感的关注及与家长的沟通上	4. 关注学生的学习和心理幸福感是教师领导力的基本要素	监测和关注学生的学业进展
		重视和监测学生的心理健康
	5. 教师领导力包括与家长的沟通	促进家长与学校之间的关系
		向家长提供有关学生进步的最新信息

续表

主题	次主题	代码
学校层面的教师领导力体现在参与学校管理方面	6. 教师领导力包括参与学校管理	接收上级领导的指示,然后有效执行
		充当上级管理层和普通教师之间的沟通桥梁

4.2.2.1 教师层面的领导力体现在对教师能力的贡献上

教师层面的领导力,其核心体现之一在于对教师专业能力的显著贡献。这一观点与后续次主题3的探讨内容紧密相关,具体分析将在下节展开。

次主题3:教师领导使教师的整体专业能力得到提高。

次主题3探讨了教师领导力如何促进教师整体专业能力的提升。该主题的研究对解答研究问题3具有重要意义,即揭示并理解教师对教师领导力的主观认知。在访谈过程中,当被要求定义教师领导力时,受访教师们普遍强调:教师领导力是一个能够积极提升教师专业能力的关键因素。进一步的研究结果表明,教师领导力主要通过三大关键行为来提升教师的专业能力。这些行为包括领导并促进教师之间的交流与合作、为教师提供丰富的培训资源,以及实施导师学徒计划,助力教师的专业成长。

定性研究的数据显示,教师领导力在促进教师之间的交流与合作方面发挥了重要作用,这一促进作用进而全面地提升了教师团队的整体专业能力。本研究的参与者普遍反映,教师之间的紧密合作使他们能够相互学习,不断改进并优化自己的教学实践,从而实现专业能力的持续提升。

"教研室负责人每月组织一次同科任教师的协作聚会。在这些会议上,我们分享各自的教学经验和见解,并开展合作讨论,探讨各种教学问题。这种讨论使我们能够相互学习,并通过交流新方法和技巧来改进我们的教学实践。在教师领导力的影响下,我的教学水平稳步提高,这要归功于在这些讨论中从同行那里获得的宝贵经验和建设性反馈。"(教师10)

"我们的组长促进了青年教师之间的交流与合作。这加强了我们的归属感和团队精神,使我们能够相互学习,更好地应对工作中遇到的挑战。通过这种互动,我们不仅改进了教学实践,还提高了解决问题的宝贵技能,使整个团队受益匪浅。"(教师4)

"在教学部的领导下,我们年级的教师每周都会进行合作备课。我们一起为特定内容开发共同课程。这种合作提高了我们的备课技能。"(教师1)

"我们的教学领导鼓励教师之间开展跨学科合作。例如,我曾与一位英语教师共同组织了一次课堂观察活动,在活动中我们互相观察和学习对方的教学方法。事实证明,这次经历非常有益,我们不仅相互提出了宝贵的建议,还促进了各自的教学实践。"(教师16)

这些研究参与者着重强调了教师领导所扮演的关键角色,以及交流与合作在教师专业成长环境中的重要性。显而易见,教师领导在推动经验分享与合作活动方面展现了不可忽视的影响力。他们不仅积极组织并促进了教师之间的交流互动,为教师提供了分享教学理念和策略的平台,还明确地鼓励教师在备课过程中的合作行为,进一步推动了跨学科之间的协同合作。这一系列举措为教师提供了宝贵的机会,使他们能够借此不断地改进并优化自身的教学实践。

研究结果显示,教师领导在促进合作方面的行为模式呈现出多样性。一部分教师领导更倾向于直接鼓励教师之间的合作,通过构建合作框架和营造氛围,激发教师团队的集体智慧。而另一部分教师领导则更侧重于提供丰富的培训资源和全方位的支持,旨在从根本上提高教师的专业素养和教学能力。本研究的参与者特别提到,学校内的某些部门为教师提供了宝贵的培训资源和专业支持,这使教师能够系统地获取专业知识,进一步提高自身的教育教学水平。

"我参加了学校以生物为重点的培训题项,目的是教会我们如何更好地设计课程和教案。培训结束后,我觉得自己对课程设计和教案编写有了更深刻的理解和认识。"(教师3)

"教研室经常向教师领导提供教学资源,包括资金、新的教学设备、材料。这些资源旨在帮助教师改进和创新教学实践。"(教师2)

"我所在的学校经常组织教师专业培训或研讨会。经验丰富的教师会分享他们的教学经验和技巧。这些培训和研讨会涉及许多方面,包括教学方法、课程设计、评价和反馈。这些培训和研讨会对我的教学实践很有帮助。"(教师7)

"教研室经常派教师参加学术会议或类似活动。这些机会对提高教师的专业知识水平、促进教学创新很有价值。"(教师4)

"教研室邀请优秀教研员来校为教师进行专业培训。这些培训有助于提高教师的技能,帮助教师上出高质量的课。"(教师12)

这些研究参与者着重强调了教研室教师与资深教师在促进教师专业成长方面所发挥的积极作用,他们通过多种方式,如提供丰富的教学资源、组织系统的培训活动、邀请优秀的教研人员进行指导,为教师的专业能力提升创造了有利条件。本研究的参与者普遍认可,这些精心准备的资源与支持对他们个人专业能力的增强具有明显的重要性。

除了上述提及的通过提供培训资源和直接支持以促进教师专业技能的提升之外,本研究还揭示了适当的制度安排在教师专业能力发展中的关键作用。正如本研究的参与者所指出的,部分学校成功实施了"导师带徒计划",该计划的核心在于为新入职的教师匹配一名经验丰富的导师或资深教师,以帮助他们能有效应对教学生涯初期可能遇到的各种挑战。简而言之,这一制度不仅加速了新教师对工作环境的适应过程,还为其专业发展奠定了坚实的基础。本研究的参与者纷纷表示,在资深教师的悉心指导下,他们的教学能力都得到了显著提升,专业发展方向也更加明确。

"刚开始工作时,学校给我安排了一位师傅,她主要负责帮助我应对工作初期的各种挑战。她为我分析了有效的课堂管理技巧和教学方法,并就如何处理学生参与问题给我提出了建议。在她的指导下,作为一名新教师,我很快适应了教学工作,并获得了成长。"(教师1)

"刚当老师时,我遇到了一些挫折和困难,特别是在处理教学问题上。当时我的师傅鼓励我、开导我,也会和我分享自己的教学经验和方法这让我更好地理解和掌握了课程知识,同时提高了我的教学能力,让学生参与到学习中来。"(教师16)

"例如,我刚开始教书时,不知道如何教学。但因为我有一位师傅,她会指导我如何处理某些情况和解决课堂问题,还就如何当好班主任给了我很多建议。在她的带领下,我发现我的工作轻松多了,也避免了很多错误。这让我成长得更快。"(教师5)

本研究的结果显示,那些负责指导新教师的资深教师并不一定需要拥有正式的领导职位,但他们通常都具有丰富的教学实践经验。这一制度的独特之处在于其缺少明确的等级结构,这样的环境为新教师的专业成长提供了极大的便利。通过进一步的研究发现,经验丰富的教师通过与新手教师进行知识的共享与交流,将自己的专业知识和教学技能传授给他们,从而在同行之间促进了专业发展的良性循环。

综上所述,绝大多数参与研究的人员都表达了他们能够在教师领导的指导下实现专业能力的提升。这些教师领导不仅鼓励同事之间的合作与交流,还积极为教师提供必要的教学资源和支持,并推行导师计划以帮助新教师更好地适应和发展。值得注意的是,这些在教师专业成长中发挥关键作用的个体不仅限于教育部门和教研部门的正式成员,还包括那些虽然未担任正式领导职务但拥有丰富教学经验和深厚专业知识的资深教师及其他专业人员。他们凭借自己长期积累的专业知识和正确的教学理念在同事之间产生了积极的影响和激励作用,有效地促进了教师队伍整体专业能力的提升与发展。

4.2.2.2 学生层面的领导力体现在对学生学习和心理幸福感的关注及与家长的沟通上

学生层面的教师领导力的核心体现之一是教师领导者对学生学习与心理幸福感的高度关注,以及他们在与家长沟通方面所体现出的积极态度与能力。这一多维度的领导力表现与后续次主题4~次主题5的探讨内容紧密相关,具体分析将在下文中详细展开。

次主题4:关注学生的学习和心理幸福感是教师领导力的基本要素。

次主题4探讨了关注学生学习与心理幸福感作为教师领导力基本要素的重要性。该主题的研究在于解答研究问题3。在访谈过程中,当被要求描述他们对教师领导力的理解时,受访教师们普遍强调,教师领导力不仅体现在为学生制定明确的学业目标上,还体现在对学生心理健康的关怀与管理上。

进一步的研究结果显示,在当前的教育环境中,由于学校对学生抱有一定的期望,学生的学习成绩已成为评价教师工作业绩的重要指标之一。这一现状使教师更关注学生的学习进步,这对教师履行其职责而言显得至关重要。本研究的参与者普遍承认,教师需要时刻将学生的学习需求放在首位,并努力为他们提供支持与指导。

"每学期初,教导处都会根据各班情况制订计划。例如,第一周,教师A所带班级的学生应达到一定的分数范围。第二周,将对教师的备课效率进行评估。"(教师1)

参与研究的人员普遍认为,私立学校的教师更倾向于将学生的学习置于首要地位,造成这一现象的主要原因是他们的薪资结构往往与学生的学业成绩紧密相联。具体来说,由于私立学校通常采用与绩效相关的薪酬体系,教师的工资水平会直接受到所教学生成绩表现的影响。因此,这种薪酬激励机制促使教师更关注学生的学业进步,以确保自身能够获得相应的经济回报。这一观点揭示了私立学校教师的行为动机的独特方面,即薪资与学生成绩之间的直接关联性。

"公立学校的经费来自政府,教师的工资由政府拨款支付。因此,教师的工资与学生的学习无关。但私立学校的情况并非如此,私立学校的教师工资与学生成绩挂钩。例如,如果A老师所教班级的成绩为99分,B老师所教班级的成绩为95分,那么A老师当月的工资可能为10 000元,而B老师可能只有5 000元。"(教师3)

本书的部分研究参与者进一步指出,一些私立学校的教师由于过度地关注学生的学习成绩,以至于在某种程度上反而忽视了他们自身的专业成长与发展。这些教师将大量时间和精力投入到提升学生学业表现上,却未能平衡好个人专业能力与知识更新的需求。这种倾向不仅可能会限制教师个人的职业发展空间,长远来看也可能影响他们的教学质量和教育创新能力的提高。

"我还遇到过一些领导,他们不太重视教师的成长和进步,只关注学生的成绩。"(教师8)

"学生成绩与我们的绩效考核挂钩,所以我们更关注学生成绩。相比之下,我们没有太多精力提高自己的专业能力。"(教师19)

研究结果表明,学生的学习状况无疑是教师领导及普通教师在工作中需要密切关注的重要方面,有时其重要性甚至超越了教师自身专业成长的需求。除了对学生学习的密切关注之外,本研究还揭示了学生心理健康是教师工作职责中不可或缺的一部分。研究数据表明,学校层面高度重视学生的心理健康状况,将其视为教育质量的关键指标之一。本研究的参与者纷纷表示,教师的工作职责现已扩展至包括定期监测与评估学生的心理健康状态,以确保他们在学习过程中的全面福祉。这一转变反映了教育领域内对学生心理健康关注的增加,以及教师角色向更加全面、关怀导向的演变。

"教导处每周都会为每个班级上心理健康课。作为班主任,我每周也有一节专门的心理班会课,及时了解班级学生的心理状态。"(教师10)

"我们会定期对学生进行心理健康问卷测试。老师会关注测试结果不好的学生的状态,还会通过家长会、电话等方式与家长保持密切沟通。"(教师15)

"教导处每月都会对即将踏入高考考场的高三学生进行一次心理测试,以防止学生因压力过大而产生心理问题。"(教师1)

此外,本研究的参与者还阐述了关注学生健康作为教师工作职责的重要组成部分的深层次理由。他们强调,学生的心理健康状况与学习结果之间存在密不可分的联系。具体而言,心理健康问题可能会成为学生在学习道路上的障碍,影响他们的认知功能、情绪状态及社交互动,从而对学习结果产生不利的影响。

"成绩差的学生往往缺乏自信,觉得自己比不上同龄人。因此,他们中的许多人对学习持消极态度。在这种情况下,我通常会让他们担任班级的学生干部,如学习小组组长,这样他们就会觉得自己的努力得到了认可。当感到被认可时,他们就会对学习更加积极。"(教师5)

"现在的家长普遍关注孩子的学习成绩,但往往忽视了孩子的心理健康。这种现状可能阻碍学生学习成绩的进步。因此,教师要更关注学生的心理健康。"(教师18)

研究结果表明,关心学生的心理健康与关心其学业进展一样,都是教师工作中不可或缺的重要方面。这一发现可能归因于学生心理健康状况与其学习表现之间存在紧密的联系。具体而言,学生的心理健康不仅直接影响他们的学习动力、认知功能和情绪稳定性,还在很大程度上塑造了他们的学习环境适应能力和社交互动模式,这些因素共同作用于学生的学习成效。

综上所述,教师领导在履行职责的过程中,需要同时关注学生的学习进展和心理健康状态两方面。换言之,将学生的学习与心理健康视为教师工作的两个核心组成部分,不仅是教师领导力在实践中的体现,也促进其在学生整体福祉方面所发挥的重要作用。这一观点强调了教师领导职责的多元性和复杂性。

次主题5:教师领导力包括与家长的沟通。

次主题5探讨了教师对教师领导角色的认知与理解。在访谈过程中,当被要求阐述他们对教师领导这一概念的理解时,受访教师们普遍强调,教师领导的重要特征是与家长建立并维持密切的合作关系。本研究的参与者指出,这种教师与家长之间的积极互动与合作是教育学生不可或缺的一环。他们认为,没有家庭与学校之间的有效沟通与合作,就难以确保每位学生都能受到完整的教育。

这一观点背后的逻辑是,家庭和学校共同构成了中学生接受教育的两大核心环境。因此,这两者之间的紧密联系与协作对促进学生的发展至关重要。为了实现家庭与学校之间的有效沟通,研究人员观察到,学校通常会通过多种渠道与家长进行互动,其中包括家长委员会、定期的家长会、学校开放日及邀请家长参与课堂观察等活动。

"每学期初,学校都会组织全体新生家长召开家长会。会上,校长和其他领导主要宣传学校的教育和管理理念,让家长了解学校的教育模式。"(教师5)

"我们学校为每个班级选出一名家长代表,让其加入学校的家长委员会。

教导处主任通过家长委员会例会与家长进行直接沟通,处理一些与学生生活相关的工作,如学校的伙食、收费等。家长委员会的工作不需要经过班主任,减轻了班主任的工作压力。"(教师7)

"我们的年级主任定期邀请家长参加听课。此外,学校还举办家长开放日,让家长参观学校、观摩课堂。在这种模式下,家长能更好地了解学校的教育体系和理念。"(教师10)

由此可见,学校与家长之间建立联系,其核心目的实际上是促进家长更深入地参与学生的教育过程。通过积极参与学校组织的各项活动,家长不仅能够更加全面地了解学校的教育模式与理念,还能基于自己的观察与体验为学校的发展提出富有建设性的反馈意见。这种家长参与学校教育模式的做法对促进学生的学习进步起到了重要作用,搭建了一座连接家庭教育与学校教育的桥梁。

研究结果显示,相较于公立学校,家校关系在私立学校中似乎具有更为关键的作用。出现这一现象的主要原因是,私立学校的主要运营资金来源于学生家庭支付的学费,因此维护与家长之间的良好关系对学校的稳定运营与持续发展是非常重要的。本研究的参与者特别指出,在教师领导的工作职责中,与家长保持有效且持续的沟通是一个不可或缺的组成部分。然而,他们也强调,这并不是一项轻而易举就能完成的任务,它需要教师领导具有高度的沟通技巧、耐心,以及对学生家庭背景的深入了解,才能在家校之间建立稳固而信任的合作关系。

"我们学校曾有一位班主任,后来辞职了。首先,他不善于与家长沟通。其次,他的课堂纪律差,学生自由散漫,上课不专心听讲。因此,该班家长对他颇有微词,认为他缺乏教学能力,要求更换教师。迫于家长的压力,学校不得不辞退了他。"(教师3)

本研究的部分参与者还指出,在私立学校的教育环境中,一些家长的态度并不友好。这一现状无疑给教师与家长之间的有效沟通带来了不少挑战与困难。具体而言,这些家长可能由于各种原因,如高期望值、对学校教育质量的严格要求、个人性格因素等,保持较为挑剔或难以接近的态度。

"因为我们学校的学费比较贵,有些家长认为既然交了钱,就应该得到最好的服务。我们老师必须满足他们的任何要求,他们也不管这些要求对我们普通老师来说是否可行。许多要求超出了我们教师的权限。"(教师17)

"我们学校的领导很容易向家长妥协,因为他们害怕家长的抱怨和麻烦。在这种情况下,家长就会变得更加傲慢,觉得我们老师就像保姆一样,应该满足他们的一切需求。"(教师13)

研究结果表明,不论教师是否担任正式的领导职务,与家长进行有效的沟通都被视为其职业职责中的一个重要组成部分。对那些没有担任正式领导职务的教师而言,他们在与家长沟通的过程中往往会面临一系列挑战。这些挑战主要源自部分家长所提出的要求可能已超出教师的工作权限与职责范围,从而导致教师在面对这些要求时感到力不从心或无所适从。相比之下,那些有可能或已经担任正式领导职务的教师,如年级组长、教导处主任,由于他们在学校组织结构中的特定位置及所承担的额外职责,通常在与家长进行沟通时展现出更高的有效性。这可能是因为他们在处理家校关系、协调学校与家庭之间的利益及解决潜在冲突方面具有更多的经验和资源。因此,这些教师在与家长互动时能够更游刃有余地应对各种情况,实现更为顺畅和有效的沟通。这一发现表明,在学校环境中正式和非正式的教师领导力在实践中存在明显的不同。

4.2.2.3 学校层面的教师领导力体现在参与学校管理上

学校层面的教师领导力体现在教师参与学校管理工作。对此部分内容的探讨将为我们引出对次主题6的详细阐述。

次主题6:教师领导力包括参与学校管理。

次主题6的探讨进一步揭示了教师们对教师领导角色的深刻理解。在访谈中,当被邀请分享对教师领导角色的认知时,教师们普遍强调,教师领导应扮演沟通与协调的核心角色,成为连接普通教师与学校管理层的桥梁。

研究结果表明,教师领导在实践中确实充当了普通教师与学校管理人员之间的关键中间人,他们不仅负责信息的有效传递,还致力于对各方利益的协调与平衡。具体而言,教师领导的职责涵盖了学校管理体系内部,促进信息的双向流动,确保教师的声音能够被管理层听见,并将管理层的决策与意图准确传达给教师群体。此外,他们还需在出现分歧或冲突时运用沟通与协调能力,维护学校内部的和谐与稳定。这一发现深刻揭示了教师领导在学校管理体系中的不可或缺性。

"教师领导要当好教师与管理层之间的沟通桥梁。如果他架不起这座桥梁,就很容易引起普通教师的抱怨,上面的领导也会觉得我们不作为。所以,这座桥梁的作用非常重要。"(教师4)

"我们的教学领导非常愿意听取普通教师对教学的意见。学校在编写新教材时,教学领导会把我们的想法融入给学校领导的意见。毕竟,这些上面的领导不是在教学第一线,他们对教材不可能比一线教师更熟悉。"(教师7)

本研究的另一位参与者着重指出,教师领导在学校环境中扮演了倡导者的关键角色,他们不仅作为沟通的桥梁,还帮助学校领导层更全面地理解普通教师日常工作的具体情境与背景。这意味着教师领导不仅传递信息,还负责解释和阐述教师工作背后的复杂性和挑战,从而确保学校领导层能够基于更丰富的信息做出决策。

"我班上的一位老师休产假时,家长们反对年中请代课老师。他们把意见反馈给学校,说这位老师不负责任,甚至在她回来后,他们也不希望她继续教这个班。这让学校领导觉得老师工作不到位、不积极主动。后来,我们的年级组长去帮助协调,向学校领导解释了老师平时的工作表现和她是如何教学生的。这帮助学校领导更好地了解了这位怀孕教师的日常工作状态,减少了他们对该教师的偏见。"(教师5)

研究结果表明,教师领导在学校体系中积极参与协调与管理的工作。具体而言,本研究的参与者明确指出,教师领导承担着有效执行上级领导指令的重要职责,确保这些指令能够在学校内部得到准确传达和顺利实施。由此可知,教师领导的行为举止会对教师整体的工作状况产生显著的影响,这种影响在班主任的工作结构中体现得尤为突出。这可能是因为班主任作为学校管理与学生教育之间的关键纽带起着重要的沟通作用。

"因为班主任工作是比较杂乱的。如果教师领导是一个想到一点就必须立即执行的人,我们就会遇到很多麻烦,因为这样会不断地打乱教师做事的节奏。但是,如果教师领导认真考虑并实施他们的计划,那么教师可以在一个固定的框架内开展工作,使工作更加轻松。"(教师14)

"我们以前的年级组长总是朝令夕改,给班主任布置不同的任务。他的政策、方法和一些规章制度每天都在变,这给班主任工作带来了很大的困难。"(教师17)

本书的部分研究参与者强调,教师领导者角色的一个重要维度体现在他们能够将上级下达的复杂任务进行有效的简化能力上。这一能力不仅关乎信息的传递效率,更在于教师领导者能够深刻理解上级指令的核心意图,并将其转化为具体、可执行的任务步骤,从而确保这些任务能够在教师团队中得到准确理解和迅速执行。通过这种简化过程,教师领导者实际上在上级管理层与教师之间搭建了一座互相理解与沟通的桥梁。

"备课组长的工作也很琐碎,每天不仅要检查我们的教案、听我们的课,他要在我们的教研讨论中献计献策。他的思维方式对我们的影响很大,因为他需要把上级交给他的任务简化,让普通教师也能接受。"(教师3)

"我认为,教师领导的一个重要方面就是想方设法最大限度地减少教师的工作量,同时实现最高效率。在满足学校要求的前提下,不给教师增加太多负担,这一点至关重要。"(教师20)

研究结果显示,绝大多数负责在普通教师与学校管理层之间架起沟通和协调桥梁的教师领导,通常都拥有正式的领导职位,如教学领导、年级领导、备课领导等。这一发现提示我们,这些特定的职位头衔可能在一定程度上反映了教师领导在学校体系中的独特角色与定位。此外,本研究的多数参与者达成了共识,认为教师领导是连接普通教师与管理层之间沟通的关键纽带。具体而言,教师领导不仅负责传递信息,确保学校管理者能够全面、深入地了解普通教师的实际表现与工作状况,而且致力于构建一种机制,使普通教师能够顺畅地参与学校管理层的决策过程。这些教师领导通过其正式的领导职位,在教师与学校管理层之间有效地搭建起一座理解与沟通的桥梁。

综上所述,次主题3~次主题6全面而深入地从教师层面、学生层面及学校层面对初中教师对教师领导力的认知进行描绘。具体而言,首先,教师领导力的维度丰富多元,它涵盖了促进教师专业成长的各个方面,旨在提高教师的教学水平与职业素养;同时,教师领导力也密切关注学生的学习进展与心理健康状态。其次,教师领导力还涵盖了与家长进行有效沟通的重要职责,以确保家校合作的顺畅进行,共同促进学生的健康成长。最后,教师领导力也体现在参与学校管理的层面,通过教师领导参与学校管理,进一步优化学校的管理机制与决策过程。综上所述,教师领导力是一个多维度、多层次的概念。

4.2.3 小结

总体而言,通过对研究主题进行分析,本书提炼了三个核心层面,即教师领导力在教师层面、学生层面和学校层面的体现。这三个层面进一步细化为六个具体的次主题,为定量数据的结果提供了丰富的补充与深入的解释。其中,次主题1~次主题2特别聚焦于解答研究问题1,即探讨教师领导力在何种程度上影响教师幸福感。

次主题1阐述了教师领导力如何通过多种路径提升教师的幸福指数。具体而言,教师领导通过增强教师的专业能力、表达对教师工作的认可与尊重,以及树立作为学习榜样的形象,有效地促进了教师幸福感的提升。此外,次主题1还为研究问题2的定量结果提供了进一步的阐释,揭示了教师领导与教师自信心之间的紧密联系。教师领导通过给予教师认可与尊重,显著增强了教师的教学信念,尤其是自我效能感,这是教师自信心的重要组成部分。

次主题2则从另一个视角深入剖析了研究问题1,发现教师领导力与教师的身心幸福感之间存在负相关关系。具体而言,过重的工作量及内部竞争所营造的工作环境均可能对教师的身心幸福感造成不利影响。最终,这些因素共同构成了对教师幸福感的严峻挑战。

次主题3~次主题6为回答研究问题3提供了有力的证据。针对次主题3的访谈数据显示,虽然并非所有担任教师领导角色的人员都拥有正式的领导职务,但他们依然能够通过多种方式显著促进教师的专业成长。具体而言,这些方式包括指导合作、提供必要的教学资源与支持,以及担任教师的成长导师,从而在教师群体中发挥不可或缺的影响力。关于次主题4,访谈进一步揭示了教师领导在学生层面的重要作用。教师领导不仅负责制定学生的学习目标,还密切关注学生的心理健康状态,采取相应措施以维护学生的整体福祉。在次主题5的探讨中,访谈结果表明,研究参与者普遍认为,教师领导的实践范畴涵盖了与家长的沟通和互动。这意味着教师领导在家校合作中扮演着关键角色,致力于与家长共同构建积极、有效的家校关系。最后,针对次主题6,访谈数据强调,大多数研究参与者认为,教师领导的实践不可避免地涉及学校管理的各个方面。特别值得注意的是,那些负责与家长沟通并参与学校管理的教师领导,往往都是拥有正式领导职务的教师。这一发现揭示在学校环境中,正式领导职务对教师领导在学校管理与家校合作中发挥了更大作用的重要性。

4.3 研究结果综述

本书综合运用了定性研究和定量研究两种类型数据,旨在从不同的角度回答研究问题。具体而言,定性数据和定量数据均被用于回答研究问题1。同时,定量研究的数据也被独立用于回答研究问题2。进一步地,定性研究的数据在解释研究问题2的定量结果方面也发挥了作用,帮助剖析了定量研究的数据背后的原因和机制,从而增强了研究的解释力。此外,定性研究数据还独立回答了研究问题3,通过深入的访谈和文本分析揭示了与该问题相关的内容。综上所述,本节将定量研究和定性研究的结果一并呈现,旨在提供更为全面、丰富且深入的研究问题解释。

4.3.1 研究问题1:教师领导力在多大程度上影响教师幸福感

如表4-20所示,针对研究问题1的定性研究与定量研究的结果共同揭示了联合教师领导力的多维度影响。

表 4-20　教师领导力与教师幸福感之间关系的共同研究结果

定量调查	定性调查	调查结果分析
路径系数 （促进专业 维度—教师 幸福感） $\beta = 0.361, P < 0.001$	次主题1：教师领导者通过促进教师专业发展、给予教师认可及树立榜样作用与教师幸福感积极联系在一起	定性研究的结果证实了定量研究的结果
	"作为一名教师，不断提高自己的专业素养和知识储备，使我能够更好地应对教学中遇到的各种问题和挑战，也让我对自己的工作更加自信和满意。例如，教研室的同事定期组织教师进行专业培训和学习交流活动。参加这些活动后，我能够更好地将新的教学理念和方法运用到课堂教学中，提高了教学效果。"（教师7）	
	"教师要想成长，就不能停滞不前。他们需要很多机会，但学校的资源往往有限。问题在于领导是否愿意为教师提供外出学习、参加比赛的机会。"（教师5）	
	"有一次，我在班上开展了一次实验教学活动，最后得到了学校高级骨干教师的表扬和肯定。这样的优秀教师鼓励我，让我感到自己的工作得到了认可和赞赏。这给了我成就感和幸福感。"（教师15）	
教师领导力的其他方面对教师幸福感没有直接影响	次主题1：教师领导者通过促进教师专业发展、给予教师认可及树立榜样作用与教师幸福感积极联系在一起	定性研究的结果补充了定量研究的结果。介绍了教师领导的其他有影响力的行为，如对教师的认可、成为好榜样
	"刚开始工作时，学校给我安排了一位资深教师指导我。她不仅教学经验丰富，而且对我和其他新老师都很有耐心。每当遇到困难时，我们都喜欢向她请教。在她的指导和鼓励下，我渐渐有了自信，工作压力也没那么大了。她是我的榜样，我希望有一天能成为像她一样的教师。"（教师12）	

续表

定量调查	定性调查	调查结果分析
教师领导力的其他方面对教师幸福感没有直接影响	次主题2:教师领导者可能给教师带来难以承受的工作量和激烈的竞争环境,从而加大教师的压力	定性研究的结果扩展了定量研究的结果。定性研究显示,教师领导力也会对教师幸福感产生负面影响
	"现在对教师专业能力的要求特别高。教研室经常组织教师专业能力考试。但是,在考试之前,他们并不提供培训。这种做法对我们毫无益处,反而让我们感到疲惫不堪。不过,教研室的领导似乎认为已经完成了学校交给他们的任务。"(教师20)	
	"我们学校存在严重的'内卷'问题,如在加班方面相互攀比、相互竞争。没有人愿意第一个离开办公室,因为按时离开办公室似乎是一种罪过。在这种环境下,我别无选择,只能加班到很晚,每天回家后都感到非常疲惫。"(教师20)	

定量研究与定性研究的结果展现出一致性。针对研究问题1,如表4-20所示,定量研究的结果明确显示,教师领导与教师幸福感之间存在正相关关系,但这种正相关仅限于教师专业学习这一维度($\beta = 0.361, P < 0.001$)。定性研究中的教师访谈数据则进一步佐证了这一发现,这一维度不仅涵盖教师专业能力的提升,还涉及教师领导对其同事的认可与尊重。结果表明,教师领导确实能够通过促进教师的专业成长来积极影响教师幸福感。具体而言,研究参与者普遍表达了对专业成长的强烈渴望,并纷纷表示,当教师领导采取某些措施促进他们的专业成长时,他们会因此感到愉悦和满足。同时,研究参与者也强调教师领导的认可对他们幸福感的重要贡献。因此,定性研究的结果与定量研究的结果相互印证,共同表明教师领导在促进教师专业学习这一维度上的实践能够对教师幸福感产生显著的积极影响。

定量研究与定性研究的结果在某些方面也展现出差异性。具体而言,在定量研究的框架内,教师领导力中除了促进专业学习这一维度之外,其他维度与教师幸福感并未显现出直接的联系。然而,定性研究则为我们揭示了一个更为复杂的关系网络,它证明教师领导力中的其他多个维度同样与教师幸福感存在关联。首先,关于教师领导力的探讨,定性研究的结果为其呈现了一个新的视角。本研究发现,教师领导作为良好榜样,同样能够对教师幸福感产生积极的促进作用。这一重要发现,在定量研究的分析中并未得到充分的体现。因此,定性研究不仅验证了定量研究中的部分结论,更进一步地揭示了一种新的教师领导行为,即教师领导通过树立良好榜样可能对教师幸福感产生显著的影响。其次,定性研究的结果还揭示了另一个重要的关系层面。本研究的数据显示,教师领导力与教师的身心幸福感之间存在一种负相关关系。具体而言,研究参与者普遍反映,当教师领导分配给他们过多的工作量,或者营造竞争过于激烈的工作环境时,他们的身心幸福感就会受到明显的损害。这一具有启示性的发现在定量研究中并未得到充分反映,但它无疑提供了更为丰富的信息,能够帮助我们更全面地理解教师领导力与教师幸福感之间的复杂关系。换句话说,定性研究的结果不仅扩展了定量研究的发现,更为解答研究问题1提供了相应的更全面的洞见。

4.3.2 研究问题2:教师自我效能感在多大程度上中介教师领导力与教师幸福感之间的关系

对于研究问题2,本书主要依赖定量研究的结果提供答案。虽然定性研究,如访谈数据,无法直接量化教师自我效能感在教师领导力与教师幸福感之间的中介作用,但它们为理解这一中介途径提供了相应的背景和解释。

如表4-21所示,定性研究的结果与定量研究的结果相互补充,共同揭示了教师领导力、教师自我效能感和教师幸福感之间的复杂关系。定性研究深刻描述了教师自我效能感是如何得到教师领导的支持和提升的。本研究参与者的回答清晰地表明,教师领导的鼓励和尊重让教师感受到自己工作的价值和意义,这种正面的情感体验增强了他们的教学信心和自我效能感。综上所述,虽然定性研究不能直接回答问题2中的中介作用程度,但它能够帮助解释定量研究中发现的中介效应,并揭示教师领导力如何通过影响教师自我效能感来进一步影响教师幸福感。

表4-21　教师领导力与教师自我效能感对教师幸福感影响的共同研究结果

定量调查			定性调查	调查结果分析
路径	路径系数	P	次主题1:教师领导者通过促进教师专业发展、给予教师认可及树立榜样作用与教师幸福感积极联系在一起	
LSF1—SEF1—WB	0.096	0.019	"有一次,年级组长交给我一项任务,让我为学生们组织一次辩论赛。起初,我非常紧张,不知道自己能否承担这份责任。但是,主任对我的工作能力给予了极大的肯定和尊重,给了我很多指导和建议,并提供了充足的资源和支持,使我顺利完成了任务。在整个过程中,我获得成就感和自信心,觉得自己能够做得更多。"(教师9)	定性研究的结果证实了定量研究的结果
LSF3—SEF3—WB	0.049	0.044	"刚开始工作时,学校给我安排了一位师傅,她主要负责帮助我应对工作初期的各种挑战。她为我分析了有效的课堂管理技巧和教学方法,并就如何处理学生参与问题给我提出了建议。在她的指导下,作为一名新教师,我很快适应了教学工作,并获得了成长。"(教师1)	定性研究的结果证实了定量研究的结果

续表

定量调查		定性调查	调查结果分析
LSF31—SEF3—WB	0.074　0.025	"我觉得专业技能的培养和同事之间的合作与鼓励对我的幸福感影响最大。因为教师需要不断学习和成长,我们学校的骨干教师会定期组织教研活动和分享会,让老师们有机会分享教学经验、学习最新的教育理念。这些活动让我受益匪浅,不仅提升了我的专业素养,也让我在课堂教学中更加自信,学生也更愿意参与到我的课堂中。"(教师8)	定性研究的结果证实了定量研究的结果

路径分析的结果揭示了几个关键的中介效应。具体而言,教学策略(SEF1)在促进专业学习(LSF1)与教师幸福感(WB)之间的关系中扮演了部分中介的角色($\beta = 0.096, P = 0.019$)。这一发现表明,当教师领导者促进教师专业成长时,他们会对自己的教学能力更有信心,从而获得更高的幸福感。定性研究的结果进一步阐释了这一中介效应,当教师领导者积极促进教师的专业成长时,教师会对自己的教学能力产生更多的信心,进而获得更高的工作满意度。本研究的参与者还强调,教师领导者的认可和尊重能够显著地增强教师的教学信心,进而提升他们的幸福感。

另外,路径分析还显示,学生参与(SEF3)在鼓励同事合作(LSF3)与教师幸福感(WB)之间的关系中也起到了部分中介的作用($\beta = 0.049, P = 0.044$)。定性研究的结果为这一中介效应提供了额外的解释,表明在教师领导者的安排下,当教师之间进行合作并分享经验时,他们能够更有效地让学生参与到课堂中。

最后,路径分析的结果还表明,学生参与(SEF3)在促进专业学习(LSF1)和教师幸福感(WB)之间的关系中起到了完全中介的作用($\beta = 0.074, P = 0.025$)。定性研究的结果进一步解释了这一中介效应,教师领导者通过促进教师之间的合作和专业成长,使教师能够探索出更有效的让学生参与学习的方法并实施。这不仅提高了教学效果,还减轻了教师的工作压力,从而对他们的幸福感产生了积极的影响。

4.3.3 小结

本书比较了定量研究和定性研究的结果,以期获得更加全面、准确和可靠的理解。关于研究问题1,定量研究和定性研究的结果都发现,教师领导力与教师幸福感呈正相关。具体地说,两种研究方法都肯定了教师领导力与教师幸福感之间的积极联系。在定量研究的结果中,只有促进专业学习(教师领导力的维度之一)与教师幸福感直接相关,而在定性研究的结果中,除了促进专业学习之外,教师领导者还通过成为好榜样的方式来积极影响教师幸福感。值得注意的是,定性研究的结果表明,教师领导与教师幸福感也有着负面影响。如果教师领导对教师提出过高的工作量要求,并提供竞争激烈的工作环境,教师幸福感就会受到影响。定性分析的结果不仅证实了定量研究的结论,还提供了定量研究没有反映的新发现。

关于研究问题2,虽然教师自我效能感的中介作用只能通过定量研究得到证实,但定性研究也反映了这一中介途径。教师领导可以增强教师的教学信心,从而提高教师幸福感,这种联系是通过教师领导促进教师的专业成长提供支持和认可来实现的。

综上所述,这些研究结果凸显了教师领导力在促进教师幸福感方面的重要性,并表明有必要继续探索其潜在的负面影响。此外,本书研究结果还强调了定量研究和定性研究方法对更全面地了解复杂现象的价值。

第5章　国内外教师领导力
提升教师幸福感的实践与创新借鉴

　　本书采用基于解释性序列设计的混合方法,主要目的是深入探究教师领导力与教师幸福感之间的复杂关系,同时考察教师自我效能感在这一关系中所扮演的中介角色,以及中学教师对教师领导力的认知与理解。本书通过对预设的三个核心研究问题的系统探讨,成功地揭示了教师领导力与教师幸福感之间的内在联系,阐明了教师自我效能感的中介作用机制,并了解教师对教师领导力的看法与态度。

　　在接下来的讨论中,本章严格遵循研究问题的逻辑顺序,介绍并分析研究发现。首先,详细探讨教师领导力与教师幸福感之间的具体关系,揭示两者之间的相互作用和影响机制。其次,着重分析教师自我效能感如何积极地中介教师领导力与教师幸福感之间的关系,并剖析这一中介作用的内在逻辑和实际效果。最后,整合所有的研究结果,构建出一个新的理论模型,以期更全面、更深入地阐述教师领导力与教师幸福感之间的多维关联,为未来的研究与实践提供有益的参考和借鉴。

5.1　教师领导力和教师幸福感的关系

　　以往关于教师领导力与教师幸福感的研究,大多聚焦于与教师领导力相关的背景因素,而本书则通过定量与定性相结合的研究方法,为教师领导力与教师幸福感之间的关系提供更直接且具体的证据。这一发现与以往的研究结果

相契合,即教师领导力对提升教师幸福感具有积极作用。❶❷

定量研究的结果不仅证实了教师领导力与教师幸福感之间的积极联系,还进一步地将这种联系具体到特定的维度——促进教师专业学习。换言之,教师领导力中促进专业学习这一维度与教师幸福感之间呈现了显著的正相关关系。而定性研究的结果不仅支持了定量研究的结论,还进一步扩展了对教师领导力与教师幸福感之间关系的理解范围。它揭示了教师领导力的其他维度,如教师领导的榜样作用,以及教师领导在某些情况下可能对教师幸福感产生的负面影响。下面围绕研究问题1分别对定量研究的结果与定性研究的结果进行讨论和分析。

5.1.1 教师领导力与教师幸福感之间的正向关联及其维度分析

定量研究的结果明确证实了教师领导力与教师幸福感之间存在直接且显著的联系。尤其值得注意的是,在教师领导力的各个维度中,促进教师专业学习的这一维度对教师幸福感展现出尤为突出的正向影响。这一发现揭示了教师领导力在提升教师幸福感方面的重要作用,尤其是在推动教师专业成长和学习方面。定性研究的结果表明,教师领导力主要通过以下几个关键途径促进教师幸福感。首先,促进教师的专业发展,使教师在自己的职业生涯中不断进步和成长;其次,认可、尊重教师的工作和贡献,增强教师的职业认同感与满足感;最后,发挥榜样作用,通过教师领导的示范作用来激励和引领教师,进而提升他们的幸福感。下面结合现有的相关研究,对这些积极联系进行讨论和分析,以期更全面地揭示教师领导力与教师幸福感之间的复杂关系。

---

❶ CHERKOWSKI S. Positive teacher leadership: Building mindsets and capacities to grow wellbeing[J]. International journal of teacher leadership, 2018, 9(1): 63-78.

❷ MORRIS J E, LUMMIS G W, LOCK G, et al. The role of leadership in establishing a positive staff culture in a secondary school[J]. Educational management administration & leadership, 2020, 48(5): 802-820.

5.1.1.1 教师领导力促进专业学习维度与教师幸福感的积极联系

本书定量研究的结果表明,在教师领导力的各个维度中,促进教师专业学习这一维度对教师幸福感具有尤为显著的提升作用。具体而言,当教师领导力增加教师专业学习的机会时,教师幸福感也会相应地得到提升。这一发现揭示了促进教师专业学习与教师幸福感之间的正向关联。在讨论教师领导力与教师幸福感之间的关系时,研究参与者的反馈也进一步支持了这一观点。他们经常提到,教师领导者为教师提供的专业发展机会及对教师工作的认可是提升教师幸福感的重要因素。这表明,教师领导力不仅通过促进专业学习直接影响了教师幸福感,还通过提供认可和支持等间接方式,为教师创造了一个更加积极和满意的工作环境。

当教师领导者为教师提供专业发展机会时,教师往往会感到幸福和满意。本书的结果凸显了教师领导者对教师幸福感的积极影响,这一积极影响在很大程度上可归因于教师专业能力的提升。教师普遍渴望能在专业上不断进步,当他们获得机会提升自己的专业能力时,这种对能力提升的需求得到了满足,进而增强了他们的幸福感。这些研究结果与之前的相关研究保持一致。例如,莫里斯(Morris)等人的研究表明,促进教师专业发展的领导力与教师幸福感之间存在正相关关系。[1]教师获得的外部支持会对他们的幸福感产生积极影响。当教师专业发展的个人需求得到满足时,他们的幸福感会显著提升。

为了更深入地理解这些研究结果的含义,可以从雷夫模型的视角审视。雷夫模型的最后一个因素是个人成长,它涉及个人持续发展和成长的意识。在教师领导的帮助下,教师能够明显感受到个人的专业成长,从而更容易体验到工作带来的满足感和成就感。此外,这一发现也可以通过德西和瑞安的自我决定理论来解释。自我决定理论认为,一个人的幸福感与其对"自主性、能力和相关性"的心理需求有关。该理论强调,当个体有机会追求自己的成长和发展时,他们的内在动机会得到增强,进而体验到更高的幸福感。在本书中,教

---

[1] MORRIS J E, LUMMIS G W, LOCK G, et al. The role of leadership in establishing a positive staff culture in a secondary school[J]. Educational management administration & leadership, 2020, 48(5):802-820.

师对进步的渴望可被视为对自身能力的需求。教师领导通过促进教师合作、提供培训资源和支持、让教师参与导师学徒计划等方式，推动教师的专业发展。因此，教师的能力成长需求得到了满足，从而提高了他们的幸福感。

根据本书和以往的研究结果可以推断，教师领导促进教师专业成长的行为是提高教师幸福感的重要途径之一。通过这一途径，教师可以在个人成长和自我实现的基础上提高自己的幸福感。

5.1.1.2 教师领导的认可维度与教师幸福感的积极联系

教师领导对教师工作的认可和尊重与教师幸福感之间存在积极的联系。具体而言，领导的认可不仅能够增强教师的成就感，还能够提升他们的自信心。这一结论得到了以往研究的广泛支持，即教师领导者的支持和认可对提升教师的职业幸福感具有显著作用。进一步地，关于支持型领导的现有研究成果也为理解这一结果提供了有益的视角。多项研究指出，支持型领导的存在是促进教师幸福感的关键因素之一。具体而言，那些能够认可和重视教师贡献的领导层往往与更高的工作满意度和更低的职业倦怠可能性密切相关。

值得注意的是，教师领导的认可和教师幸福感之间的关系机制与变革型领导理论紧密相联。变革型领导理论强调，领导者通过认可个人的贡献并重视其工作，来激励和鼓舞追随者。在此框架下，那些认可和尊重同事工作的教师领导者，可以被视为变革型领导者，因为他们通过激励和鼓励同事持续追求卓越，从而发挥了类似的领导作用。正如庞德所指出的，教师领导的行为与变革型领导的行为表现出显著的相似性。本书不仅为之前的论断提供了新的经验证据，支持了教师领导在实践中可以被视为变革型领导的观点，而且探讨了以往研究中尚未明确的问题，即教师领导对教师的认可与教师幸福感之间的具体机制。本书进一步揭示了教师领导通过认可和尊重教师的贡献，来积极影响教师幸福感的路径，从而丰富了变革型领导理论在教育领域中的应用和理解。

教师领导对教师的认可行为是提高教师幸福感的重要途径之一。具体而言，当教师领导通过认可行为赋予教师成就感和自信心时，这种积极的情感体验有助于提升教师的整体幸福感。从实践角度来看,这样的教师领导在某种程度上可以视作变革型领导。变革型领导强调通过认可和鼓励个体的贡献来激发其潜能和积极性,这与教师领导通过认可行为提升教师幸福感的作用机制相吻合。因此,教师领导在实践中表现出变革型领导的特征。

5.1.1.3 教师领导力的榜样维度与教师幸福感之间的积极联系

教师领导力与教师的幸福感之间存在显著的积极联系,尤其体现在教师领导者所展现的积极榜样作用上。具体而言,当教师将担任领导职务的同事视为榜样时,他们更有可能在自己的专业工作中获得动力,并表现出更高的参与意愿。这种积极的行为和态度是可以被其他教师模仿和学习的,从而在整个教师群体中产生正向的影响。这一发现进一步验证了先前的研究结果,即作为榜样的教师领导者能够对其同事的幸福感产生积极影响。社会学习理论也为此提供了理论支撑,该理论认为个体可以通过观察和模仿他人的行为来获取新的知识与技能。教师领导者的积极行为和态度可以被其他教师观察与学习,进而促进他们自身的发展并提升幸福感。正如切尔科夫斯基和沃克(Cherkowski and Walker)所指出的,一个蓬勃发展的社区需要积极的榜样来引领。而教师领导者作为同事的积极榜样,对塑造和支持一种积极、协作的学校文化至关重要。[1][2]当教师领导者通过自己的行为和态度展现出积极的榜样作用时,他们不仅提升了自身的领导力,还促进了整个学校文化的正向发展,从而对其他教师的幸福感产生积极的效应。

综上所述,教师领导者通过促进教师的专业发展、认可教师的工作及树立积极的榜样与教师幸福感建立联系。这一发现填补了该领域的空白,提供了教师领导者与教师幸福感之间关系的直接实证证据,更重要的是,它将教师领导者的作用从主要针对教师领导者自身扩展到其同事,揭示了教师领导者在

---

[1] CASTAÑO E P, GARCÍA J S, SIMON F J G, et al. The influence of management on teacher well-being and the development of sustainable schools[J]. Sustainability, 2021, 13(5):1-23.

[2] CHERKOWSKI S, WALKER K. Schools as Sites of Human Flourishing: Musings on efforts to foster sustainable learning communities[J]. EAF journal, 2013, 23(2):139-154.

学校文化和教师幸福感方面的广泛影响。

5.1.2 教师领导力和教师幸福感之间的负相关关系

定性研究结果揭示了教师领导行为对教师幸福感可能产生的"双刃剑"效应,即不仅存在积极促进的一面,也可能带来损害。具体而言,当教师领导分配过多的工作量或营造一种过度竞争的工作环境时,教师幸福感就可能受到不利影响。与以往的研究相比,本书不仅验证了教师领导行为的积极层面,还探讨了其可能带来的潜在负面影响。现有文献在探讨教师领导力时,往往过分强调其积极影响,如协作、支持和授权等品质,这些品质在教育环境中被视为积极且理想的。[1][2]因此,该领域的研究可能在一定程度上更偏向于调查教师领导力的积极关联,而忽视了对其潜在负面影响的深入探索。本书通过实证方法验证了教师领导力可能带来的潜在负面影响,填补了这一研究领域的空白。下文将对此进行更为详尽的讨论。

5.1.2.1 过多的工作量与教师幸福感之间的负相关关系

教师常需承担超出其职责范围的工作,这无疑会对他们的身心健康及幸福感造成一定的损害。

工作需求资源理论为这一发现提供了理论支撑。[3]该理论认为,过高的工作需求会导致消极结果,如职业倦怠、工作满意度的下降。教师领导分配过多的工作量,正是可能导致工作需求的负面结果的典型例子。除了分配过多的工作量之外,教师领导有时所鼓励的恶性竞争环境也会对教师的身心健康及幸福感产生不利影响。

---

[1] NGUYEN D, HARRIS A, NG D. A review of the empirical research on teacher leadership (2003—2017): evidence, patterns and implications[J]. Journal of educational administration, 2019, 58(1): 60-80.

[2] BERG J H, ZOELLICK B. Teacher leadership: Toward a new conceptual framework[J]. Journal of professional capital and community, 2019, 4(1): 2-14.

[3] BAKKER A B, DEMEROUTI E. Job demands-resources theory: Taking stock and looking forward[J]. Journal of occupational health psychology, 2017, 22(3): 273-285.

5.1.2.2 竞争性工作环境与教师幸福感之间的负面联系

教师领导通过分配过多的工作量和营造高度竞争的工作环境对教师幸福感造成显著损害。在充满竞争的工作氛围中,教师们普遍感到压力过大,身心疲惫不堪。这种不健康的文化氛围对他们的幸福感产生了负面影响。

5.2 教师自我效能感对教师领导力和教师幸福感之间关系的中介作用

本书致力于深入探讨教师自我效能感如何中介于教师领导力与教师幸福感之间的关系。具体而言,教师在教学策略和学生参与方面的自我效能感,部分中介了教师领导力的关键维度——促进专业学习与教师幸福感之间的关联。这意味着,当教师感到自己在教学策略和学生参与方面具有较高的自我效能感时,他们更有可能从教师领导力维度中的促进专业学习中获得幸福感。进一步的研究发现,教师在学生参与方面的自我效能感完全中介教师领导力的另一个重要维度——鼓励同事合作与教师幸福感之间的关系。这表明,教师在学生参与方面的自我效能感是他们能否从教师领导力的鼓励同事合作中获得幸福感的关键因素。

5.2.1 教师自我效能感的部分中介作用

本书揭示了教师在教学策略和学生参与方面的自我效能感,教师领导力对促进专业学习维度与教师幸福感之间的关系具有中介作用。自我效能感理论也为解释教师自我效能感与教师幸福感之间的正相关关系提供了理论支撑。自我效能感高的人在面对困难时仍能保持对自己能力的乐观和信心。将这一理论应用于教师,可以理解为自我效能感较高的教师在工作中会较少地感受到压力,且其工作满意度也相对较高。教师自我效能感被认为是一种有助于提升教师幸福感的内在资源。因此,通过提升教师自我效能感,有望进一步增强教师幸福感,进而促进教师的专业发展和教学质量的提高。

教师领导者可以通过促进专业学习和鼓励同事之间的合作来有效提升教师自我效能感。教师领导者在同事中扮演着榜样的角色，他们的行为和态度激励着其他教师也注重发展自己的技能和增强自己的信心。正如查宁-莫兰和霍伊所指出的，教师领导者通过向同事提供支持和鼓励，增强了他们的自我效能感信念。[1]在本书的半结构式采访中，研究参与者也提到了教师领导者提供的帮助和交流对增强教师的工作能力和教学信心具有重要作用，这种提升进而能够激发学生的学习兴趣。教师领导力的发挥不仅有助于教师的个人成长和发展，还可能间接对学生的学习体验和学习效果产生积极的影响。

5.2.2 教师自我效能感的完全中介作用

教师在学生参与方面的自我效能感完全调节教师领导力的鼓励同事合作维度与教师幸福感之间的关系。具体而言，这意味着教师领导力中鼓励同事合作维度与教师幸福感之间的联系并非直接产生，而是通过教师在学生参与方面的自我效能感这一中介变量间接实现的。换言之，教师在学生参与方面的自我效能感是教师合作行为影响教师幸福感的关键中介。

教师之间的合作可以提高教师的自我效能感和对教学过程的掌控能力。通过合作，教师能够更有信心地提高学生的参与度，从而在教学过程中体验到更多的成就感和满足感。正如本研究参与者在半结构式采访中所指出的，与其他教师的合作和交流能够使教师探索更好的方法来吸引学生，这不仅会提高教学效果，还有助于减轻教师的工作压力，进一步促进教师幸福感。

教师领导者的行为可能通过提供工作和个人资源的支持对教师幸福感产生积极影响。当教师在工作中得到教师领导者的支持时，他们对自己教学能力、技能的信心和信念会得到显著增强。换言之，这种支持会增强教师自我效能感。当教师感到自己具备应对工作中挑战和要求所需的技能与能力时，他们会体验到更高水平的工作满意度和幸福感。这一发现不仅促进了对领导力在工作需求资源模式中作用的理解，还拓展了工作需求资源理论的应用范围。

---

[1] MORAN M T, HOY A W. Teacher efficacy: Capturing an elusive construct[J]. Teaching and teacher education, 2001, 17(7): 783-805.

它表明教师领导力不仅直接影响了教师的工作环境和资源,还通过提升教师自我效能感这一关键中介变量,间接地促进教师幸福感和工作满意度。

5.3 教师对教师领导力的看法

针对研究问题3,本书在贵阳市选取20名研究参与者进行了半结构式访谈。通过对访谈内容的主题分析,本书确定了与教师领导力相关的三大核心主题,分别聚焦于教师层面、学生层面及学校层面。在接下来的讨论中,本书将围绕研究问题3详细阐述并探讨与教师认知紧密相关的这些主题。

5.3.1 教师层面的领导力体现在对教师能力的贡献上

教师层面的领导力主要体现在教师领导者如何有效促进和提升教师的专业能力上。下面主要探讨教师层面领导力的具体体现及其对教师专业成长的影响。研究参与者普遍认为,教师领导者在促进教师专业能力方面展现出多种积极行为。这些行为具体包括积极促进教师之间的合作与交流、为教师提供丰富的培训资源和支持,以及实施有效的导师学徒计划。通过这些举措,教师领导者不仅为教师提供了专业成长的平台和机会,还有效地推动了教师队伍专业能力的提升。

5.3.1.1 教师领导者通过促进教师合作提高教师的专业能力

教师领导者在促进教师之间的交流与合作方面发挥作用,这种交流与合作进而有助于提高教师的专业能力。当教师被问及他们对教师领导力的看法时,他们特别强调了正式会议的重要性,如由教研室主任组织的合作聚会、合作备课会议等。这些正式场合为教师提供了宝贵的合作机会,有助于他们在专业领域内相互学习和成长。除了正式会议之外,教师们还重视非正式讨论和教学经验的交流。他们认为,这些非正式场合同样为他们提供了专业成长和学习的机会。在这样的环境中,教师可以更加自由地分享他们的见解、挑战和成功,从而促进了更深层次的学习和交流。无论是正式的合作交流还是非正式的合作交流，教师们都能够学到宝贵的经验和知识，并将所学运用于他们的教学实践。这一发现与现有的研究结果相吻合，即教师的专业发展可以采取多种形式，包括正式和非正式的合作学习机会。实际上，教师合作已被视为教师专业发展的一种重要手段，它有助于教师改进和优化教学实践。由此，本书可以合乎逻辑地推断，教师领导者通过引领和促进正式、非正式的合作，为教师的专业成长提供有力的支持。本书研究结果所揭示的教师领导者的功能也与以往的研究相呼应，即教师领导者通过建立专业合作并影响他人，从而有效地促进教师的专业成长。

5.3.1.2 教师领导者通过提供培训资源和支持促进教师专业能力的提高

教师领导者可以通过提供培训资源和支持提高教师的专业能力。教师们在讨论教师领导力时，提到了教师领导者为普通教师提供的支持，包括各种教学资源、专业培训、邀请专业教研人员进行指导等。因此，教师有机会获得更多的专业知识，提高教学和专业技能。教师领导者在帮助同事解决问题、促进其专业发展方面发挥着积极作用。教师领导力可以理解为是一种帮助同事进步的方式。

5.3.1.3 教师领导者通过参与导师带徒计划促进教师专业能力的提高

教师领导力可以通过有效实施导师带徒计划来显著提升教师的专业能力。在谈及对教师领导力的看法时，教师们提及导师带徒计划的重要性。这一计划不仅针对新入职的教师，也同样适用于那些刚开始承担新教学任务或角色的经验丰富的教师。通过参与师徒计划，教师们能够在一种相互支持和学习的文化氛围中共同成长起来。

在导师带徒计划中，新教师有机会得到经验丰富的同事的悉心指导，而这一过程并不受严格的等级结构限制。这种非等级化的知识分享模式促进了资深教师与新手教师之间的专业知识交流，从而为新手教师的专业发展提供有力支持。这一发现进一步印证了导师带徒计划在教师专业成长中的关键作用,也凸显了教师领导力的实践包含促进教师专业成长的师徒计划。

5.3.2 学生层面的领导力体现在对学生学习和心理幸福感的关注及与家长的沟通上

学生层面的教师领导力主要体现在教师领导者对学生学习和心理健康的关注及与学生家长的沟通上。以下部分将对学生层面的教师领导力进行讨论。

5.3.2.1 关注学生的学习

学生学习是教师领导力实践的重要构成要素。教师领导者的工作核心之一是对学生学习的关注。本书的研究参与者在分享他们对教师领导者的看法时,们强调关注学生学习的重要性。这一关注不仅被视为教师履行职责的关键,在私立学校中得到了尤为突出的体现。在这些学校中,教师对学生学习的关注甚至超越了其专业能力范畴,这是因为他们的薪酬与学生的学业表现紧密相联。教师领导力的实际目标在于促进学生的全面发展与成功。教师对学生学习的关注在一定程度上受到薪酬的影响。具体而言,高薪可能吸引更多资质优秀的教师,进而对学生的学习成绩产生积极影响。薪酬制度与教师领导力在学生学习关注方面有潜在关联。

5.3.2.2 关注学生的心理健康

关注学生的心理健康是教师领导者实践工作的重要方面。教师领导者需定期关注学生的心理健康状况。这一发现与先前的研究结果相契合,即教师普遍地将关注学生的心理健康视为其职责的重要组成部分。虽然教师并非心理学专家,但他们被认为具备识别学生心理健康问题的能力。

值得注意的是,本书在现有研究的基础上进行了拓展,与以往仅关注学生学习的教师领导力研究不同,强调关注学生的心理健康同样是教师领导力的一个重要特征。以往的研究往往侧重于教师对学生学习的关注,却忽视了对学生心理幸福感的关注。这种忽视可能源于学者们传统上将学生的心理健康视为其学习的一部分。然而,多项研究表明,教师幸福感与学生的心理健康和学习成绩之间存在密切的联系。例如,弗罗泽-热尔曼和里尔(Froese-Germain and Riel)的研究指出,学生的心理健康对其学习成绩具有重要影响。[1]罗森和考恩(Rossen and Cowan)则认为,学生的心理健康是他们学习过程中不可或缺的一部分。[2]同样,李斯特(Lister)等人的研究发现,存在心理问题的学生在学习成绩上也往往表现不佳。[3]

综上所述,关注学生心理健康是教师领导力的实践维度之一。未来的研究可以进一步探索教师领导力与学生心理健康之间更为直接和深入的联系,以期为优化教育环境、提高学生心理健康水平提供更为有力的支持。

5.3.2.3 与家长的沟通

在学生层面,教师对教师领导力的实践认知不仅涉及对学生学习和心理健康的关注,还包括与家长的有效沟通。教师领导者需要在学校和家长之间建立起良好的合作与沟通机制,通过与家长建立密切的关系来促进学生的学习和发展。这一发现与教师领导力实践的相关研究结果高度一致,即在教师领导力的实践中,教师领导者会定期与家长会面,共同组织各类活动,并让家长积极参与学校的管理。通过这种方式,教师领导者能够有效地加强家长与学校之间的联系,进而提高教育的整体效果。对这一现象的一种深入解释可能与中国家长的传统观念密切相关。大多数中国家长认为,在学校取得优异的表现和成绩是孩子拥有光明未来的有效途径,因此他们对孩子的学业成绩抱有很高的期望。这种期望促使家长愿意积极配合和协助教师的工作,从而共同提高学生的成绩。实际上,家长参与学校教育已被普遍认为是影响学生成

---

[1] GERMAIN B F, RIEL R. Understanding teachers' perspectives on student mental health: Findings from a national survey[M]. ERIC, 2012.

[2] ROSSEN E, COWAN K C. Improving mental health in schools[J]. Phi delta kappan, 2014, 96(4): 8-13.

[3] LISTER K, SEALE J, DOUCE C. Mental health in distance learning: A taxonomy of barriers and enablers to student mental wellbeing[J]. Open Learning: The journal of open, distance and e-learning, 2023, 38(2): 102-116.

绩的一个重要因素,对学生的学业成绩具有显著的积极影响。

综上所述,与家长保持有效沟通是教师领导力实践中的一个重要元素。这一行为不仅有助于加强家校之间的合作与联系,还能够为学生的成长和发展创造更加有利的环境。因此,在教师领导力的实践中,教师领导者应充分重视与家长的有效沟通,并积极探索更多创新的家校合作方式,以共同促进学生的成长与进步。

5.3.3 学校领导层面的领导力体现在参与学校管理上

教师对教师领导力的看法也体现在学校层面上,包括教师领导者参与学校管理的情况。以下部分将深入探讨与学校层面的教师领导力相关的议题。

教师领导在学校管理中扮演着至关重要的角色。研究参与者在描述他们对教师领导的看法时,特别强调了教师领导在有效执行上级领导指令方面的责任。作为学校管理层和普通教师之间沟通的桥梁,教师领导的行为会对教师的工作结构产生深远的影响。他们作为普通教师的代言人,提供背景信息,帮助学校领导更全面地了解所有教师的日常表现和工作状态。这一描述与教师领导的概念紧密相联,即教师领导通过与同事的交流和反馈,为教师提供必要的支持和帮助。本书的结果与之前的相关研究保持一致,均指出教师领导的实践涵盖了协调和管理等多个方面,如参与决策、协调学校日常安排、参加行政会议、为教师提供指导和帮助等。

实际上,教师领导可以被视为学校领导和普通教师之间的中间人。学校领导更倾向于与教师领导进行交流,而不是直接与普通教师沟通。这一现象可能源于教师领导所具备的高水平教学经验和执行能力,使他们在学校管理中更具影响力和话语权。因此,教师领导在学校层面的领导力不仅体现在其参与学校管理的程度上,还体现在其作为沟通桥梁的角色作用上。

然而,值得注意的是,与本书焦点有所偏离的是,现有文献中对教师领导作为学校管理层与普通教师之间中间人角色的探讨相对匮乏。在安格尔和施密德(Angelle and Schmid)进行的一项实证研究中,访谈结果揭示了教师领导倾向于将自己定位为"中间人"的角色,但遗憾的是,这一重要角色并未在后续研究中得到更深入的分析与讨论。❶这种研究上的缺失很可能是由于现有研究普遍倾向于将教师领导的职责主要界定为参与管理,而忽视了其作为管理者与普通教师之间沟通桥梁的独特作用。鉴于此,未来的研究应当考虑进一步挖掘和探讨教师领导作为中间人的这一重要角色作用,以期更全面地理解其在学校管理中的多元功能和影响。

5.3.4 非正式教师领导力和正式教师领导力

5.3.4.1 促进教师专业成长的非正式教师领导力

在能够促进教师专业发展的群体中,一部分教师担任着正式的领导职务,如教研室主任、年级组长等,而另一部分教师则并未担任此类正式职务,但他们同样在教育教学领域中拥有丰富经验,如资深教师、教研部门的骨干教师。这一现象表明,无论教师是否拥有正式的领导头衔,他们都有可能并实际发挥着领导作用,能积极促进同事的专业成长与发展。这一发现在以往的教师领导力相关文献中也得到了广泛的认可,即教师领导力是通过多种正式与非正式的职位、角色来实现和体现的。即使某些教师并未担任正式的领导职务,他们依然能够在日常工作中展现出强大的领导力。从这个角度来看,非正式领导更应被作为一种实际的行为表现,而非仅是一种特定的领导地位或头衔。伯格(Berg)等人也进一步指出,非正式领导力在教育领域日益受到重视和认可,教师们被鼓励在团队中发挥领导作用,并承担起明确的领导角色和责任。❷

然而,与以往研究有所区别的是,本书针对未担任正式领导职务的教师领导力提出了不同的见解。具体而言,在一些学校中,非正式的教师领导力并未被广泛认同为实质性的领导力。这一现象可能源于不同背景的教师对教师领

---

❶ ANGELLE P S, SCHMID J B. School structure and the identity of teacher leaders: Perspectives of principals and teachers[J]. Journal of school leadership, 2007, 17(6): 771-799.

❷ BERG J H, CARVER C L, MANGIN M M. Teacher leader model standards: Implications for preparation, policy, and practice[J]. Journal of research on leadership education, 2014, 9(2): 195-217.

导力的实践持有各异的观点。另外,考虑到教师领导力在中国仍是一个相对新兴的概念,部分教育工作者可能尚未对其形成清晰而深刻的认识。因此,未来的研究可以进一步探索中国特定背景下非正式领导力的更多维度和特征,以期更全面地理解这一领导行为在中国教育环境中的独特表现和影响。

5.3.4.2　正式的教师领导力

虽然没有正式职务的教师对提高同事的专业能力做出了积极贡献,但结果表明,拥有正式职务的教师得到了更广泛的认可。没有正式职务的教师在与家长沟通时通常面临着挑战。虽然非正式领导越来越被认可,但在中国教育情境下,与非正式教师领导者相比,教师对教师领导的理解更倾向于担任正式领导职务的教师,没有正式职务的教师在发挥领导力时可能遇到障碍。普通教师认为,领导力存在于传统的管理中,教师需要学校领导的正式授权才能获得领导权力。拥有正式权力的教师领导能够很好地行使领导权力,而没有正式领导职务的教师领导者则只能有限地授权工作。简而言之,教师领导者必须要先得到学校管理层的正式授权,才能更好地行使领导权力。

5.3.5　小结

教师对教师领导者的认识主要体现在三个层面,即教师层面、学生层面和学校层面。本书的研究结果显示,教师领导者的职责有:①提升教师专业能力;②关注学生的学习和心理健康;③与家长沟通;④参与学校管理。教师心目中的教师领导者概念与现有研究对教师领导者的定义并不完全一致。正如现有研究所说的那样,学者们对教师领导者的定义并不统一。[1]不过,教师领导力的影响是体现在与教师、学生和学校层面的联系上的,这一点已达成共识。此外,发挥领导作用的教师并不一定具有正式的与领导相关的教师领导力,非正式的教师领导力正逐渐得到认可。然而,在我国自上而下的领导传统背景下,没有正式领导职位可能阻碍教师领导者发挥领导力。

---

[1] WENNER J A, CAMPBELL T. The theoretical and empirical basis of teacher leadership: A review of the literature[J]. Review of educational research, 2017, 87(1): 134-171.

5.4　本章总结

本书的目的是研究工作需求资源理论视角下的教师自我效能感在教师领导力与教师幸福感之间的中介作用。本书探究教师领导力、教师自我效能感、教师幸福感之间的关系,并通过访谈方式了解中学教师对教师领导力的看法。本书关于教师领导力和教师幸福感之间关系的结果,可以生成一个新的模型,以说明独立因素(如教师领导力)、个人资源(如教师自我效能感)、工作需求(如过多的工作量、过度竞争的工作环境)和教师幸福感之间的相互作用。

5.4.1　讨论总结

本书提出了三个研究问题,以揭示教师领导力、教师自我效能感和教师幸福感之间的关系及教师对教师领导力的看法。

研究问题1和研究问题2探讨了教师领导力与教师幸福感之间的关系。在研究问题1中,研究结果首先确定了教师领导力和教师幸福感之间的直接联系。也就是说,教师领导者既能促进教师幸福感,又能损害教师幸福感。具体来说,教师领导力中促进专业学习这一维度与教师幸福感有着直接的联系。这种直接关系可以用心理幸福感六因素模型、自我决定理论和工作需求资源理论来解释。当教师的成长需求得到满足时,他们的幸福感就会增强;反之,当教师领导者对教师提出过高的工作要求时,教师幸福感就会降低。

研究问题2证实,教师自我效能感作为一种个人资源,在教师领导力与教师幸福感之间起着中介作用。本书的研究结果发现,教师自我效能感发挥了部分中介作用。首先,教师自我效能感与教师幸福感呈正相关。拥有较高自我效能感的教师更容易减轻工作压力,获得工作满意度。其次,教师领导力与教师自我效能感呈正相关。一种可能的解释是,教师领导力可以为同事树立榜样,激励教师发展自身技能,增强对自身能力的信心。教师自我效能感的学生参与维度完全中介教师领导力与教师幸福感之间的关系。学生与教师的合作提高了教师的教学能力,使其更有自信在课堂上组织学生参与,从而减轻了工作压力。

研究问题3涉及教师对教师领导力的看法,从教师、学生和学校三个层面揭示了教师对教师领导力的看法。具体而言,教师领导力有:①提升教师的专业能力;②关注学生的学习和心理健康;③与家长沟通;④参与学校管理。虽然非正式领导力正逐渐得到认可,但在中国自上而下的领导力传统中,缺乏领导力相关知识的教师在发挥领导力时可能遇到障碍。

5.4.2 教师领导力和教师幸福感关系的新模式

本书关于教师领导力和教师幸福感之间关系的结果,可以构建一个基于工作需求资源理论的新模型,以说明独立因素(如教师领导力)、个人资源(如教师自我效能感)、工作需求(如过多的工作量、过度竞争的工作环境)和教师幸福感之间的相互作用,如图5-1所示。

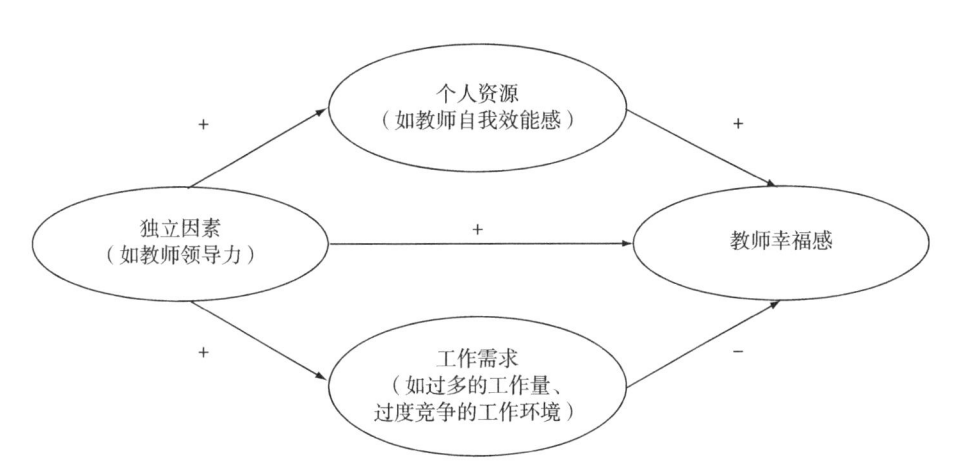

图5-1 教师领导力和教师幸福感之间的关系模型

教师领导力是这一模型的核心,它将教师幸福感与个人资源(如教师自我效能感)、工作需求(如过多的工作量、过度竞争的工作环境)直接或间接地互动联系起来。该模型建立在经典的工作需求资源理论基础之上,涵盖了领导力在内的工作需求资源理论。

作为一个多维的概念,教师领导力与教师幸福感的关系并不局限于单一的途径。首先,促进教师专业学习的教师领导者可以通过满足教师成长和发展的需要,来促进教师的幸福感。其次,教师领导者的行为,如促进专业学习、肯定教师的工作、树立榜样、鼓励合作等,可以增加教师的个人资源,如教师自我效能感,从而有可能改善教师幸福感状况。最后,教师领导者的行为,如分配过多的工作、鼓励竞争等,有可能损害教师的身心幸福感。

第6章 结论与展望

本书的研究结果对改进理论、实践和教育政策具有重要价值。本章将讨论其影响和未来的研究方向。

6.1 研究结果的影响

下文重点讨论本书的研究结果对理论、实践和教育政策的影响，以及提出了未来研究的潜在方向。

6.1.1 对理论的影响

下面主要讨论本书的结论对理论可能产生的影响。

第一，本书提出了一个新的模型（见图5-1），该模型描述从教师领导力到教师幸福感的路径。这一模型是在工作需求资源理论和当前研究成果的基础上形成的，突出了教师领导力的多维影响。通过该模型，进一步对教师领导力与教师幸福感之间的关联机制进行理论化的概念阐述。

第二，教师对教师领导力的认识有利于对教师领导力进行知识建构。随着教师领导力实践和相关研究在我国的不断发展，建立一个本土化的概念框架以阐释教师领导力变得越来越重要。通过描述和分析教师对教师领导力的看法，本书形成了在中国教育背景下对教师领导力的理解。

第三，本书为工作需求资源理论框架在中国教育背景下的适用性提供了实证支持。通过将教师领导力这一概念融入工作需求资源理论框架，本书不仅拓展了该理论的应用范围，还进一步验证了领导力在工作需求资源理论框架中所发挥的作用。

6.1.2 对方法论的影响

本书的研究结果在方法论方面做出了贡献。研究发现，关于教师领导力的研究在研究方法上主要过度依赖定性研究，而关于教师幸福感的研究则主要采用定量研究方法。具体而言，约71%的教师领导力研究采用了定性研究方法，而约79%关于教师身心幸福感的研究使用定量方法。[1]目前的研究结果表明，本书采用的混合研究方法是可行的。通过严格的研究过程，基于解释性序列设计的混合方法有助于发现教师领导力作为独立建构对其他相关建构（如教师自我效能感、教师幸福感）的作用，弥补了单一研究方法可能带来的局限性。

6.1.3 对实践的影响

除了理论和方法上的启示之外，本书还因提出教师领导者在教师幸福感中的关键作用为学校的管理带来启示。

第一，教师领导力。通过强调从教师领导力到教师幸福感三条途径，证明了教师领导力对教师幸福感的作用。希望本书能拓宽学校管理者对教师领导力的认识，使教师认识到教师领导者的重要性，从而提高教师幸福指数。

第二，学校管理者需要制订教师领导力培训计划。通过这些培训，教师可以获得宝贵的经验和技能，提高领导能力。学校管理层也应支持教师领导力的实践，给予教师更多的自主权。

第三，学校管理者需要营造一种支持性的合作文化。具体来说，要为教师创造一个舒适的环境，鼓励他们畅所欲言，分享自己的专业知识和经验。教师之间的相互认可和接受是有效发挥领导作用的必要前提。学校管理者应帮助教师领导者认识到自己在促进同事专业学习中的重要作用，并充分发挥领导作用，引导和带领同事进行专业学习，从而提高教师幸福感。

第四，学校管理者应考虑适当改变传统的管理体制。在我国管理等级明确

---

[1] HASCHER T, WABER J. Teacher well-being: A systematic review of the research literature from the year 2000—2019[J]. Educational research review, 2021, 34(2021):1-25.

的文化氛围中,虽然有正式领导职位的教师更被认可的思想在短期内难以改变,但学校管理者可以倾听更多教师的心声,鼓励教师的领导行为。教师领导并不一定是具有领导才能的教师,任何能够促进同事专业学习的教师都可以成为领导者。教师不仅是执行学校领导下达任务的执行者,还可以参与学校管理的决策和实施。

6.1.4 对政策的影响

本书的研究发现和结果对教育政策具有重要影响。如前所述,为提高教育质量,中国自2010年以来一直在进行全面的教育改革,包括促进教师的专业发展和福祉。例如,2018年,《中共中央 国务院关于全面深化新时代教师队伍建设改革的意见》印发,强调要加强教师专业发展。2021年,贵州省教育厅响应国家"十四五"规划,出台了《贵州省教育发展"十四五"规划》,强调骨干校长、教师、学科带头人的引领作用。这两项政策都阐述了发展教师专业能力的重要性。因此,本书呼吁地方政府应制定相关法规,使教师能够在学校中发挥领导作用,如提供支持、与同事分享经验、鼓励同事之间的合作等。

6.2 研究的局限性

虽然本书填补了教师领导力和教师幸福感之间关系的研究空白,但也存在一些局限性,具体如下。

第一,教师领导力的数据样本量有限。本书的调查对象来自贵阳市的10所中学,共计315名教师,样本量有限。此外,本书只收集了贵阳市一个城市的数据,因此研究结果不能代表我国其他地区的情况。由于不可能覆盖所有的研究对象,所以研究结果可能存在一定的偏差。基于样本的局限性,教师领导力与教师幸福感之间关系的完整性和全面性可能无法得到准确的描述。

第二,本书的研究结果主要基于自我报告数据(包括问卷调查和半结构式访谈),仅提供了教师对教师领导力的看法。然而,仅使用自我报告数据有可能产生偏差。由于只有教师参与,所以收集到的数据可能并不完全客观。鉴于教师领导力与教师幸福感之间的关系复杂多样,研究参与者可能选择预期答案,而非真实答案。本书的目的不是要描述关于教师领导力的普遍现实,而是要揭示教师领导力和教师幸福感之间可能存在的关联。

第三,该研究还存在理论缺陷。工作需求资源模型具有通用性和灵活性,应用广泛。因此,工作需求资源模型可以成为探索教师领导力和教师幸福感之间关系的重要工具。然而,工作需求资源模型是通用的,不能明确区分教师幸福感与积极和消极工作特征之间的关系,如在本书中,教师领导者可能是积极的、支持性的,也可能是紧张的、压迫性的。因此,是否将教师领导者作为一种资源或需求,在某种程度上是一个主观选择的问题。

第四,本书采用横断面研究设计也存在局限性。横断面研究是指为研究目的在某一时间点收集相关信息。虽然可以在短时间内获得结果,但研究的广度和深度受到一定限制。领导力是一个长期发展的过程,因此,本书并不一定对教师领导力影响教师幸福感的过程进行了全面的具体分析。

6.3 未来研究的方向

基于对贡献和局限性的讨论,本节指出了未来研究的可能方向。

第一,教师领导力。未来的研究可能会从变革型领导力的角度研究教师领导力。本书的文献综述认为,教师领导力影响着学校系统内的各个层面。本书也发现,教师领导者的行为与变革型领导者的行为相似。因此,可以从变革型领导力的理论视角出发,探讨教师领导力如何参与促进教师、学生和学校的发展,以支持对教师领导力概念的深入理解。正如庞德所论述的,教师领导力的特征反映了变革型领导力的特征。今后,在这一领域的研究可以集中于更多关于变革型领导的文献综述,以调查教师领导者是否可以被视为一种变革型领导形式,从而影响教师幸福感,并重新认识教师领导者的效果。

第二,今后的研究可以考虑样本量问题和数据来源的局限性。如前所述,基于资源和时间的考虑,本书的样本量较小,而且只涉及教师的看法。除教师之外,涉及更多利益相关者的研究设计可以得出更灵活的结果。采用更大的样本量可以更好地代表人群,从而提供更准确的研究结果。因此,未来的研究可以考虑扩大样本量和教师群体,调查更多的教师和其他利益相关者,如校长和学生。

第三,未来的研究可以考虑扩大研究的地理范围。如前所述,本书只考察了贵阳一个城市,研究结果不一定适用于其他城市。值得注意的是,不同背景的教师可能对教师领导力和教师幸福感有不同的认识。来自相对不发达的山区城市的教师,由于资源、经济和文化等因素,与来自发达地区的教师相比,对教师领导力的感受自然不同。因此,未来的研究可以扩大研究范围,如在不同城市进行调查,来提高研究的普适性。

第四,今后的研究可以考虑解决自我报告数据的问题。本书仅通过教师自我报告的数据来调查教师的看法,可能无法全面了解教师领导力和教师幸福感之间的关系。今后的研究可以考虑将自我报告数据与观察数据等其他方法结合起来,以获得更客观的研究结果。

第五,今后的研究可以考虑克服横断面设计的缺点。虽然本书考查了教师对教师领导力及其与教师幸福感的关系的看法,但调查仅限于一个特定的时间范围。现有研究表明,领导力是一个长期发展的过程。因此,特定时间段的数据可能无法全面充分揭示教师领导力与教师幸福感之间的关系。未来的研究可以考虑采用纵向设计的探索性研究,这有利于了解教师领导力对教师幸福感影响的发展过程。

6.4 研究结论

自我国教育改革实施以来,教师的专业成长与幸福感便成为社会各界关注的焦点议题。虽然在实践中教师领导力作为推动教师专业成长与提升幸福感的关键因素已有所体现,但其概念化的理论框架尚未得到广泛传播与探讨。

本书旨在以工作需求资源理论为框架,探讨教师领导力如何与幸福感相关联,并了解教师对教师领导力的看法。在工作需求资源模型的基础上,将教师领导力作为独立因素进行研究,探讨其通过个人资源(如教师自我效能感)对教师幸福感的潜在影响。本书采用基于解释性序列设计的混合方法来解决研究问题。第一阶段的定量分析(问卷调查)旨在探讨教师领导力与教师幸福感之间的关系,以及教师自我效能感是否能调节这种关系。随后的定性研究(半结构式访谈)旨在探讨教师如何看待教师领导力,并帮助解释定量研究的结果。将定量研究和定性研究的结果结合起来,可以更全面地回答研究问题。

本书的研究结果表明,在教师心目中,教师领导者应提升教师的专业能力、关注学生的学习和心理健康、与家长沟通、参与学校管理。教师的非正式领导力正逐渐得到认可。然而,在我国传统的领导管理模式中,教师缺乏正式领导职位可能阻碍教师领导力的发挥。

综上所述,本书为我国教师领导力的现状和影响提供了一些新的直接证据。具体地说,教师领导力是如何通过教师自我效能感与教师幸福感联系在一起的,以及教师是如何看待教师领导力的。笔者希望通过相关研究的结论,使研究人员和政策制定者认识到教师领导力的重要性,尤其是教师领导力与教师幸福感之间的联系。

参考文献

[1]马丽,古颖.新优质学校教师领导力现状与发展策略——基于成都市292所新优质学校的实证调查[J].教师教育论坛,2022,35(6):28-31.

[2]LIU Y,FANG Y. Basic education reform in China:Globalization with Chinese characteristics[J]. Asia pacific journal of education,2009,29(4):407-412.

[3]国家中长期教育改革和发展规划纲要(2010—2020年)[Z].2010.

[4]国务院关于印发统筹推进世界一流大学和一流学科建设总体方案的通知[EB/OL].(2018-01-31)[2024-07-15].https://news.12371.cn/2015/11/05/ARTI1446711511413718.shtml.

[5]中共中央 国务院关于全面深化新时代教师队伍建设改革的意见[EB/OL].(2018-01-31)[2024-07-15].https://www.gov.cn/zhengce/2018-01/31/content_5262659.htm.

[6]陈振国.区域中小学骨干教师遴选与培养的思考[J].大连教育学院学报,2021,37(1):9-11.

[7]BU Y,HAN X. Promoting the development of backbone teachers through University-School Collaborative Research:The case of New Basic Education(NBE)reform in China[J]. Teachers and teaching,2019,25(2):200-219.

[8]NGUYEN D,HARRIS A,NG D. A review of the empirical research on teacher leadership(2003—2017):Evidence, patterns and implications[J]. Journal of educational administration,2019,58(1):60-80.

[9]胡继飞,古立新.我国教师领导力现状及其影响因素的调查研究——以广东省为例[J].课程·教材·教法,2012,32(5):111-116.

[10]申昕,徐瑾劼.上海初中教师领导力发展现状及提升路径研究——基于TALIS 2018数据结果的二次分析[J].教育参考,2022(1):13-20.

[11] JERRIM J, SIMS S. When is high workload bad for teacher wellbeing? Accounting for the non-linear contribution of specific teaching tasks[J]. Teaching and teacher education, 2021, 105: 1-10.

[12] POLONI N, ZIZOLFI D, IELMINI M, et al. A naturalistic study on the relationship among resilient factors, psychiatric symptoms, and psychosocial functioning in a sample of residential patients with psychosis[J]. Psychology research and behavior management, 2018, 11.

[13] SKAALVIK E M, SKAALVIK S. Job satisfaction, stress and coping strategies in the teaching profession-what do teachers say?[J]. International education studies, 2015, 8(3): 181-192.

[14] WERANG B R. The effect of workload, individual characteristics, and school climate on teachers' emotional exhaustion in elementary schools of Papua[J]. Cakrawala pendidikan, 2018, 37(3): 457-469.

[15] 杜屏, 谢瑶. 中小学教师薪酬满意度影响因素实证研究——基于公平理论的视角[J]. 华中师范大学学报(人文社会科学版), 2018, 57(2): 168-177.

[16] 孟祥斌, 王娴娴, 李广. 公平理论视域下我国中小学教师薪酬满意度及其影响因素的实证研究——基于《中国教师发展报告2019》的调查数据[J]. 现代教育论丛, 2022(1): 75-85.

[17] ZHU H, SONG X, ZHOU Y, et al. Influence of occupational stress on subjective well-being of primary and secondary school teachers in western mountainous areas: A moderated mediation model[J]. Studies of psychology and behavior, 2022, 20(1): 115-121.

[18] 张家军, 闫君子. 中小学教师负担: 减与增的辩证法[J]. 教育研究, 2022, 43(5): 149-159.

[19] KILINÇ A Ç, BELLIBAŞ M Ş, BEKTAŞ F. Antecedents and outcomes of teacher leadership: The role of teacher trust, teacher self-efficacy and instructional practice[J]. International journal of educational management, 2021, 35(7): 1556-1571.

[20] AKMAN Y. The relationships among teacher leadership, teacher self-efficacy and

teacher performance[J]. Journal of theoretical educational science, 2021, 14(4): 720-744.

[21]CEMALOĞLU N, SAVAŞ G. Examining the relationship between supportive behaviors of school principals and teacher leadership[J]. International online journal of educational sciences, 2018, 10(1).

[22] MUIJS D, HARRIS A. Teacher leadership-improvement through empowerment? An overview of the literature[J]. Educational management & administration, 2003, 31(4):437-448.

[23]SCHOTT C, VAN ROEKEL H, TUMMERS L. Teacher leadership: A systematic review, methodological quality assessment and conceptual framework [J]. Educational research review, 2020, 31:1-24.

[24] BERRY B. Teacher leadership: Prospects and promises [J]. Phi delta kappan, 2019, 100(7):49-55.

[25] HARRIS A, JONES M. Teacher leadership and educational change [J]. School leadership & management, 2019, 39(2):123-126.

[26]ÖQVIST A, MALMSTRÖM M. What motivates students? A study on the effects of teacher leadership and students' self-efficacy[J]. International journal of leadership in education, 2018, 21(2):155-175.

[27] COSENZA M N. Defining teacher leadership: Affirming the teacher leader model standards[J]. Issues in teacher education, 2015, 24(2):79-99.

[28]GORDON D, BLUNDELL C, MILLS R, et al. Teacher self-efficacy and reform: A systematic literature review[J]. The Australian educational researcher, 2022.

[29]MORAN M T, HOY A W, HOY W K. Teacher efficacy: Its meaning and measure [J]. Review of educational research, 1998, 68(2):202-248.

[30]WENNER J A, CAMPBELL T. The theoretical and empirical basis of teacher leadership: A review of the literature[J]. Review of educational research, 2017, 87(1): 134-171.

[31]MUIJS D, HARRIS A. Teacher led school improvement: Teacher leadership in the

UK[J]. Teaching and teacher education,2006,22(8):961-972.

[32] HASSAN O,IBOURK A. Burnout,self-efficacy and job satisfaction among primary school teachers in Morocco[J]. Social sciences & humanities open,2021,4(1):100148.

[33] ALIBAKHSHI G,NIKDEL F,LABBAFI A. Exploring the consequences of teachers' self-efficacy:A case of teachers of English as a foreign language[J]. Asian-Pacific journal of second and foreign language education,2020,5(1):23.

[34] HUNZICKER J. Professional development and job-embedded collaboration:How teachers learn to exercise leadership[J]. Professional development in education,2012,38(2):267-289.

[35] MAMMADZADA M. The role of leadership in teachers' self-efficacy; proceedings of the society integration education proceedings of the international scientific conference,F,2021[EB/OL].(2021-12-06)[2024-07-15].https://doi.org/10.17770/sie2021vol2.6485.

[36] MERCER S,GREGERSEN T. Teacher wellbeing[M]. Oxford:Oxford University Press,2020.

[37] MACINTYRE P D,ROSS J,TALBOT K,et al. Stressors,personality and wellbeing among language teachers[J]. System,2019,82:26-38.

[38] LIU J. Exploring teacher attrition in urban China through interplay of wages and well-being[J]. Education and urban society,2021,53(7):807-830.

[39] HARDING S,MORRIS R,GUNNELL D,et al. Is teachers' mental health and wellbeing associated with students' mental health and wellbeing?[J]. Journal of affective disorders,2019,242:180-187.

[40] TURNER K,THEILKING M. Teacher wellbeing:Its effects on teaching practice and student learning[J]. Issues in educational research,2019,29(3):938-960.

[41] MUCKENTHALER M,TILLMANN T,WEIS S,et al. Teacher collaboration as a core objective of school development[J]. School effectiveness and school improvement,2020,31(3):486-504.

[42]SZCZESIUL S A,HUIZENGA J L. Bridging structure and agency:Exploring the role of teacher leadership in teacher collaboration[J]. Journal of school leadership,2015,25(2):368-410.

[43]YIN H,HUANG S,LV L. A multilevel analysis of job characteristics,emotion regulation, and teacher well-being:A job demands-resources model[J]. Frontiers in psychology,2018,9(2395):1-13.

[44]EIDE B L,VITTERSØ J. Ticket to ride:A longitudinal journey to health and work-Attendance in the JD-R model[J]. International journal of environmental research and public health,2021,18(8):4327.

[45]SCHAUFELI W B. Engaging leadership in the job demands-resources model[J]. Career development international,2015,20(5):446-463.

[46]TUMMERS L G,BAKKER A B. Leadership and job demands-resources theory:A systematic review[J]. Frontiers in psychology,2021,12(4149).

[47]VALI M. Relationship between high school teachers' wellbeing and teachers' efficacy[J]. Acta scientiarum education,2012,34(2):233-241.

[48]BARR M H,NEWMAN S,HUNT T G,et al. Teacher self-efficacy in handling violent events:Its impact on teacher wellbeing[J]. International journal of management in education,2022,16(2):103-130.

[49]CHERKOWSKI S. Positive teacher leadership:Building mindsets and capacities to grow wellbeing[J]. International journal of teacher leadership,2018,9(1):63-78.

[50]罗小兰,王静.近十年我国教师主观幸福感研究综述[J].教育学术月刊,2016(12):72-77.

[51]张雪俐.我国教师领导力研究综述[J].教育实践与研究(C),2022(6):62-64.

[52]中国教育科学研究院.调查报告显示:全国基础教育满意度"东高西低"[Z].2015.

[53]周亚娟,孟崒宇.贵州省初中教师工作满意度调查研究[J].贵州民族学院学报(哲学社会科学版),2011(2):186-189.

[54]SMYLIE M A,ECKERT J. Beyond superheroes and advocacy:The pathway of

teacher leadership development[J]. Educational management administration & leadership,2018,46(4):556-577.

[55] WARREN L L. The importance of teacher leadership skills in the classroom[J]. Education journal,2021,10(1):8-15.

[56] SHEN J,WU H,REEVES P,et al. The association between teacher leadership and student achievement: A meta-analysis[J]. Educational research review,2020,31:1-19.

[57] NGUYEN T D,HUNTER S. Towards an understanding of dynamics among teachers,teacher leaders,and administrators in a teacher-led school reform[J]. Journal of educational change,2018,19(4):539-565.

[58] YAACOB W S W,DON Y. Teacher leadership model:Roles and values[J]. Journal of pedagogical research,2018,2(2):112-121.

[59] DEDEYN R. Teacher leadership and student outcomes in a US university intensive english program[J]. Teaching english as a second language electronic journal (TESL-EJ),2021,24(4):1-23.

[60] MUSA K,YUSOF H,NOOR M A M,et al. The influence of pre-service teacher's self-efficacy on teacher leadership readiness[J]. International journal of academic research in progressive education & development,2019,8(4):66-76.

[61] SKAALVIK E M,SKAALVIK S. Dimensions of teacher self-efficacy and relations with strain factors,perceived collective teacher efficacy,and teacher burnout[J]. Journal of educational psychology,2007,99(3):611-625.

[62] GRAY C,WILCOX G,NORDSTOKKE D. Teacher mental health,school climate,inclusive education and student learning: A review[J]. Canadian psychology/psychologie canadienne,2017,58(3):203.

[63] HERMAN K C,ROSA J E H,REINKE W M. Empirically derived profiles of teacher stress,burnout,self-efficacy,and coping and associated student outcomes [J]. Journal of positive behavior interventions,2018,20(2):90-100.

[64] ZHANG M,TIAN J,NI H,et al. Exploring teacher leadership and the factors con-

tributing to it: An empirical study on Chinese private higher education institutions [J]. Sage open, 2021, 11(1): 1-12.

[65] LI L, LIU Y. An integrated model of principal transformational leadership and teacher leadership that is related to teacher self-efficacy and student academic performance[J]. Asia pacific journal of education, 2020: 1-18.

[66] WALLER W. The sociology of teaching[M]. New York: John Wiley & Sons Inc, 1932.

[67] SMYLIE M A, DENNY J W. Teacher leadership: Tensions and ambiguities in organizational perspective [J]. Educational administration quarterly, 1990, 26(3): 235-259.

[68] BARR J Y, DUKE K. What do we know about teacher leadership? Findings from two decades of scholarship [J]. Review of educational research, 2004, 74(3): 255-316.

[69] HARRIS A. Teacher leadership and distributed leadership: An exploration of the literature[J]. Leading and managing, 2004, 10(2): 1-9.

[70] SHARAR T, NAWAB A. Teachers' perceived teacher leadership practices: A case of private secondary schools in Lahore, Pakistan[J]. Social sciences & humanities open, 2020, 2(1): 100049.

[71] KAMARUZAMAN N L, MUSA K, HASHIM Z. Teacher leadership: Concept and framework[J]. International journal of academic research in progressive education and development, 2020, 9(2): 574-587.

[72] SILVA D, GIMBERT B, NOLAN J. Sliding the doors: Locking and unlocking possibilities for teacher leadership[J]. Teachers college record, 2000, 102(4): 779-804.

[73] NI L B, RABE Z, HASSAN N A. Teachers leadership dimension in history learning [J]. International journal of educational and pedagogical sciences, 2017, 12(1): 11-15.

[74] POUNDER J S. Transformational classroom leadership: The fourth wave of teacher leadership? [J]. Educational management administration & leadership, 2006, 34

(4):533-545.

[75] LIU Y. Contextual influence on formal and informal teacher leadership[J]. International journal of educational research open,2021,2:1-15.

[76] BERG J H,ZOELLICK B. Teacher leadership:Toward a new conceptual framework[J]. Journal of professional capital and community,2019,4(1):2-14.

[77] CHEN J. Understanding teacher leaders' behaviours:Development and validation of the teacher leadership inventory[J]. Educational management administration & leadership,2020,50(4):630-648.

[78] TEACHER LEADERSHIP EXPLORATORY CONSORTIUM. Teacher leader model standards[Z]. Teacher leadership exploratory consortium,2011.

[79] BERG J H,CARVER C L,MANGIN M M. Teacher leader model standards:Implications for preparation,policy,and practice[J]. Journal of research on leadership education,2014,9(2):195-217.

[80] UNGAR O A,INBAL T S. ICT coordinators' TPACK-based leadership knowledge in their roles as agents of change[J]. Journal of information technology education:Research,2017,16:169-188.

[81] ALLEN D. The resourceful facilitator:Teacher leaders constructing identities as facilitators of teacher peer groups[J]. Teachers and teaching,2016,22(1):70-83.

[82] TAHIR L M,MUSAH M B,HUDAWI S H V A,et al. Becoming a teacher Leader:Exploring malaysian in-service teachers' perceptions,readiness and challenges[J]. Education & science/egitim ve bilim,2020,45(202):283-310.

[83] INGERSOLL R M,SIRINIDES P,DOUGHERTY P. Leadership matters:Teachers' roles in school decision making and school performance[J]. American educator,2018,42(1):13.

[84] LIANG J G,WANG F. Teacher leadership? Voices of backbone teachers in China[J]. Journal of school leadership,2019,29(3):229-247.

[85] 陈丹,涂艳国. 中小学骨干教师发展何以持续——基于W市骨干教师的调查[J]. 教育研究与实验,2022(1):84-89.

[86] HAN X. Big moves to improve the quality of teacher education in China[J]. On the Horizon,2012,20(4):324-335.

[87] WANG X, WONG J L. Teacher leaders' brokerage practice in China: Impact on teacher learning in a school-university partnership[J]. Educational management administration & leadership,2021:751-768.

[88] PANG N S K, MIAO Z. The roles of teacher leadership in Shanghai education success[J]. Bulgarian comparative education society,2017,15:93-100.

[89] DE NOBILE J. Towards a theoretical model of middle leadership in schools[J]. School leadership & management,2018,38(4):395-416.

[90] HENG M A, MARSH C J. Understanding middle leaders: A closer look at middle leadership in primary schools in Singapore[J]. Educational studies,2009,35(5):525-536.

[91] TANG J. Mapping the terrain: A literature review on school middle leadership in Mainland China[J]. International journal of leadership in education,2022:1-23.

[92] LI S C, POON A Y K, LAI T K H, et al. Does middle leadership matter? Evidence from a study of system-wide reform on English language curriculum[J]. International journal of leadership in education,2021,24(2):226-243.

[93] FLETCHER L H. Becoming a subject leader: What's in a name? Subject leadership in English primary schools[J]. School leadership & management,2002,22(4):407-420.

[94] MARSHALL S G. Educational middle change leadership in new zealand: The meat in the sandwich[J]. International journal of educational management,2012,26(6):502-528.

[95] BRYANT D A, WONG Y L, ADAMES A. How middle leaders support in-service teachers' on-site professional learning[J]. International journal of educational research,2020,100:101530.

[96] LIPSCOMBE K, TINDALL-FORD S, LAMANNA J. School middle leadership: A systematic review[J]. Educational management administration & leadership,2023,

51(2):270-288.

[97] BOWER J M, CARROLL A. Capturing real-time emotional states and triggers for teachers through the teacher wellbeing web-based application t: A pilot study[J]. Teaching and teacher education, 2017, 65: 183-191.

[98] ADAMS D, SAMAT S N A, SAMAH H A. Teacher leadership: Going beyond classroom[J]. International online journal of educational leadership, 2018, 2(1): 1-3.

[99] CANSOY R, PARLAR H. Examining the relationship between school culture and teacher leadership[J]. International online journal of educational sciences, 2017, 9(2): 310-322.

[100] LI P H, MAYER D, MALMBERG L E. Teacher well-being in the classroom: A micro-longitudinal study[J]. Teaching and teacher education, 2022, 115: 1-12.

[101] SCHAUFELI W B, BAKKER A B. Defining and measuring work engagement: Bringing clarity to the concept[J]. Work engagement: A handbook of essential theory and research, 2010, 12: 10-24.

[102] BETORET F D, SEGURA S L, ARTIGA A G. Teacher support resources, need satisfaction and well-being[J]. The spanish journal of psychology, 2015, 18(e6): 1-12.

[103] TORO LB, URSÚA M P, HERNÁNDEZ V. Towards a model of teacher wellbeing: Personal and job resources involved in teacher burnout and engagement [J]. Educational psychology, 2016, 36(3): 481-501.

[104] VRANJEŠEVIĆ J, FROST D. Stories from intercultural education in Serbia: Teacher leadership and parent participation[J]. European education, 2016, 48(1): 63-78.

[105] ALEGADO P J E. The challenges of teacher leadership in the Philippines as experienced and perceived by teachers[J]. International journal of education and research, 2018, 6(6): 291-302.

[106] LEITHWOOD K, JANTZI D. The relative effects of principal and teacher sources of leadership on student engagement with school[J]. Educational administration

quarterly,1999,35(5):679-706.

[107] ANGELLE P, DEHART C. Comparison and evaluation of four models of teacher leadership[J]. Research in educational administration & leadership,2016,1(1):86-118.

[108] HANUSCIN D L, SINHA S, REBELLO C M. Supporting the development of science teacher leaders-where do we begin?[J]. Science educator,2011,2(11):12-18.

[109] WANG M, XIA J. A scale for measuring teacher leadership in early childhood education in China: Development and validation[J]. Educational management administration & leadership,2020,50(4):1432-1741.

[110] ANGELLE P S, DEHART C A. Teacher perceptions of teacher leadership: Examining differences by experience, degree, and position[J]. NASSP bulletin,2011,95(2):141-160.

[111] LIU P. Understanding the relationship between teacher leadership and collective teacher efficacy in Chinese urban primary schools[J]. International journal of leadership in education,2021:1-14.

[112] BARDACH L, KLASSEN R M, PERRY N E. Teachers' psychological characteristics: Do they matter for teacher effectiveness, teachers' well-being, retention, and interpersonal relations? An integrative review[J]. Educational psychology review,2022,34(1):259-300.

[113] CRESWELL J W, CLARK V L P. Designing and conducting mixed methods research[M]. 3 ed.Thousand Oras:Sage Publications,Inc,2017.

[114] PRINTY S, LIU Y. Distributed leadership globally: The interactive nature of principal and teacher leadership in 32 countries[J]. Educational administration quarterly,2021,57(2):290-325.

[115] DIENER E. Subjective well-being[J]. Psychological bulletin, 1984, 95(3):542-575.

[116] RYFF C D. Happiness is everything, or is it? Explorations on the meaning of psy-

chological well-being[J]. Journal of personality and social psychology,1989,57 (6):1069.

[117]SELIGMAN M E. Flourish:A visionary new understanding of happiness and well-being[M]. New York:Simon and Schuster,2012.

[118]DECI E L,RYAN R M. Self-determination theory[M]. Thousand Oaks,CA:Sage Publications Ltd,2012:416-436.

[119]WATERMAN A S. Two conceptions of happiness:Contrasts of personal expressiveness (eudaimonia) and hedonic enjoyment[J]. Journal of personality and social psychology,1993,64(4):678-691.

[120]COLLIE R J. Teacher wellbeing [M]. London: Building Better Schools with Evidence-based Policy. Routledge,2021:169-175.

[121]ACTON R,GLASGOW P. Teacher wellbeing in neoliberal contexts:A review of the literature[J]. Australian journal of teacher education(Online),2015,40(8): 99-114.

[122]MCCALLUM F,PRICE D,GRAHAM A,et al. Teacher wellbeing:A review of the literature[J]. The university of Adelaide,Australia,2017,34:1-53.

[123]BERMEJO L,FRANCO V H,URSÚA M P. Teacher well-being:Personal and job resources and demands[J]. Procedia-social and behavioral sciences,2013,84: 1321-1325.

[124]VIAC C,FRASER P. Teachers' well-being[J]. OECD education working papers, 2020:1-82.

[125]CHEN J,ZHANG L,LI X,et al. The multidimensional teacher well-being: A mixed-methods approach[J]. Teachers and teaching,2023:1-21.

[126]HASCHER T,WABER J. Teacher well-being:A systematic review of the research literature from the year 2000—2019 [J]. Educational research review, 2021,34(2021):1-25.

[127]GREGERSEN T,MERCER S,MACINTYRE P,et al. Understanding language teacher wellbeing:An ESM study of daily stressors and uplifts [J]. Language

teaching research,2020:1-22.

[128]ZARATE K,MAGGIN D M,PASSMORE A. Meta-analysis of mindfulness training on teacher well-being[J]. Psychology in the schools,2019,56(10):1700-1715.

[129]NGUYEN T D,PHAM L,SPRINGER M G,et al. The factors of teacher attrition and retention:An updated and expanded meta-analysis of the literature[J]. Annenberg institute at Brown University,2019:19-149.

[130]GARCIA A U. What do we know about university academics' mental health? A systematic literature review[J]. Stress and health,2020,36(5):563-585.

[131]DABROWSKI A. Teacher wellbeing during a pandemic:Surviving or thriving? [J]. Social education research,2021,2(1):35-40.

[132]KUN Á,BALOGH P,KRASZ K G. Development of the work-related well-being questionnaire based on Seligman's PERMA model[J]. Periodica Polytechnica Social and management sciences,2017,25(1):56-63.

[133]REBOLO F,CONSTANTINO M. Teacher well scale(EBED):Developement and validation[J]. Cadernos de pesquisa,2020,50(176):444-460.

[134]FITCH R I G,PEDRAZA Y T C,SÁNCHEZ M D C R,et al. Measuring the subjective well-being of teachers[J]. Journal of educational,health and community psychology,2017,6(3):25-59.

[135]MADIGAN D J,KIM L E. Towards an understanding of teacher attrition:A meta-analysis of burnout,job satisfaction,and teachers' intentions to quit[J]. Teaching and teacher education,2021,105:1-14.

[136]WU D. Relationship between job burnout and mental health of teachers under work stress[J]. Revista argentina de clinica psicologica,2020,29(1):310.

[137]SKAALVIK E M,SKAALVIK S. Motivated for teaching? Associations with school goal structure,teacher self-efficacy,job satisfaction and emotional exhaustion[J]. Teaching and teacher education,2017,67:152-160.

[138]PEIXOTO F,WOSNITZA M,PIPA J,et al. A multidimensional view on pre-

service teacher resilience in Germany, Ireland, Malta and Portugal [M]// WOSNITZA M, PEIXOTO F, BELTMAN S, et al. Resilience in Education: Concepts, Contexts and Connections. Cham: Springer International Publishing, 2018: 73-89.

[139] YADA A, BJÖRN P M, SAVOLAINEN P, et al. Pre-service teachers' self-efficacy in implementing inclusive practices and resilience in Finland[J]. Teaching and teacher education, 2021, 105: 103398.

[140] BROUSKELI V, KALTSI V, MARIA L. Resilience and occupational well-being of secondary education teachers in Greece[J]. Issues in educational research, 2018, 28(1): 43-60.

[141] HUANG S, YIN H, LV L. Job characteristics and teacher well-being: The mediation of teacher self-monitoring and teacher self-efficacy[J]. Educational psychology, 2019, 39(3): 313-331.

[142] PRETSCH J, FLUNGER B, SCHMITT M. Resilience predicts well-being in teachers, but not in non-teaching employees[J]. Social psychology of education, 2012, 15(3): 321-336.

[143] PERERA H N, GRANZIERA H, MCILVEEN P. Profiles of teacher personality and relations with teacher self-efficacy, work engagement, and job satisfaction [J]. Personality and individual differences, 2018, 120: 171-178.

[144] SKAALVIK E M, SKAALVIK S. Teacher self-efficacy and perceived autonomy: Relations with teacher engagement, job satisfaction, and emotional exhaustion[J]. Psychological reports, 2014, 114(1): 68-77.

[145] XIE Z, ZHANG L F, DENG M. Self-efficacy and work motivation among inclusive education teachers in China[J]. International journal of disability, development and education, 2022: 1-15.

[146] LOWE V M, LABELL J C, MEYERS N Z. Can you teach resilience?[J]. The journal of clinical psychiatry, 2021, 82(5): 1-4.

[147] SHOSHANI A, ELDOR L. The informal learning of teachers: Learning climate,

job satisfaction and teachers' and students' motivation and well-being[J]. International journal of educational research, 2016, 79:52-63.

[148] EDINGER S K, EDINGER M J. Improving teacher job satisfaction: The roles of social capital, teacher efficacy, and support[J]. The Journal of psychology, 2018, 152(8):573-593.

[149] DREER B. Teachers' well-being and job satisfaction: The important role of positive emotions in the workplace[J]. Educational studies, 2021:1-17.

[150] ANSLEY B M, HOUCHINS D E, VARJAS K, et al. The impact of an online stress intervention on burnout and teacher efficacy[J]. Teaching and teacher education, 2021, 98:103251.

[151] LAUERMANN F, KÖNIG J. Teachers' professional competence and wellbeing: Understanding the links between general pedagogical knowledge, self-efficacy and burnout[J]. Learning and instruction, 2016, 45:9-19.

[152] MORRIS J E, LUMMIS G W, LOCK G, et al. The role of leadership in establishing a positive staff culture in a secondary school[J]. Educational management administration & leadership, 2020, 48(5):802-820.

[153] CANN R F, PRABHAKAR R R, POWELL D. A model of positive school leadership to improve teacher wellbeing[J]. International journal of applied positive psychology, 2021, 6(2):195-218.

[154] BUSKILA Y, EVI T C. The role of authentic school leaders in promoting teachers' well-being: Perceptions of Israeli teachers[J]. Athens journal of education, 2021, 8(2):161-80.

[155] WINTER J S, BRESSMAN S, EFRON E S. An innovative model of mentoring teachers in Jewish day schools[J]. International journal of mentoring and coaching in education, 2020, 9(1):37-51.

[156] TORRES D G. Distributed leadership, professional collaboration, and teachers' job satisfaction in U.S. schools[J]. Teaching and teacher education, 2019, 79:111-123.

[157] LIU Y, BELLIBAŞ M Ş, GÜMÜŞ S. The effect of instructional leadership and distributed leadership on teacher self-efficacy and job satisfaction: Mediating roles of supportive school culture and teacher collaboration[J]. Educational management administration & leadership, 2021, 49(3): 430-453.

[158] DUYAR I, GUMUS S, BELLIBAS M S. Multilevel analysis of teacher work attitudes: The influence of principal leadership and teacher collaboration[J]. International journal of educational management, 2013: 700-719.

[159] VAZI M L, RUITER R A, BORNE B V D, et al. The relationship between wellbeing indicators and teacher psychological stress in Eastern Cape public schools in South Africa[J]. SA journal of industrial psychology, 2013, 39(1): 1-10.

[160] YUSOFF S M, ARIFFIN T F T. Looking after teacher wellbeing: Does teacher empowerment matter?[J]. Malaysian online journal of educational management, 2020, 8(4): 43-56.

[161] SARAFIDOU J O, CHATZIIOANNIDIS G. Teacher participation in decision making and its impact on school and teachers[J]. International journal of educational management, 2013, 27(2): 170-183.

[162] ZHANG X, WANG Y, LIU X, et al. The relationship between interpersonal relationship and the subjective well-being of Chinese primary and secondary teachers: A mediated moderation model[J]. International journal of educational and pedagogical sciences, 2016, 10(5): 1472-1476.

[163] AHN H H, KIM H S. Effects of job stress on job satisfaction in school dieticians and nutrition teacher-focus on the moderating effect of interpersonal relationship type[J]. Journal of the Korean dietetic association, 2018, 24(3): 212-230.

[164] SRIVALLI P, VIJAYALAKSHMI B. Job satisfaction: A study on interpersonal relationship and faculty workload[J]. International journal on global business management & research, 2015, 3(2): 51-54.

[165] GAST I, NEELEN M, DELNOIJ L, et al. Supporting the well-being of new university teachers through teacher professional development[J]. Front psychol, 2022,

13:866000.

[166] POEKERT P E. Teacher leadership and professional development: Examining links between two concepts central to school improvement[J]. Professional development in education, 2012, 38(2):169-188.

[167] WIECZOREK D, LEAR J. Building the "bridge": Teacher leadership for learning and distributed organizational capacity for instructional improvement[J]. International journal of teacher leadership, 2018, 9(2):22-47.

[168] COOPER K S, STANULIS R N, BRONDYK S K, et al. The teacher leadership process: Attempting change within embedded systems[J]. Journal of educational change, 2016, 17(1):85-113.

[169] DEVOS G, TUYTENS M, HULPIA H. Teachers' organizational commitment: Examining the mediating effects of distributed leadership[J]. American journal of education, 2014, 120(2):205-231.

[170] DICKE T, STEBNER F, LINNINGER C, et al. A longitudinal study of teachers' occupational well-being: Applying the job demands-resources model[J]. Journal of occupational health psychology, 2018, 23(2):262-277.

[171] ALDRUP K, KLUSMANN U, LÜDTKE O, et al. Student misbehavior and teacher well-being: Testing the mediating role of the teacher-student relationship[J]. Learning and instruction, 2018, 58:126-136.

[172] MANKIN A, VON DER EMBSE N, RENSHAW T L, et al. Assessing teacher wellness: Confirmatory factor analysis and measurement invariance of the teacher subjective wellbeing questionnaire[J]. Journal of psychoeducational assessment, 2018, 36(3):219-232.

[173] KAMIL Y. Main factors of teachers professional well-being[J]. Educational research and reviews, 2014, 9(6):153-163.

[174] YIN H, HUANG S, WANG W. Work environment characteristics and teacher well-being: The mediation of emotion regulation strategies[J]. International journal of environmental research and public health, 2016, 13(9):907.

[175]MILATZ A, LÜFTENEGGER M, SCHOBER B. Teachers' relationship closeness with students as a resource for teacher wellbeing: A response surface analytical approach[J]. Frontiers in psychology, 2015, 6(1949).

[176]RENSHAW T L, LONG A C, COOK C R. Assessing teachers' positive psychological functioning at work: Development and validation of the teacher subjective wellbeing questionnaire[J]. School psychology quarterly, 2015, 30(2):289.

[177]KRISTENSEN T S, BORRITZ M, VILLADSEN E, et al. The copenhagen burnout inventory: A new tool for the assessment of burnout[J]. Work & stress, 2005, 19(3):192-207.

[178]ROTTER J B. Generalized expectancies for internal versus external control of reinforcement [J]. Psychological monographs: General and applied, 1966, 80(1):1-28.

[179]BANDURA A, ADAMS N E. Analysis of self-efficacy theory of behavioral change [J]. Cognitive therapy and research, 1977, 1(4):287-310.

[180]ARMOR D. Analysis of the school preferred reading program in selected Los Angeles minority schools[R]. Los Angeles: Rand Corp, 1976.

[181]ROSS J A. Teacher efficacy and the effects of coaching on student achievement [J]. Canadian journal of education, 1992, 17(1):51-65.

[182]BARBARANELLI C, PACIELLO M, BIAGIOLI V, et al. Positivity and behaviour: The mediating role of self-efficacy in organisational and educational settings [J]. Journal of happiness studies, 2019, 20(3):707-727.

[183]GIBSON S, DEMBO M H. Teacher efficacy: A construct validation[J]. Journal of educational psychology, 1984, 76(4):569-582.

[184]MORAN M T, HOY A W. Teacher efficacy: Capturing an elusive construct[J]. Teaching and teacher education, 2001, 17(7):783-805.

[185]DUFFIN L C, FRENCH B F, PATRICK H. The teachers' sense of efficacy scale: Confirming the factor structure with beginning pre-service teachers[J]. Teaching and teacher education, 2012, 28(6):827-834.

[186] SCHWARZER R, HALLUM S. Perceived teacher self-efficacy as a predictor of job stress and burnout: Mediation analyses[J]. Applied psychology, 2008, 57(s1): 152-171.

[187] GUSKEY T R, PASSARO P D. Teacher efficacy: A study of construct dimensions[J]. American educational research journal, 1994, 31(3): 627-643.

[188] NEWMANN F M, RUTTER R A, SMITH M S. Organizational factors that affect school sense of efficacy, community, and expectations[J]. Sociology of education, 1989, 62(4): 221-238.

[189] GERONIMO V. Assessing teachers' self-efficacy beliefs using Bandura's scale[J]. Research journal of education, 2021: 150-155.

[190] JOHNSON J L. Teacher self-efficacy and teacher work engagement for expats at international K12 schools in China: A correlation analysis[J]. International journal of educational research open, 2022, 3: 100176.

[191] ZEE M, KOOMEN H M Y. Teacher self-efficacy and its effects on classroom processes, student academic adjustment, and teacher well-being: A synthesis of 40 years of research[J]. Review of educational research, 2016, 86(4): 981-1015.

[192] KÜNSTING J, NEUBER V, LIPOWSKY F. Teacher self-efficacy as a long-term predictor of instructional quality in the classroom[J]. European journal of psychology of education, 2016, 31(3): 299-322.

[193] BURIĆ I, KIM L E. Teacher self-efficacy, instructional quality, and student motivational beliefs: An analysis using multilevel structural equation modeling[J]. Learning and instruction, 2020, 66: 101302.

[194] SHAHZAD K, NAUREEN S. Impact of teacher self-efficacy on secondary school students' academic achievement[J]. Journal of education and educational development, 2017, 4(1): 48-72.

[195] WANT A C V D, BROK P D, BEIJAARD D, et al. The relation between teachers' interpersonal role identity and their self-efficacy, burnout and work engagement[J]. Professional development in education, 2019, 45(3): 488-504.

[196] KARASEK J R R A. Job demands, job decision latitude, and mental strain: Implications for job redesign [J]. Administrative science quarterly, 1979, 24 (2): 285-308.

[197] SIEGRIST J. Adverse health effects of high-effort/low-reward conditions[J]. Journal of occupational health psychology, 1996, 1(1): 27-41.

[198] BAKKER A B, DEMEROUTI E. The job demands-resources model: State of the art[J]. Journal of managerial psychology, 2007, 22(3): 309-328.

[199] DEMEROUTI E, BAKKER A B, NACHREINER F, et al. The job demands-resources model of burnout [J]. Journal of applied psychology, 2001, 86(3): 499-512.

[200] SCHAUFELI W B, BAKKER A B. Job demands, job resources, and their relationship with burnout and engagement: A multi-sample study[J]. Journal of organizational Behavior: The international journal of industrial, occupational and organizational psychology and behavior, 2004, 25(3): 293-315.

[201] BAKKER A B, DEMEROUTI E, VERBEKE W. Using the job demands-resources model to predict burnout and performance[J]. Human resource management: Published in cooperation with the school of business administration, the university of michigan and in alliance with the society of human resources management, 2004, 43(1): 83-104.

[202] XANTHOPOULOU D, BAKKER A B, DEMEROUTI E, et al. The role of personal resources in the job demands-resources model[J]. International journal of stress management, 2007, 14(2): 121-141.

[203] BAKKER A B, DEMEROUTI E. Job demands-resources theory[J]. Wellbeing: A complete reference guide, 2014: 1-28.

[204] BAKKER A B, DEMEROUTI E. Job demands-resources theory: Taking stock and looking forward [J]. Journal of occupational health psychology, 2017, 22(3): 273-285.

[205] SHEVCHUK A, STREBKOV D, DAVIS S N. Work value orientations and worker

well-being in the new economy[J]. International journal of sociology and social policy,2018,38(9/10):736-753.

[206]GHISLIERI C,EMANUEL F,MOLINO M,et al. New technologies smart,or harm work-family boundaries management? Gender differences in conflict and enrichment using the JD-R theory[J]. Frontiers in psychology,2017,8(1070):1-13.

[207]KOROGLU Ş,OZMEN O. The mediating effect of work engagement on innovative work behavior and the role of psychological well-being in the job demands-resources (JD-R) model [J]. Asia-pacific journal of business administration, 2022,14(1):124-144.

[208]XIA J,SHUN H. Exploring the mechanisms influencing the occupational well-being of early childhood teachers: A qualitative study based on the JD-R model [J]. Natural volatiles & essential Oils,2021,8(5):11158-11181.

[209]GRANZIERA H, COLLIE R, MARTIN A. Understanding teacher wellbeing through job demands-resources theory[M]. Singapore:Cultivating Teacher Resilience Springer,2021:229-244.

[210]RAJENDRAN N,WATT H M G,RICHARDSON P W. Teacher burnout and turnover intent[J]. The Australian educational researcher,2020,47(3):477-500.

[211]BAPTISTE M. No teacher left behind:The impact of principal leadership styles on teacher job satisfaction and student success[J]. Journal of international education and Leadership,2019,9(1):1-11.

[212]SKAALVIK E M,SKAALVIK S. Job demands and job resources as predictors of teacher motivation and well-being[J]. Social psychology of education, 2018, 21 (5):1251-1275.

[213]BAKKER A B,DEMEROUTI E,TARIS T W,et al. A multigroup analysis of the job demands-resources model in four home care organizations[J]. International journal of stress management,2003,10(1):16-38.

[214]DEMEROUTI E, BAKKER A B. The job demands-resources model:Challenges for future research[J]. SA journal of industrial psychology,2011,37(2):1-9.

[215] BAKKER A B, HAKANEN J J, DEMEROUTI E, et al. Job resources boost work engagement, particularly when job demands are high[J]. Journal of educational psychology, 2007, 99(2):274-284.

[216] BREEVAART K, BAKKER A, HETLAND J, et al. Daily transactional and transformational leadership and daily employee engagement[J]. Journal of occupational and organizational psychology, 2014, 87(1):138-157.

[217] BARBIERI B, SULIS I, PORCU M, et al. Italian teachers' well-veing within the high school context: Evidence from a large scale survey[J]. Frontiers in psychology, 2019, 10(1926):1-13.

[218] BREEVAART K, BAKKER A B. Daily job demands and employee work engagement: The role of daily transformational leadership behavior[J]. Journal of occupational health psychology, 2018, 23(3):338.

[219] BASS B I, CIGULAROV K P, CHEN P Y, et al. The effects of student violence against school employees on employee burnout and work engagement: The roles of perceived school unsafety and transformational leadership[J]. International journal of stress management, 2016, 23(3):318-336.

[220] IRUDAYARAJ A R. Teachers' well-being through work engagement among Montfortian schools in Asia[J]. Recoletos multidisciplinary research journal, 2019, 7(2):61-78.

[221] ALLEN L Q. Teacher leadership and the advancement of teacher agency[J]. Foreign language annals, 2018, 51(1):240-250.

[222] SALES A, MOLINER L, FRANCISCO AMAT A. Collaborative professional development for distributed teacher leadership towards school change[J]. School leadership & management, 2017, 37(3):254-266.

[223] KUHN T. The structure of scientific revolutions[M]. Princeton: Princeton University Press, 2021.

[224] CHILISA B, KAWULICH B. Selecting a research approach: Paradigm, methodology and methods[J]. Doing social research: A global context, 2012, 5(1):51-61.

[225]KIVUNJA C,KUYINI A B. Understanding and applying research paradigms in educational contexts[J]. International journal of higher education,2017,6(5):26-41.

[226]KATHRYN W. Pragmatic paradigm[M]//The SAGE Encyclopedia of Educational Research, Measurement, and Evaluation. Thousand Oaks: SAGE Publications, Inc,2018:1287-1288.

[227]MACKENZIE N,KNIPE S. Research dilemmas:Paradigms, methods and methodology[J]. Issues in educational research,2006,16(2):193-205.

[228]MORGAN D L. Pragmatism as a oaradigm for social research[J]. Qualitative inquiry,2014,20(8):1045-1053.

[229]KHALDI K. Quantitative, qualitative or mixed research:Which research paradigm to use?[J]. Journal of educational and social research,2017,7(2):15.

[230]SUBEDI D. Explanatory sequential mixed method design as the third research community of knowledge claim[J]. American journal of educational research,2016,4(7):570-577.

[231]HOY W K,ADAMS C M. Quantitative research in education:A primer[M]. Thousand Oaks,CA:Sage Publications,2015.

[232]MAXWELL J A. Qualitative research design:An interactive approach[M]. Thousand Oaks,CA:Sage Publications,2012.

[233]贵州省教育厅.贵州省教育发展"十四五"规划[R/OL].(2021-08-26)[2024-07-15].http://www.mbxq.org.cn/u//20211110100119734499.pdf.

[234]贵州教育新动态.2021年贵阳市中考考生突破5万人！高中录取率或直线下降！家长和考生如何应对[Z/OL].(2021-04-26)[2024-07-15]. https://m.sohu.com/a/463144926_120122763/?pvid=000115_3w_a.

[235]邱爽,潘伟.西部地区经济运行之发展现状、问题及应对[J].金融理论与教学,2022(3):68-73,104.

[236]李杨,马丽亚,魏伟.西部地区职业教育改革发展现状及应对策略——以青海省为例[J].教育与职业,2024(10):45-50.

[237]邓睿.我国中学教师职业成就感问题研究[M].北京:中国轻工业出版社,2018.

[238]杨永馨,王兵,曾柱,等.少数民族聚居区大健康产业经济发展现状与启示——以贵州省贵阳市为例[J].广西师范学院学报(哲学社会科学版),2018,39(3):107-113.

[239]李舒.云南少数民族小学教师总体幸福感与人格关系[J].中国健康心理学杂志,2018,26(2):241-244.

[240]刘强,傅其娅.我国教师职业幸福感研究的现状、热点及趋势——基于Citespace的文献计量分析[J].兵团教育学院学报,2022,32(3):47-55.

[241]ZHOU H. Investigation on the current situation of middle school teachers' sense of happiness[J]. Journal of Luoyang normal university, 2012, 31(11):125-128.

[242]BURIĆ I, SLIŠKOVIĆ A, PENEZIĆ Z. Understanding teacher well-being: A cross-lagged analysis of burnout, negative student-related emotions, psychopathological symptoms, and resilience[J]. Educational psychology, 2019, 39(9):1136-1155.

[243]BERNDT A E. Sampling methods[J]. Journal of human lactation, 2020, 36(2):224-226.

[244]OLKEN F, ROTEM D. Random sampling from databases-a survey[J]. Statistics and computing, 1995, 5:25-42.

[245]OSBORNE J W. Data cleaning basics: Best practices in dealing with extreme scores[J]. Newborn and infant nursing reviews, 2010, 10(1):37-43.

[246]MUTHÉN B, MUTHÉN B O. Statistical analysis with latent variables[M]. New York:Wiley,2009.

[247]TABER K S. The use of cronbach's alpha when developing and reporting research instruments in science education[J]. Research in science education, 2018, 48(6):1273-1296.

[248]COHEN J. Set correlation and contingency tables[J]. Applied psychological measurement, 1988, 12(4):425-434.

[249] KIM H Y. Statistical notes for clinical researchers: assessing normal distribution (2)using skewness and kurtosis[J]. Restorative dentistry & endodontics, 2013, 38(1):52-54.

[250] BROWN T A, MOORE M T. Confirmatory factor analysis[J]. Handbook of structural equation modeling, 2012, 361:379.

[251] PERRY J L, NICHOLLS A R, CLOUGH P J, et al. Assessing model fit: Caveats and recommendations for confirmatory factor analysis and exploratory structural equation modeling[J]. Measurement in physical education and exercise science, 2015, 19(1):12-21.

[252] HOX J J, BECHGER T M. An introduction to structural equation modeling[J]. Family science review, 1998, 11:354-373.

[253] IACOBUCCI D. Structural equations modeling: Fit Indices, sample size, and advanced topics[J]. Journal of consumer psychology, 2010, 20(1):90-98.

[254] LEWIS-BECK M, BRYMAN A E, LIAO T F. The Sage encyclopedia of social science research methods[M]. Thousand Ouks: Sage Publications, 2003.

[255] PALINKAS L A, HORWITZ S M, GREEN C A, et al. Purposeful sampling for qualitative data collection and analysis in mixed method implementation research[J]. Adm policy ment health, 2015, 42(5):533-544.

[256] CHEN D, TU Y. Research on the sustainable development of backbone teachers in primary and secondary schools: Based on the survey of backbone teachers in W city[J]. Educational research and experimentation, 2022, 1:84-89.

[257] MORRIS A. A practical introduction to in-depth interviewing[Z]. London: SAGE Publications Ltd, 2015.

[258] MACDOUGALL C, FUDGE E. Planning and recruiting the sample for focus groups and in-depth interviews[J]. Qual health res, 2001, 11(1):117-126.

[259] BRINKMANN S. Unstructured and semi-structured interviewing[J]. The Oxford handbook of qualitative research, 2014:277-299.

[260] DEJONCKHEERE M, VAUGHN L M. Semistructured interviewing in primary

care research: A balance of relationship and rigour[J]. Family medicine and community health,2019,7(2):1-8.

[261] ADAMS W C. Conducting semi-structured interviews[J]. Handbook of practical program evaluation,2015,4:492-505.

[262] MCMULLIN C. Transcription and qualitative methods: Implications for third sector research[J]. International journal of voluntary and nonprofit organizations, 2021.

[263] PHILLIPS M,LU J. A quick look at NVivo[J]. Journal of electronic resources librarianship,2018,30(2):104-106.

[264] BRAUN V,CLARKE V. Using thematic analysis in psychology[J]. Qualitative research in psychology,2006,3(2):77-101.

[265] ELLIOTT V. Thinking about the coding process in qualitative data analysis[J]. The qualitative report,2018,23(11):2850-2861.

[266] RÅHEIM M,MAGNUSSEN L H,SEKSE R J T,et al. Researcher-researched relationship in qualitative research: Shifts in positions and researcher vulnerability [J]. International journal of qualitative studies on health and well-being,2016,11 (1):30996.

[267] SUTTON J, AUSTIN Z. Qualitative research: Data collection, analysis, and management[J]. Can J Hosp Pharm,2015,68(3):226-231.

[268] NOWELL L S, NORRIS J M, WHITE D E, et al. Thematic analysis: Striving to meet the trustworthiness criteria[J]. International journal of qualitative methods, 2017,16(1):1-13.

[269] LINCOLN Y S,GUBA E G. Naturalistic inquiry[M]. Los Angeles:Sage,1985.

[270] NOBLE H, HEALE R. Triangulation in research, with examples[J]. Evidence based nursing,2019,22(3):67-68.

[271] KESSIO D K, ACH J K C. Ethical considerations in undertaking research in higher education: East african context[J]. US-China education review, 2020, 10 (3):135-140.

[272] HARMAN H H. Modern factor analysis[M]. Chicago: University of Chicago Press,1976.

[273] BARTLETT M S. Properties of sufficiency and statistical tests[J]. Proceedings of the royal society of London series A, mathematical and physical sciences,1937, 160(901):268-282.

[274] RAVINDER E B, SARASWATHI A. Literature review of cronbach alpha coefficient(A)and Mcdonald's omega coefficient(Ω)[J]. European journal of molecular & clinical medicine,2020,7(6):2943-2949.

[275] MUTHEN L K, MUTHEN B O. Mplus user's guide[M]. 8 ed. Los Angeles: Muthen & Muthen,2017.

[276] KLINE R B. Principles and practice of structural equation modeling[M]. New York:Guilford Publications,2015.

[277] VÄÄNÄNEN J. Second-order and higher-order logic[J]. The stanford encyclopedia of philosophy(Fall 2021 Edition),2019.

[278] CAO K, YANG N. On the professional happiness of kindergarten backbone teachers in Guangdong under-developed areas[J]. Studies in early childhood education,2014,230(2):12-20.

[279] ZHANG J. Study on the law of secondary school teacher professional well-being forming and developing[D]. Liaoning Normal University,2012.

[280] DAY C, QING G. Teacher emotions: Well being and effectiveness[J]. Advances in teacher emotion research: The impact on teachers' lives,2009:15-31.

[281] DE CORDOVA F, BERLANDA S, PEDRAZZA M, et al. Violence at school and the well-being of teachers. The importance of positive relationships[J]. Frontiers in psychology,2019,10:1807.

[282] NÁPOLES J. Burnout: A review of the literature[J]. Update: Applications of research in music education,2022,40(2):19-26.

[283] ZEB A, JAMAL W, ALI M. Reward and recognition priorities of public sector universities' teachers for their motivation and job satisfaction[J]. Journal of manage-

rial sciences,2015,9(2):214-224.

[284] BASS B M, RIGGIO R E. Transformational leadership[M]. London: Psycholoyy Press,2006.

[285] SQUIRES V. The well-being of the early career teacher: A review of the literature on the pivotal role of mentoring[J]. International journal of mentoring and coaching in education,2019,8(4):255-267.

[286] CASTAÑO E P, GARCÍA J S, SIMON F J G, et al. The influence of management on teacher well-being and the development of sustainable schools[J]. Sustainability,2021,13(5):1-23.

[287] CHERKOWSKI S, WALKER K. Schools as Sites of Human Flourishing: Musings on efforts to foster sustainable learning communities[J]. EAF journal, 2013, 23(2):139-154.

[288] ZHU C, DEVOS G, LI Y. Teacher perceptions of school culture and their organizational commitment and well-being in a Chinese school[J]. Asia pacific education review,2011,12(2):319-328.

[289] THIEN L M, LEE H C. Is 'the more the better'? Investigating linear and nonlinear effects of school culture on teacher well-being and commitment to teaching across school size[J]. Studies in educational evaluation,2022,74:101176.

[290] HAN J, YIN H, WANG J, et al. Challenge job demands and job resources to university teacher well-being: The mediation of teacher efficacy[J]. Studies in Higher Education,2020,45(8):1771-1785.

[291] KALRA A, AGNIHOTRI R, TALWAR S, et al. Effect of internal competitive work environment on working smart and emotional exhaustion: the moderating role of time management[J]. Journal of business & industrial marketing, 2021, 36(2):269-280.

[292] FALK D, SHEPHARD D, MENDENHALL M. "I always take their problem as mine" Understanding the relationship between teacher-student relationships and teacher well-being in crisis contexts[J]. International journal of educational de-

velopment,2022,95:102670.

[293] SKAALVIK E M, SKAALVIK S. Still motivated to teach? A study of school context variables, stress and job satisfaction among teachers in senior high school[J]. social psychology of education,2017,20(1):15-37.

[294] WATSON G. Technology professional development: Long-term effects on teacher self-efficacy[J]. Journal of technology and teacher education, 2006, 14(1): 151-166.

[295] SEHGAL P, NAMBUDIRI R, MISHRA S K. Teacher effectiveness through self-efficacy, collaboration and principal leadership[J]. International journal of educational Management,2017,31(4):505-517.

[296] WEBB R, VULLIAMY G, SARJA A, et al. Professional learning communities and teacher well-being? A comparative analysis of primary schools in England and Finland[J]. Oxford review of education,2009,35(3):405-422.

[297] KOLLECK N. Motivational aspects of teacher collaboration[J]. Frontiers in education,2019,4:122.

[298] CHONG W H, KONG C A. Teacher collaborative learning and teacher self-Efficacy: The case of lesson study[J]. The journal of experimental education, 2012,80(3):263-283.

[299] XIE Z, WU R, LIU H, et al. How does teacher-perceived principal leadership affect teacher self-efficacy between different teaching experiences through collaboration in China? A multilevel structural equation model analysis based on threshold[J]. Front psychol,2022,13:1-13.

[300] FORTE A M, FLORES M A. Teacher collaboration and professional development in the workplace: a study of Portuguese teachers[J]. European journal of teacher education,2014,37(1):91-105.

[301] RICHTER D, KUNTER M, KLUSMANN U, et al. Teachers' professional development: Assessment, training, and learning[M]. Professional Development Across the Teaching Career: Teachers' Uptake of Formal and Informal Learning Opportu-

nities. Leiden:Brill,2014:97-121.

[302]KAFYULILO A C. Professional development through teacher collaboration: An approach to enhance teaching and learning in science and mathematics in Tanzania [J]. Africa education review,2013,10(4):671-688.

[303]CHEUNG R, REINHARDT T, STONE E, et al. Defining teacher leadership: A framework[J]. Phi delta kappan,2018,100(3):38-44.

[304]INGERSOLL R M, STRONG M. The impact of induction and mentoring programs for beginning teachers:A critical review of the research[J]. Review of educational research,2011,81(2):201-233.

[305]BRITTON J, PROPPER C. Teacher pay and school productivity: Exploiting wage regulation[J]. Journal of public economics,2016,133:75-89.

[306]TRAN H. Does the pay stance of south Carolina public school districts influence their math and science achievement scores?[J]. Journal of education finance, 2017,43(2):105-122.

[307]MAZZER K R, RICKWOOD D J. Teachers' role breadth and perceived efficacy in supporting student mental health[J]. Advances in school mental health promotion,2015,8(1):29-41.

[308]GRAHAM A, PHELPS R, MADDISON C, et al. Supporting children's mental health in schools: Teacher views [J]. Teachers and Teaching, 2011, 17 (4): 479-496.

[309]FAIRMAN J C, MACKENZIE S V. How teacher leaders influence others and understand their leadership [J]. International journal of leadership in education, 2015,18(1):61-87.

[310]GERMAIN B F, RIEL R. Understanding teachers' perspectives on student mental health: Findings from a national survey[M]. ERIC,2012.

[311]ROSSEN E, COWAN K C. Improving mental health in schools[J]. Phi delta kappan,2014,96(4):8-13.

[312]LISTER K, SEALE J, DOUCE C. Mental health in distance learning: A taxonomy

of barriers and enablers to student mental wellbeing[J]. Open Learning: The journal of open,distance and e-learning,2023,38(2):102-116.

[313]BOND N. Preparing preservice teachers to become teacher leaders[J]. The educational forum,2011,75(4):280-297.

[314]XIE R,ZHAO Y. Research on effect of parental involvement on children's academic achievement[J]. Teaching of forestry region,2022,1(298):109-112.

[315]HART A W. Creating teacher leadership roles[J]. Educational administration quarterly,1994,30(4):472-497.

[316]CARPENTER B D,SHERRETZ C E. Professional development school partnerships:An instrument for teacher leadership[J]. School-university partnerships, 2012,5(1):89-101.

[317]HOFSTEIN A,CARMELI M,SHORE R. The professional development of high school chemistry coordinators[J]. Journal of science teacher education,2004,15 (1):3-24.

[318]ANGELLE P S,SCHMID J B. School structure and the identity of teacher leaders: Perspectives of principals and teachers[J]. Journal of school leadership,2007,17 (6):771-799.

[319]MUIJS D,HARRIS A. Teacher leadership in action:Three case studies of contrasting schools[J]. Educational management administration & leadership,2007, 35(1):111-134.

[320]LEE D H L,IP N K K. The influence of professional learning communities on informal teacher leadership in a Chinese hierarchical school context[J]. Educational management administration & leadership,2023,51(2):324-344.

[321]ZHOU C,YANG Q,DONG Y,et al. Teacher leadership in the context of Chinese education[D].University of missouri-St. Louis,2021.

[322]SUN X,CHEN J. Major problems and improvement paths of leadership development of elementary school teachers[J]. Modern primary and secondary education, 2023,39(4):64-68.

[323] ZHENG X, YIN H, WANG M. Leading with teachers' emotional labour: Relationships between leadership practices, emotional labour strategies and efficacy in China[J]. Teachers and teaching: Theory and practice, 2018, 24: 965-979.

[324] LIU S, HALLINGER P. Unpacking the effects of culture on school leadership and teacher learning in China[J]. Educational management administration & leadership, 2021, 49(2): 214-233.

[325] LITTLE J W. Locating learning in teachers' communities of practice: opening up problems of analysis in records of everyday work[J]. Teaching and teacher education, 2002, 18(8): 917-946.

[326] BANGS J, FROST D. Non-positional teacher leadership: Distributed leadership and self-efficacy[M]. UK: Flip the System. Routledge, 2015: 91-107.

[327] BLUMER H. Attitudes and the social Act[J]. Social problems, 1955, 3(2): 59-65.

[328] LAKENS D. Sample size justification[J]. Collabra: Psychology, 2022, 8(1).

[329] CHAN D. So why ask me? Are self-report data really that bad?[M]. Statistical and methodological myths and urban legends. Routledge: Routledge, 2010: 329-56.

[330] DEL BOCA F K, NOLL J A. Truth or consequences: The validity of self-report data in health services research on addictions[J]. Addiction, 2000, 95(11s3): 347-360.

[331] SCHAUFELI W B, TARIS T W. A critical review of the job demands-resources model: Implications for improving work and health[M]//BAUER G F, HÄMMIG O. Bridging occupational, organizational and public health: A transdisciplinary approach. Dordrecht: Springer Netherlands. 2014: 43-68.

[332] SPECTOR P E. Do not cross me: Optimizing the use of cross-sectional designs[J]. Journal of business and psychology, 2019, 34(2): 125-137.

[333] SOLEM R C. Limitation of a cross-sectional study[J]. American journal of orthodontics and dentofacial orthopedics, 2015, 148(2): 205.

[334] LUNENBURG F C. Power and leadership: An influence process[J]. International journal of management, business, and administration, 2012, 15(1): 1-9.

[335] BOAZ A, HANNEY S, BORST R, et al. How to engage stakeholders in research: Design principles to support improvement[J]. Health research policy and systems, 2018, 16(1): 60.

[336] ANDRADE C. Sample size and its importance in research[J]. Indian journal of psychological medicine, 2020, 42(1): 102-103.

[337] ANSTEY K J, HOFER S M. Longitudinal designs, methods and analysis in psychiatric research[J]. Australian & New Zealand journal of psychiatry, 2004, 38(3): 93-104.

附 录

A 量表

第一部分 教师领导力量表

项目	非常不同意(1)	不太同意(2)	稍微不同意(3)	稍微同意(4)	基本同意(5)	非常同意(6)
F1促进专业学习							
教师领导鼓励团队同事实践新技能和新教学法						
教师领导对团队同事的表现进行监督和评估,以促进教学改进						
教师领导鼓励团队同事利用课堂数据进行改进						
教师领导为团队同事创造专业成长机会						
教师领导肯定团队同事的出色表现,并给予奖励						
F2关注学习过程							
教师领导鼓励团队同事监督学生的进步						

续表

项目	非常不同意(1)	不太同意(2)	稍微不同意(3)	稍微同意(4)	基本同意(5)	非常同意(6)
教师领导通过与我的团队讨论,为学生制定学业目标						
教师领导通过与学生见面,肯定学生取得的优异成绩或进步						
教师领导在课间和休息时间与学生进行非正式交谈						
教师领导出席/参加课外活动和联合课程活动						
F3 鼓励同事合作						
教师领导与我的团队一起参照学校的目标制订团队计划并做出决策						
教师领导负责协调本团队的课程						
教师领导鼓励团队成员在本团队内及与学校其他团队合作						
教师领导邀请其他组织的教师或专家与我的团队分享						
教师领导鼓励团队同事与其他学校的同行合作						

续表

项目	非常不同意(1)	不太同意(2)	稍微不同意(3)	稍微同意(4)	基本同意(5)	非常同意(6)
F4 参与决策							
教师领导向我的主管提供制定学校目标的建议						
教师领导与审查课程材料						
教师领导有足够的自主权来开展工作						
教师领导在我的督导和团队同事之间起到了协调沟通的作用						
教师领导参与学校决策						
F5 与外部机构联络							
教师领导与同行学校的教师领导或其他专业人员联络						
教师领导与家长联系,沟通学生的进步和表现						
教师领导与社区和其他组织联络						
教师领导与教育局官员联系						
教师领导与教育组织的研究人员保持联系						

第二部分　教师幸福感量表

项目	非常不同意(1)	不太同意(2)	稍微不同意(3)	稍微同意(4)	基本同意(5)	非常同意(6)
F1 身体健康						
一天的工作结束后,我没有感到筋疲力尽						
我没有患有与工作有关的疾病						
我没有睡不好觉						
工作时没有感到身体紧张或不适						
F2 情绪健康						
我热衷于当一名教师						
我每天都盼着去上班						
我对情绪(如自己、学生和同事的情绪)很敏感						
我很快就能从负面情绪中走出来并恢复过来						
F3 心理健康						
我的工作、生活中充满了自己感兴趣的事情						
当我的学生取得进步时,我觉得自己是个赢家						
我感到,作为一名教师,我已经成长了很多						
我能够胜任专业工作						
F4 认知健康						
我可以同时处理多项与工作相关的任务						

续表

项目	非常不同意(1)	不太同意(2)	稍微不同意(3)	稍微同意(4)	基本同意(5)	非常同意(6)
我可以在工作中进行高阶思维活动						
我可以预见专业问题并做好准备						
我可以精心设计教学工作,使其易于管理且富有意义						
F5 社会福祉						
我与同事和学生相处融洽						
我感到得到了同事和学生的支持						
我有一个很好的专业教师网络						
我喜欢在新的工作环境中工作,需要与新的合作伙伴进行协调						
F6 精神健康						
我的职业生活有目标、有意义						
我的职业道德意识是我处理工作中各种矛盾问题的基础						
我的使命感指引着我的职业方向						
我将自己的"内心"与职业生活融为一体						

第三部分 教师自我效能感量表

问题	完全没有(1)	非常小(2)	很小(3)	略小(4)	一般(5)	略大(6)	很大(7)	非常大(8)	超级大(9)
F1 教学策略的有效性									
你能在多大程度上使用各种评估策略?									
当学生感到困惑时,你能在多大程度上提供其他解释或例子?									
你能在多大程度上为学生设计好问题?									
在课堂上实施替代策略的效果如何?									
F2 课堂管理效率									
您能在多大程度上控制课堂上的破坏性行为?									
为了让孩子们遵守课堂规则,你能做多少?									
你能做多少来安抚捣乱或吵闹的学生?									
你能在多大程度上与每组学生建立起课堂管理系统?									
F3 学生参与的有效性									
你能做多少事情来让学生相信他们能做好功课?									

续表

问题	完全没有（1）	非常小（2）	很小（3）	略小（4）	一般（5）	略大（6）	很大（7）	非常大（8）	超级大（9）
你能做多少事情来帮助学生重视学习？									
你能做多少事情来激励对学习功课兴趣不高的学生？									
您能在多大程度上帮助家庭及其孩子在学校取得好成绩？									

第四部分 人口信息

序号	问题	选项
1	您的性别	(a)女性 (b)男性
2	您的受教育程度	(a)本科以下 (b)本科 (c)研究生或以上
3	您的工作岗位	(a)班主任 (b)科任教师 (c)年级组长 (d)课程和教学研究负责人
4	您的年龄	(a)25岁以下 (b)25~30岁 (c)31~35岁 (d)36~40岁 (e)41~45岁 (f)46~50岁 (g)50岁以上
5	您的教学经验	(a)少于3年 (b)3~5年 (c)6~10年 (d)11~15年 (e)16~20年 (f)20年以上

B 定性研究访谈表

访谈表

序号	问题	回答
1	您是什么时候在中学担任教师的？	
2	您在学校的领导工作是什么？	
3	你在学校的责任是什么？	
4	如何理解教师领导力？	
5	您认为教师领导力的重要性有多大？能否举例说明？	
6	您认为教师领导的行为对您有多大影响？您能否提供一些例子和细节？	
7	教师领导在多大程度上影响了您的自我效能感？您能否提供一些例子和细节？	
8	教师领导力在多大程度上影响教师幸福感？能否提供一些例子和细节？	
9	您还想分享点儿什么吗？	